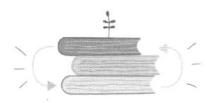

张　燕　著

阅读有径

—— 小学阅读困难学生评估与干预

上海科学技术文献出版社

Shanghai Scientific and Technological Literature Press

图书在版编目（CIP）数据

阅读有径：小学阅读困难学生评估与干预/张燕著．
—上海：上海科学技术文献出版社，2024.
—ISBN 978-7-5439-9128-6

Ⅰ．G623.232

中国国家版本馆 CIP 数据核字第 2024XW4278 号

责任编辑：王　珺
封面设计：留白文化

阅读有径：小学阅读困难学生评估与干预
YUEDU YOUJING: XIAOXUE YUEDU KUNNAN XUESHENG PINGGU YU GANYU
张　燕　著
出版发行：上海科学技术文献出版社
地　　址：上海市淮海中路 1329 号 4 楼
邮政编码：200031
经　　销：全国新华书店
印　　刷：常熟市人民印刷有限公司
开　　本：650mm×900mm　1/16
印　　张：19.5
字　　数：232 000
版　　次：2024 年 8 月第 1 版　2024 年 8 月第 1 次印刷
书　　号：ISBN 978-7-5439-9128-6
定　　价：58.00 元
http://www.sstlp.com

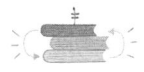

代序：会读书是顶要紧的事情

读书是顶要紧的事！

会读书是顶要紧的事！

学会阅读对孩子来说是顶要紧的事！

读书，不仅仅是阅读，还包括了各种各样的学习活动。阅读在各种各样的学习活动中，真的是顶要紧的事。阅读是我们获取知识，理解这个世界的主要途径。

阅读障碍是学龄儿童中较为常见的一种学习障碍，大概占学习障碍儿童的4/5。对于这部分孩子来说，阅读成了一项沉重的负担。他们在字词识别、理解文本内容、掌握阅读技巧等方面遇到非常大的困难，甚至让他们对阅读产生恐惧和抵触情绪。这些困难不仅会对他们的学业成绩产生负面影响，还可能损害他们的自信心和心理健康。以往我们常常会从学习态度是不是认真，是不是"脑子笨"，家庭教育是不是配合、得法等方面去寻找原因，来解释他们的学习困难。但随着研究的深入，无论是行为研究、脑神经研究，还是遗传研究，越来越多的研究成果显示，阅读障碍可能是儿童最常见的神经行为疾病，它更可能是一种长期持续存在的状态，而不是短暂的发育性延缓问题。

融合教育是世界特殊教育发展的趋势，也是当前我国特殊教育改革的重要命题。我们的融合教育已经从一开始的针对三类残疾儿童拓展到特殊教育需要儿童。学习障碍、孤独症、情绪与行为障碍等发展性障碍儿童，陆续成为融合教育服务的对象。这些儿童已经作为一个特殊教育需求群体引起了广泛的关注。这是特殊教育改革与发展非常重要的一次跨越。表面上看，好像只是把原来特殊儿童在普通学校随班就读的工作往前推进了一步，但融合教育既有教育理念方面的进步，更有具体的教育实践方面的推进。融合教育绝不仅仅是一种特殊儿童的安置方式和教学策略，而是一种与普通教育和特殊教育都密切相关的新的教育思想，代表了现代特殊教育和普通教育融合发展的一种方向和趋势。其主旨在于促进每个孩子公平而有质量地学习，这也是新时代基础教育优质均衡发展的基本特征。这样的教育改革与发展是积极响应了习近平总书记"办好人民满意的教育"的号召。从这一个视角出发，我们每一个教育工作者都有义务且必须关注并帮助那些在各方面有特殊教育需求的孩子，这是我们的职责所在。

扎实推进融合教育是一项系统工程，涉及政策制定、制度设计、教育安置、课程设计与实施、学校管理、教师培训、支持服务系统构建等多个领域，是需要整个教育系统，甚至全社会共同关心、共同努力的。

同时，教师的培训与发展是至关重要的一项工作。这里的教师，不仅有特殊学校的教师，还包括了广大普通学校的教师，甚至还包括了提供服务与支持的巡回指导教师和特殊教育研究人员。特殊学生由于障碍类型、障碍程度，以及产生障碍的原因不尽相同，个体之间存在很大的差异，教育需求也各不相同。特别是在学习障碍、孤独症、情绪与行为障碍等发展性障碍儿童，已经成为我们服务对象的今天，教师如何去发现、理解、面对这些特殊儿童，如何选择适合的课程，如何采取积极有效的教育教学策略，如何与特殊儿童的家长开展有效沟通与提供必要的策略支持，如何指导同一教育环境下的普通儿童关爱及恰当地关心与支持特殊儿童，为特殊儿童真正融入普通教育提供一个有针对性、能促使他们身心得到全面发展的教育场域，是融合教育视角下教师专业发展的基本能力。

在这方面，上海市静安区作为全国特殊教育先进区、上海市医教结合研究试点区和义务教育融合教育试点区，近两年来基于融合教育的发展愿景以及区域实际情况，发布了《全域支持每一个学生的个性化需求——静安区融合教育行动纲领（2021—2025）》，鲜明地提出"全覆盖、深融合、高质量"的理念，明确了政府是推进融合教育的主导力量，普通学校是实施融合教育的责任主体。2021年，静安区配套发布了《静安区融合教育工作指南》，初步形成融合教育公共服务标准，推动多学科、多部门协作的"家庭—学校—社会"一体化育环境的形成。今年，静安区又召开区域融合教育推进大会，发布《静安区关于融合教育教师专业素养提升的指导意见》，提出"全域支持每一个学生的个性化需求"的静安教师融合教育素养培育倡议书。

静安区特殊教育教研员张燕老师深耕特教领域多年，多年来始终致力于学习困难儿童的研究，关注融合教育背景下认知与学习领域，特别是针对阅读困难儿童的评估与训练。共同努力下，张燕老师团队基于阅读困难的成分模型理论构建了一套系统的课程式干预体系，旨在帮助阅读困境的儿童克服障碍，体验阅读的乐趣并享受阅读的益处。这本书的特色在于，从理论层面着手，吸纳了国内外关于阅读困难评估与干预的最新研究成果，立足当前学校教育实践，归纳来自一线的经验，有效地帮助普通学校一线教师识别阅读困难儿童，了解他们特殊教育的需求，并在学校融合教育真实场域中运用有效的策略和方法，为阅读困难儿童提供支持和帮助。

这本书的读者，我觉得不仅是致力于特殊教育研究与实践的特殊学校教师和为特殊教育发展提供指导与支持的研究者及相关人员，更是普通学校的教育教学管理者、一线教师。通过这本书，首先能进一步加深对阅读困难儿童认识，提高学校融合教育的理性认知；其次，能更好地为阅读困难学生提供个性化的教学支持，采用系统科学的评估、有针对性的训练逐步提高这些学生的阅读水平，帮助他们重拾对阅读的信心；再次，能有效提升教育教学技巧，为包括阅读困难儿童在内的全体学生，提供更为优质的学习环境和策略支持。

融合教育是一项深刻的社会教育活动，是一个系统工程。我们应该有更多像张燕老师及其团队成员那样的基层研究者，用自己的研究实践激发包括普通学校在内的所有学校对教育公平与质量的再认识，把融合教育和立德树人、师德培育紧密结合起来，推动新时代基础教育优质均衡发展，最终让我们的每个孩子都能享有公平而高质量的教育。

邱轶

2024 年 4 月于海上

自序：做一个温暖的指路人

从事特殊教育的教研工作已经有二十多年了，常常会有人问我，你们教研员到底是干什么的？教研员在教育这个大系统中扮演了什么角色？教研员常常会在基层学校的课堂里听课，与学校领导听课和教师听课的区别又在哪里？这些问题并不是简单几句话就能说清楚的，先听我说一个自己亲身经历的小故事吧。

有一次我在国外旅行，当时的导航软件智能化程度远没有现在高，很多地点显示不清晰，在错了好几次后，抱着试试看的心态问了一位正在路边买咖啡的亚裔小伙子。小伙子很热情，用英语给我指了路，但看我一知半解的样子，就又领着我走了好长一段路，直到一个路口对我说："对面就是你要去的地方。"然后没等我道谢，就往来的方向回去了。许多年过去了，记忆中那个地方的景物已经模糊了，但是小伙子的发型、灰色的双肩包，那个带着我走向目的地的身影，当时内心瞬间感受到的温暖却仍十分清晰。

在日常的工作中，教研员会碰到对教育教学充满憧憬但懵懂的新教师，或是资深却亟需突破的成熟教师，抑或是有了一些资历又遇到瓶颈期的教师。他们在教育教学中都有着想抵达的目标却对发展的路径策略感到迷惘的共同特点。我想教研员就需要面对这种种不同的需求，做一个温暖的指路人，让教师在专业发展的道路上感受到专业的指引和内心的温暖。

随着融合教育工作的不断深入，越来越多发展性障碍儿童成为融合教育服务的对象。普通学校有特殊需求的学生人数激增，每个普通班级基本都存在具有各种学习困难和行为问题的学生。而在实际的教育情境中，很少有单一领域受损的学习障碍个体，他们往往在阅读、书写、数学等多个领域都有不同程度的认知缺陷，也大概率同时并存注意力、情绪行为等方面的问题。在教研工作中，我真切地感受到了一线教师们的困惑与无助，带着诸多问题，我们组建了区域融合教育教研团队，就特殊需求人数最多、教师最感到困惑的"阅读问题"开展了专项课题研究。阅读障碍是学龄儿童中较为常见的学习障碍类型，相关研究数据表明这个群体占学习障碍儿童总数的4/5。如果能尽早对学习和行为问题风险学生加以识别和支持，后期就能降低他们的学习困难风险或者严重程度。出于这样的思考，我们的关注对象并没有局限于"纯粹"的阅读障碍学生，而是将研究的视野放在了以阅读障碍为代表的更广义的阅读困难学生身上，因此本书所指的阅读困难不仅仅包括阅读障碍（字词识别困难），还包括了阅读理解方面的困难。

我希望本书的主要读者是一线教师，既有特殊学校的一线教师，也有广大普通学校的一线教师。因为在阅读困难学生的教育支持中，教师的作用是最重要的，也是不可替代的，教师的实践智慧能创造性地将专业知识运用到复杂多变的真实教育场景中。其次，我希望家长也能来读一读，因为最了解、最关心孩子的一定是家长，在我们的成功案例中有不少归功于家长全程持之以恒的支持。本书共有六章，第一、二章用科普的方式阐述阅读困难的定义、分类、成因以及常见的评估与干预的方法，让教师和家长全面认识阅读困难；第三章从课程本位的视角介绍了基于阅读成分理论模型小学阅读困难评估工具的研发及应用，为鉴别和筛选阅读困难学生提供支持；第四、五章分别以单词识别困难、阅读理解困难两种阅读困难亚类为重点，从课程式干预内容、策略、案例三个维度进行阐述，为教师、家长提供较为直观、有效的训练方法与策略；随着现代神经科学、心理学的发展，我们也逐渐意识到人类群体中有神经多样性的存在，如各种障碍类型的共患在接受教育时面临的挑战，本书的最后一个篇章以案例的形式介绍了目前学校环境中出现的一些共患阅读困难学生的干预案例，以期待给读者更多实例与启示。

　　整整四年的研究之路，团队成员合作互助、求真创新，我们踏踏实实走研究之路，为每一位学生的进步而喝彩；为每一位教师的成长而鼓掌；为每一次教学策略的突破而激动…

　　希望本书的出版能让更多的人理解阅读困难，更希望能带领更多的人走出迷茫之路！

2024 年 3 月

目 录

第6章　共患阅读困难学生的干预案例

第**1**章
认识阅读困难

请您用心"研读"图 1.1 所展示的文字，您的第一印象是什么？

หนอนผีเสื้อหิวมาก

图1.1

您第一印象是不是觉得这可能是一种文字，只是您可能不熟悉，所以您没有办法读出来。如果我们告诉您这是泰国文字，您可能心里会想，"哦，现在我知道了，这是一种泰国文字，但是我仍旧没有办法读出来，因为我没有学习过泰国文字。"那么对于图 1.2 呢？

图1.2

虽然您可能仍旧不认识这几个泰国文字，但是我相信您会第一时间猜测，这几个泰国文字可能说的是："很饿很饿的毛毛虫"。没错，图 1-1 的泰国文字的意思就是"很饿很饿的毛毛虫"。虽然我们仍旧不认识这些文字，但是却能依靠背景图片的信息，进行猜测。只是此时此刻，对于没有学习过泰国文字的我们来说，仍旧无法读出这些文字的语音。现在换一个任务方式，一位泰国的小朋友希望和中国小朋友进行口语交流，但是彼此之间口语并不相同，我们可以预期这位泰国小朋友可能会一边发音，一边借助肢体动作表现出"很饿"的状态来帮助小朋友认识，而中国小朋友可能也很快会习得这个词的语音，但是如果让他书写这个文字的话，一定会困难重重。这个过程告诉我们一个道理，人类可能天生存在一个语音系统辅助我们理解口语，但是对书面语言的认识和记忆却并不那么容易。文字是需要学习的语言符号，文字承载了音、形、义。如果看到字形而不能了解读音、含义，不了解文字部件的含义、书写标准，那么它们只是弯弯曲曲、没有任何意义的线条，只能依靠机械性的记忆，这样不仅难以记住更容易遗忘。试想，如果没有学习过泰语的我们需要记忆大量的泰语单词，是不是觉得十分无助和焦虑？长此以往，我们可能就会厌烦和放弃。这种感受某种程度上与一些汉语阅读困难儿童在记忆汉字时是类似的。有研究发现汉语阅读困难儿童将汉字当作无意义的"图案"，他们难以有效分析汉字部件，难以利用这些部件辅助记忆，将字形、字音和字义紧密联系，进行有意义的加工。

刚才我们"阅读"泰文的体验提醒我们理解汉语阅读困难儿童，应深入了解他们的世界，认识他们在汉语阅读时的特异性困难，努力研究采取适当的方法帮助摆脱困境提高他们的阅读能力，而不是给予机械训练和过多压力。

数年来，众多教育学、心理学、认知神经科学以及行为遗传学等领域的研究者已经开展了大量研究，致力于探索"阅读困难为何产生？""阅读困难的产生机制是什么？"等深层次问题，以期为有效预防与干预提供依据，助力他们的健康发展。

第一节　阅读困难的定义与分类

作为一项至关重要的认知技能，阅读在儿童成长过程中扮演着重要角色，已经成为一项共识。但对于那些面临阅读困难的儿童来说，他们在识字和理解文本方面所面临的挑战是巨大的。这些挑战不仅影响他们的学业发展，而且对他们的认知、情感、自我概念以及社会性发展都产生深远的影响。因此，我们需要识别阅读困难儿童，理解他们的需求，并采取有效的措施来支持他们的学习和成长。由于阅读过程的复杂性，阅读困难的成因也相当复杂且受多方面因素影响[1]，有研究者建议对阅读困难进行分类，以便更好地了解每一类阅读困难儿童的特征及区分方法，从而提供更有针对性的干预训练[2]。

一、阅读能力的发展

阅读，即从个体的大脑对视觉材料（文字、图片、符号、公式、图表等）中获取信息的过程，在这一过程中大脑负责视觉、语言、注意力、记忆甚至思维等多种功能的区域都参与其中[3]。口头语言是环境经验和客

---

[1] 王文静，罗良：《阅读与儿童发展》，华东师范大学出版社 2010 年版，第 208 页。
[2] 朱冬梅，孔晓东，骆艳：《突破儿童阅读困难：工作记忆训练在阅读困难干预中的作用》，华中科技大学出版社 2018 版，第 34 页。
[3] 周兢主编：《汉语儿童早期阅读与读写能力发展研究》，华东师范大学出版社 2020 版，第 3 页。

观世界的编码表征，书面文字是口头语言的编码表征，人类很早就通过听与说进行沟通，相比之下，读与写是历史较短的交流方式（最早的楔形文字直到约 5000 年前才出现）。人类的阅读活动尚未形成特异性的脑结构和功能区。因此，大脑需要通过对已有的视觉、听觉和文字等基本功能网络进行重组，以支持阅读活动的进行[1]。故而，阅读无法像语言那样被儿童自然地轻易学会。儿童需要掌握所处文化中用于表征语言的一套视觉编码系统，建立文字符号与特定音素之间的独特联系，这是一个循序渐进、长期发展的过程，每一个阶段的发展都是以前几个阶段的发展为基础的，这一过程为心理学家所注意并用了不同发展阶段来进行描述。

研究者表现出两种取向：一种是从单词识别角度划分单词阅读的阶段理论。单词识别是指读出书面单词或提取单词语义的能力，包括单词解码能力和视词（sight word）阅读能力。德裔英国心理学家弗里斯（Frith）提出的经典三阶段理论和专注于阅读和语言教育的美国教育心理学家 Ehri 在此基础上发展的四阶段理论，均以单词解码能力为划分依据，提出基于阅读加工的双通路模型。双通路模型认为各种词汇类型取决于不同的加工通路：其一，亚词典通路储存了形素－音素转换规则，主要承担低频词和可发音假词的阅读任务，涉及形－音规则的加工；其二，词典通路以如同查阅字典的方式提取相应语音信息，负责低频例外词的阅读，同时高频真词的阅读也通过此通路完成。如此我们可以这样理解单词识别，一方面是解码能力，即犹如破解密码，根据特定的规则，将所见的字母转换成我们所熟知的发音，即字母与音位的对应关

［1］Dehaene, S., & Cohen, L. (2007). Cultural Recycling of Cortical Maps. Neuron, 56, 384－398.

系，实现将字母转换为声音。这一过程极大地依赖于语音意识，它是阅读的得力助手；另一方面是视词阅读能力，即通过快速浏览单词，能够立即理解其含义。这无疑是熟练阅读的象征。事实上，解码能力和视词阅读能力并非孤立存在，而是相互关联、相互促进的。解码能力奠定了基础阅读能力，随着这一能力的提升，视词阅读不断发展，从而进一步提升阅读效率和理解能力。

下面具体介绍 Frith 的经典三阶段理论和 Ehri 的四阶段理论：

（一）Frith 阅读发展的三阶段

1. 图形阶段（logographic phase）

三阶段理论提出在儿童阅读发展的历程中最早阶段是图形阶段。这一阶段中，儿童开始依赖书面字词的视觉特征进行识别，如形状、颜色、字母方向和弯曲度等。对他们而言，记忆不认识的单词就像是记忆图形，因此，这一阶段的词汇也被称为"图像词汇"（sign vocabulary）。

然而，由于儿童只能识别词汇的局部特征，他们容易将字形相似的字词混淆。以英语为例，这个阶段的儿童往往会将"three"误读为"tree"。这一阶段的发展特征，决定了儿童在阅读过程中的识别能力的准确性仍然受到较大的限制。此外，随着儿童识字量的增加，他们需要区别和记忆的单词特征也更加复杂，这无疑增加了记忆的难度。这一阶段儿童通常仅能辨认自己的名字，一些具有突出特点的单词，如商标等。

2. 字母阶段（alphabetic phase）

在字母阶段，儿童为了更有效地识别单词，开始尝试建立音与形的联系，并逐步掌握一定的音形转换规则，从而读出陌生的字词。对于以英语为母语的儿童，在这一阶段，他们可以利用音素（phoneme）与字素

（grapheme）的对应关系，将字词与心里的词汇相结合，以更具逻辑性的方式认字。在英语学习过程中，个体对拼写的自发尝试对于从图形阶段过渡到字母阶段至关重要。

掌握语音意识，即学习如何利用口语中的语音或声音结构来解码书面文字，这种自我学习过程为个体更好地阅读奠定了基础，同时也促使他们关注字词的结构，为接下来的字形阶段奠定基础。

3. 字形阶段（正字法阶段）（orthographic phase）

当儿童到达第三阶段，便从之前只看到一连串字母发展到开始识别单词，这个阶段也可称为正字法阶段。

儿童在语言学习过程中，逐渐开始掌握语素意识。语素，作为语言中最小的语义单位，具有独特的结构和特征。它不仅承载着语言的语义信息，还反映了语言的正字法特征。语素意识的发展是语言学习中的一个重要里程碑。儿童开始意识到语言是由一系列具有独立意义的词汇单元构成，这些词汇单元即是语素。例如，在英语中，"run"是一个动词语素，而"-ing"是一个表示现在进行时的后缀语素。语素意识能够帮助个体更好地理解和运用语言，提高语言表达能力。正字法特征是语素的一个重要属性。正字法特征指的是语言中字母、单词、符号等书写单位的组合和排列规则。这种规则是在个体阅读学习过程中逐渐形成并内化的，它并不是儿童有意识学习的结果。虽然正字法规则本身无法被个体直接意识到，但它会潜移默化地影响阅读过程。

当儿童开始采用与语素相一致的正字法单位来识别单词时，识字的效率会得到显著提升，准确度也相应提高，还能减少对注意资源的占用，使注意资源能分配到理解语义和语法等方面，这将为儿童个体阅读整篇文章打下坚实的基础。

（二）Ehri 阅读发展的四个阶段

Ehri 对 Frith 的三阶段理论进行了发展，将字母阶段分为部分字母和完整字母阶段，提出了阅读发展四阶段理论。

1. 前字母阶段（pre-alphabetic phase）

这一阶段的儿童，由于尚未掌握字音联系的知识和能力，通常通过视觉线索来进行"阅读"，记住所见的图形或情境信息。例如，当儿童看到含有苹果照片和相应词语的卡片时，他们会读出"苹果"。但这并不意味着他们认识"苹果"这个词语，而是照片为他们提供了识别的线索。在前字母阅读阶段，儿童主要依赖形象记忆，而非语音信息。

尽管儿童能够读出一些具有典型形象的词汇，并了解其意义，如禁止通行的标志、麦当劳的标识和可口可乐的符号等，但研究结果显示，当词汇中的字母发生微小变化时，大多数儿童在阅读时无法发现这些变化。即使被明确指出词汇中有变化，他们也难以辨析。这一阶段与 Frith 理论的图形阶段相似，总体而言，在这个阶段儿童对新词汇的学习能力都相当有限。

2. 部分字母阶段（partial alphabetic phase）

在拼音文字系统中，处于这一阶段的儿童开始区分单词中的单个字母，并且试图将语音与字母的名称相互匹配，通过建立拼写和发音的联系来读出词汇。Ehri 团队认为儿童在这一阶段，开始通过记忆单词的视觉外形和结构，并部分运用的字形－语音对应信息来识别单词。他们精心设计了一项实验，研究对象被分为两组，分别处于前字母阶段和部分字母阶段。在实验过程中，采取了两组不同的实验材料，其中，第一组为视觉新异组，所采用的刺激方式为在学习 giraffe 这个词时呈现 wBc。这种方式的特点在于，w、B、c 三个字母与 giraffe 这个词没有任何语音联系，仅具有独特的视觉形象性。而第二组为语音特异组，在学习 giraffe 时呈现的是 JRF。值得注意的是，J、R、F 这三个字母在一定程度上体现了 giraffe 的发音特性。研究结果证明处于前字母阶段的儿童采用视觉特征线索，更容易记住第一组的词语；处于部分字母阶段的儿童更容易记住第二组的词语，从而证实了部分字母阶段的存在。与全字母阶段不同，儿童在此阶段并没有掌握完整的字母体系和音素分割技能，阅读新词汇时，他们会通过部分语音线索和上下文线索进行猜测，他们的语音线索更多是基于单个字母。所以当不同词汇拥有相同的边界字母时，容易产生混淆。

3. 完整字母阶段（full alphabetic phase）

这一阶段的儿童在看到单词时，能够准确地再现单词的读音，因为他们已经习得语音意识和字形 - 语音对应规则的知识。形 - 音联系的建立使得儿童能更准确记忆词汇，不容易混淆相似字。形音通路使得儿童在解码不熟悉单词时，能够将语音分析的结果存储进记忆中。同时，儿童通过与记忆中已有的熟悉字形进行对比，以识别新词。这也是儿童掌握读音和拼写联系的重要记忆体系。

4. 巩固字母阶段（consolidated alphabetic phase）

该阶段与 Frith 字形阶段类似，当儿童能快速识别出单词就达到了巩固字母阶段。儿童学习具有共同音素的不同单词，会将单词分为不同部分，按组块单元来储存，例如 king、sing、ring 中，"-ing" 就是一个单元，阅读时将之作为一个整体来识别，而不是看作三个字母 i，n，g。这种组合方式比拼接每个音位读起来更快，还能提高阅读的认知效率。

研究者以一群一年级的小朋友为研究对象，让他们先看一份词汇表，然后再看另一份词汇表。在第二份词汇表里部分单词跟第一份词汇表里的单词拼写很像，比如说 "feed" 和 "seed"，它们读起来很像；还有 "end" 和 "den"，它们看起来差不多但读起来不一样。结果发现，那些读起来很像的单词学起来更快。这说明通过组合单元的方式，可以有效加速词汇的学习过程。

Frith 的三阶段理论在阐释初学阅读者行为转变，以及解读阅读困难儿童阅读问题方面具有重要意义。该理论强调，阅读能力受教育方式、个体经验等因素影响，其发展速度存在个体差异。Ehri 的四阶段理论则阐述了儿童从对单词全然陌生到掌握字母知识、运用字母发音拼读单词以及模块化识别单词的过程，强调了阅读并非简单地通过死记硬背来记忆单词，而是一个构建单词正字法表征与语音表征之间系统性联系的过程。这一联系的建立在视词阅读中占据核心地位，它不仅能帮助读者迅速识别那些符合字母 - 音位对应规则的单词，同时也能够处理拼写形式不规则的单词。

这两个理论专门围绕单词解码能力，它们的局限性在于：1. 对于学龄儿童和成人阅读理解及流畅度方面的关注相对较少。2. 主要基于对拼音文字的研究，拼音文字中字形与语音具有一定的对应规则，它们都强调了"拼音原则"是儿童学习阅读所面临的主要挑战，语音意识对于拼音文字阅读能力发展有重要意义。

掌握这些理论对于分析和探讨汉语语音意识、汉语儿童的阅读发展以及阅读困难问题具有借鉴意义[1]。虽然人们普遍认为，汉语字形与字音之间的关系不够紧密，儿童学习汉字主要依靠机械记忆。通过汉语实验心理学、心理语言学以及发展心理学等领域的研究，发现汉字的识别过程实则包含着语音成分。这表明，理解汉字"形 - 音"之间的联系，对

---

[1] 白丽茹. 单词识别及单词识别发展阶段理论阐释 [J]. 当代语言学,2012,14(02): 178 - 189+220.

于儿童学习汉字具有不可忽视的促进作用。

另一种看待阅读发展的理论视角是关注个体从单词解码到流畅阅读的整个发展过程，这一观点源于皮亚杰的认知发展阶段论。概括而言，幼儿时期（6 岁以下）的学习阅读以亲子阅读为主要方式。在家长的引导下，孩子们培养阅读的兴趣，并建立阅读习惯。在进入小学后的初始阶段（6-8 岁），孩子们系统地学习文字知识，掌握基本的阅读技能。在文字学习的过程中，一个关键环节便是将视觉所见的字形与口头语言的发音和意义进行对应。比如，当孩子们接触到"马"这个字时，会将他们与之前见过的动物及相应的发音进行匹配，从而掌握"马"这个字的音形义。9 岁以后，儿童侧重于阅读理解和思维能力的发展，阅读成为他们学习新知识的重要工具。上述过程在玛丽安娜·沃尔夫（Maryanne Wolf）看来就是阅读初学者通过持续的学习和努力，逐步成长为熟练阅读者的过程，哈佛大学心理学家珍妮·夏尔（Janne Chall）更是通过阅读六阶段理论对从"学习阅读（learning to read）"到"阅读中学习（reading to learn）"这一渐进过程进行详尽阐述[1]。

（三）Maryanne Wolf 的五类阅读者

Maryanne Wolf 将儿童成长为专家级阅读者的动态变化过程分为萌发阅读者（emerging pre-reader）、初级阅读者（novice reader）、解码阅读者（decoding reader）、流畅理解阅读者（fluent comprehending reader）和专家阅读者（expert reader）。萌发阅读者通常介于 6 个月至 6 岁，类似于处于 Frith 图形阶段的儿童，这个时期的孩子学习语音、词汇、概念、图片、故事、文字材料、生活谈话等，经历很长一段时间的语言积累

---

[1] 朱冬梅, 孔晓东, 骆艳：《突破儿童阅读困难：工作记忆训练在阅读困难干预中的作用》，华中科技大学出版社 2018 版, 第 3 页。

产生阅读能力。初级阅读者介于 6 至 7 岁之间，类似于处于 Frith 字母阶段的儿童，开始学习字母的发音、形音转换规则，以将语音与语义进行对应。解码阅读者通常是 7-9 岁的儿童，与 Frith 字形阶段的儿童类似，解码能力增强，该阶段的语音和拼写发展表现为继续学习常用字母组合。当经过系统阅读学习后，儿童的解码加工逐渐实现自动化，成为流畅理解阅读者，不仅能把字读对，还能通过表面文字理解深层含义，通过阅读获得新知识、体验不同的情感、学习新的价值观、探索不同观点。阅读发展的最后一个阶段是专家级阅读者，个体通常在 16 岁左右才能达到，单词解码、阅读理解和流畅性都处于稳定的良好水平。

（四）珍妮·夏尔的阅读六阶段理论

夏尔受皮亚杰认知发展阶段论的影响，也强调词语解码到流畅阅读的转变。同时，她将阅读学习视为不断推进的问题解决过程，阅读学习者通过同化和顺应来适应他们遇到的词语。同化与顺应是皮亚杰从生物学移植到心理学和认识论中的概念。同化，是指个体将外部环境中的相关信息吸收进来，并与之结合，融入自身的认知结构中。这个过程就像消化系统吸收营养物质一样，将外部的信息整合到自身的认知结构内。顺应，则是指当外部环境发生变化，而个体的原有认知结构无法适应新的环境信息时，所引发的认知结构的重组与改造过程。这就像个体的认知结构受到外部刺激的影响，从而发生改变。

夏尔将个体从"学习阅读（learning to read）"到"阅读中学习（reading to learn）"的发展分为六个阶段。在"学习阅读"的初始阶段，这一理论重点强调了元语言能力、词语解码、流畅阅读能力在各个阅读阶段中的重要性。

1. 前阅读阶段（pre-reading）

主要在幼儿时期（0-6 岁），该阶段在夏尔理论的描述中被称 stage 0。

在儿童接受正式阅读教育之前，他们已通过日常生活中的观察和接触，对读物有一些意识，对纸笔有一定感知，能对简单字母和词汇进行简单辨认，阅读表现为假阅读、通过图画复述故事、列举字母、写出自己的名字以及摆弄书、笔、纸等。这一阶段，儿童在视觉、视觉动作和听觉等方面的能力也已发展得相当成熟，为后续的正式阅读学习奠定了坚实的基础。在语言方面，儿童已掌握部分句法和语义知识，并初步形成了元语言能力，如语音意识。

2. 初始阅读和编码阶段（initial reading）

6-7 岁，即小学一年级到二年级初的儿童。在此阶段儿童正式进入文字学习，其主要内容在于掌握口语与文本间的形音对应规律。在此过程中，儿童语音技能得到进一步提升，逐渐掌握形音对应法则，并运用这些规则对陌生词汇进行解码。同时，他们还能借助已有知识、情境信息甚至插图来推测陌生词汇的含义。这个阶段儿童以习得解码能力为核心，故也被称为解码阅读阶段。

3. 巩固熟练阶段（confirmation fluency）

7-8 岁，即小学二年级到三年级的儿童。儿童巩固了前一阶段的形-音联系的知识。随着阅读材料的增加，同一字词出现的频率也随之提升。儿童在接触大量重复出现的文本信息时，其字词解码能力会趋向流畅化和自动化，夏尔认为，该阶段儿童的训练目标主要是快速进行字词识别。当儿童提高了字词识别能力并利用语境来调控自己的阅读，就可以尝试理解文章的意思。教师常常通过高级编码技能教学促使儿童广泛阅读，给儿童高于他们水平的材料，使他们通过语言、词汇和概念等多种途径发展到此阶段。这一阶段儿童开始自主选择阅读内容。相较于引入新观点的书籍，他们更倾向于选择自己熟悉的书籍，这与他们的知识背景和认知能力相一致。

4. 阅读学习新知识阶段（reading to learn new information）

8-14 岁，即四年级到九年级的儿童。在该阶段，阅读已经成为儿童获取信息的重要手段，儿童不再排斥陌生的阅读材料，通过阅读从书面文字获取新的信息、学习新的思想、体验新的感受和态度，此阶段是儿童个体阅读发展的里程碑。当到了七八年级，阅读不再像之前的阶段仅是字词辨认、阅读熟悉材料，儿童阅读时带着自身的独特理解并批判性地分析内容。当阅读材料变得复杂、抽象、陌生时，成功的阅读理解有赖儿童对词义、已有知识经验和策略技巧的掌握。

5. 多视角阅读阶段（multiple viewpoints）

14-18 岁，该阶段主要是提高儿童批判性阅读的能力，培养他们能够在阅读中进行深入的理解和分析，处理多视角的阅读材料，对某一主题的已有知识和文章中的新观点进行整合。

6. 建构和再建构阶段（construction and reconstruction）

大约从 18 岁开始，个体能够在抽象思维水平上理解阅读中所获得的信息，能够在阅读中通过分析、综合和评价文章内容建构自己的知识和观点，整合知识，创造新知识。

夏儿阅读能力发展的六阶段理论，阐述了阅读如何从最初的原始形式发展成为最终的熟练形式，每一个阶段都有一个确定和独特的结构，因而相互之间存在着本质上的差异。其中，阶段四是实现"学习阅读"到"阅读中学习"飞跃的分水岭。所谓学习阅读就是阅读的习得，能够帮助理解文字符号所含意义并流畅地理解篇章。从阅读中学习就是将阅读作为一种认识世界、学习知识的方式。这两者是相互影响的，阅读能力越高，词汇及知识增长就越快，阅读就能进一步得到发展。两者的过渡不是瞬间完成的，这是一个不断积累的过程，根据夏尔的理论和多项研究表明，两者的转换大约在小学四年级发生。因此，我们要防止阅读教学在儿童未达到阶段四就结束的情况出现[1]。此外，目前我们对于阅读困难的识别时间相对较晚，当发现一些儿童的阅读水平明显低于同龄人时，通常就是在儿童三四年级以后（9-10岁）才进行阅读困难的检测。从阅读能力发展阶段理论来看，此时儿童的认知和语言发展已进入后期阶段，儿童的认知发展灵活性和掌握新技能的能力也已接近极限。这提示我们应该尽早介入干预儿童的阅读困难。

沃尔夫和夏尔所提出的阅读发展阶段理论在年龄分段和具体阅读任务要求上有所差异，但都揭示了阅读作为一种相对高级的认知过程，是随着年龄增长而日益成熟的。儿童在接受正式阅读能力教育之前，会经历一个阅读的准备阶段。在这个阶段，儿童对于所处的语言体系仅有初步和模糊的认识。进入小学接受阅读教育后，儿童会从最基本的字词开始学习各种技巧的解码。随着时间的推移，他们将逐渐掌握这些阅读技能，为今后学习阅读理解以及通过阅读获取知识、信息做好准备。如果儿童在上述关键阶段无法顺利完成相应的阅读任务，他们的阅读发展进程就可能受到阻碍。因此，阅读能力发展阶段理论不仅解释了阅读能力发展的整体过程，还为理解个体差异和为阅读困难儿童提供干预措施提供了理论依据[2]。通过对比正常儿童和阅读困难儿童的发展情况，我们可以更好地遵从个体能力的发展规律，并制定相对应的干预方案，帮助他们更好地适应未来的学习和生活。

---

[1] 王文静，罗良:《阅读与儿童发展》，华东师范大学出版社2010年版，第24页。
[2] 邢强，谢欣蓓. 发展性阅读障碍干预方法的回顾与展望——基于阅读发展六阶段模型[J]. 教育与教学研究，2023,37(02): 119–128.

　　拼音文字存在字母与音素之间的联结，但汉字与拼音文字不同，是一个字代表一个音节，而且汉字系统中有"一字多音"及"一音多字"的情况。与拼音文字用字母作线性排列不同，汉字像一幅幅图画，以方块平面呈现，书写时将笔画及部件按字的结构平均分布在一个正方形的格子内[1]。不少研究者认为汉字内部结构可以分为"整字""部件"和"笔画"三个层次，除了独体字，其他汉字主要是由两个或以上部件组合而成的。笔画是汉字最小的书写单位，笔画所组成的部件具备表意或表音功能，故而部件是汉字的最小构形单位。

　　汉字具有表意功能，这一特性最能从汉字中"象形""指事""会意"等字类中体现。例如"火"字为象形字，字形就如火焰燃烧的样子；又如"灭"字为指事，在"火"字的象形基础上加上一横示意用东西压住火苗，火就熄灭了。然而，汉字并非只有表意功能，还一部分汉字是形声字，字的一半用于提供语义信息（即形旁），另一半提供语音信息（即声旁）。比如"清"，左边形旁"氵"，右边声旁"青"。据研究者大致统计，形声字在汉字所占比例约为百分之九十。所以，有研究者提出汉字不单是"表意文字"，而且是"音意文字"。

　　汉字的形态特点、表音、表意方式都与拼音文字存在较大差别，拼音文字的研究成果不能直接推论到汉语阅读儿童中。有关汉字识字过程较有代表性的理论是：万云英的"识字的三阶段理论"、曾志朗的"激发——综合两阶段模式"、胡志伟、颜乃欣的"多层次辨识理论"[2]。

　　万云英等人指出汉字识字过程是由音、形、义三者模糊联系和容易

---

[1] 杨润陆《现代汉字学通论》. 北京：长城出版社. 2000.

[2] 谢锡金，李黛娜，陈声珮：《幼儿综合高效识字法》，华东师范大学出版社 2017 版，第 22 页。

出错的阶段，最终发展至三者建立统一联系的固定阶段。首先是泛化阶段，儿童初步认识汉字时，对汉字字形轮廓形成了模糊、不稳定的暂时联系。所以，他们常常会混淆偏旁部首、增减笔画，比如将"请"误认为"清"，比如"今"写成"令"，还会出现形近字的混淆，比如将"寒"误认为"塞"。其次是初步分化阶段，儿童能基本能够区分汉字与汉字之间的音、形、义，基本掌握了字形结构，结构的混淆和遗漏现象减少。然而，对字形结构的细节之处仍可能存在增添、遗漏和添补。对汉字进行再认或再现时，偶尔会出现进行猜测或表现出泛化的倾向。最后是精确分化阶段，经过不断学习，儿童对所学汉字都能达到牢固掌握、精确分化的程度。具体表现在认读、理解意思、默写基本都能迅速完成，能区分和辨析形近字，初步认识一般的构字规则。

1982 年，曾志朗针对中文认字所提出的"激发—综合二阶段模式"，进一步以同时平行分配模式（parallel distribution process）处理来说明中文识字历程。他认为阅读者运用字形、语音等多重线索识别汉字。汉字的音、形、义等信息以平行分布的方式储存在记忆系统中。在文字辨识的过程中，阅读者会充分利用这些线索所提供的信息，经历两个关键阶段：激发和综合。在激发阶段，与目标字相关的各类信息，特别是与声旁相关的所有潜在发音，均会被有效调动。随后，在综合阶段，阅读者将这些信息综合，以形成最有可能的发音，并据此作出反应，最终实现文字识别的目的。

胡志伟、颜乃欣两位学者参照英文词汇辨识理论中的"多层次模式"，提出了汉字的多层次辨识理论。该理论主张，阅读者辨识文字时，会依赖自身的识字和阅读经验。阅读者首先调用长期记忆中的"字形记忆"，这种字形记忆通常与字义、字音存在不同程度的联结。这些联结会相互激发或抑制，直至达到辨识阈值，最终进入意识层面，完成文字的识别过程。汉字字形的激发快于字义，字形的分析是字汇辨识的最初阶段，而字音和字义的激发先后顺序是相差不多的。

以上理论均强调汉字字形会激活记忆中与之相似的字形或部件。激活过程进一步与字音和字义相结合，最终形成完整的文字辨识结果[1]。

另外一些研究者则将儿童的识字过程分为"视觉-语音-构字法"三个发展阶段。在视觉阶段，汉语阅读儿童主要依赖视觉来辨识汉字的部分特征，并以此记忆汉字。与英文初学者相比，汉语阅读在这一阶段停留的时间较长[2]。2003 年，Ho 等人提出汉语阅读儿童正字知识发展的模式包括：（1）字形知识；（2）结构知识；（3）部件讯息知识及位置知识；（4）功能知识；（5）混合阶段；（6）完整正字知识。在儿童汉字识别的初期阶段，他们主要依赖于视觉线索来辨识汉字。随着学习的深入，他们逐渐积累了关于汉字字形、部件及其位置的知识，并掌握了汉字构字的基本规则。随着年龄的增长，儿童在识字过程中不仅依赖于视觉技能，还逐渐学会了运用其他识字策略，例如利用意旁和声旁的功能来辅助识字。最终，他们发展出完整的正字知识，能够自动辨认各种汉字字形[3]。

上述观点得到了相关研究的证实，McBride-Chang 等人对香港和湘

---

[1] 黎莉. 部件识字教学法和字族识字教学法对学习障碍学生识字学习成效之个案研究[D]. 重庆师范大学, 2008.

[2] Ho, C.S.-H. & Bryant, P.(1997) Learning to read Chinese beyond the logographic phase. Reading Research Quarterly, 32, 276 – 289.

[3] 谢锡金，李黛娜，陈声珮：《幼儿综合高效识字法》，华东师范大学出版社 2017 版，第23 页。

潭幼儿园儿童做了一项为期一年的追踪研究。相较于大陆儿童，香港儿童在 3 岁进入幼儿园后便开始接受识字教育。研究结果显示，视觉技能对刚刚开始接触汉字的湘潭儿童很重要，然而无法预测已经学习过大量汉字的香港儿童的识字成绩。因此，在学前儿童尚未正式接受识字教育的情况下，视觉技能相较于语音意识在汉字习得过程中发挥着更为关键的作用。

汉字阅读时，字义的提取可以是从字形直接到字义，也可经过形-音-义提取，过程中是否需要语音编码，视个体阅读能力和所读材料而定。Zhou 等人开展了增进儿童语素意识的教学研究，结果发现学习语素的实验组在认读字词上的表现显著优于其他组别，在词汇知识上有进步的趋向[1]。李文铃、薛锦和舒华为了研究中国儿童从学前到六年级阅读能力的发展趋势，从北京 13 所幼儿园和 13 所公立学校的学前班、一年级、二年级、四年级和六年级抽取了数量相近的学生，对阅读能力发展进行分析。结果发现，儿童阅读水平的发展随着年龄的增长不断提高。学前阶段的儿童语言能力主要依赖口语能力发展，同时开始学习书面语言。他们对文字的结构和意义有一定的认识，但对语音的认识还停留在初期阶段，特别是对韵母、声调等语音单元的意识，还没有达到主动的状态，呈现了语素与语音意识分离的状态。但进入一年级，他们开始系统学习汉字和拼音，语音意识得到迅速发展，此时儿童的语言加工呈现出汉字结构-意义-发音整合的状态。研究发现，语素意识、速度、语音意识以及工作记忆这四个关键因素对儿童阅读能力的发展具有重大影响。研究者评估这四个因素对儿童阅读的贡献

---

[1] 谢锡金, 李黛娜, 陈声珮:《幼儿综合高效识字法》, 华东师范大学出版社 2017 版, 第 25 页。

时发现，语素意识是最关键的因素，其后依次为语音意识、速度和工作记忆[1]。研究者认为这一现象与汉语本身的特征有关，现代汉语由双音节或以上的词作为语言单位，这一特点使得汉语语素意识在汉语儿童言语技能发展中占据了重要地位。因此，提高儿童的语素意识有助于提高儿童汉语阅读能力发展。

汉语呈现出"字多难记""形多难写""音多难读"的特点，汉语阅读能力习得并不简单。深入理解和把握汉字的特性，并从音、形、义这三个维度深入探讨汉字的认知过程，将为我们更有效地进行汉语阅读困难的干预提供坚实的基础。总的来说，根据已有研究，汉语阅读儿童先掌握口语（掌握语义、语法），然后学习字形，便可掌握字的形、音、义，这样的序列最为有效。在汉字学习的初期阶段，建议学习者优先掌握那些构词率较高的汉字。构词，指的是一个字与其他汉字结合形成词语。而构词率高的汉字意味着其能够衍生出众多的词语，例如"大"字能够组成"大小""大衣""大门""大量"等词汇，"大"的构词率较高。通过理解字义来带动词语的学习，是一种极为有效的学习方式。此外，采用拆解字形的策略将有助于提升儿童汉语阅读能力。

二、阅读困难的定义

阅读困难研究的发展可追溯到十九世纪末。1878 年德国医生库尔贸尔（Kussmaul）引入"词盲"（word blindness）概念，指视力、智力和言语表达完好却无法阅读的患者。1895 年，苏格兰眼科医生欣谢尔伍德（Hinshelwood）报告了一位突发性失读的男性患者，他视力正常，能够清晰地看到字母和单词，但却无法朗读。然而，他仍具备读取数字的能

---

[1] 李文铃, 舒华:《儿童阅读的世界 III，让孩子学会阅读的教育理论研究》，北京师范大学出版社 2016 版，第 54 页。

力，也能按照字典拼写。这位患者的情况被称为"获得性词盲"，病因在于大脑的"视觉词中心"受到损伤。1896 年英格兰医生摩根（Morgan）描述了一个 14 岁男孩"他是个聪明伶俐的男孩，反应速度快，绝不比其他同龄人差，他最大的困难是'无法阅读'"。这个男孩被称为"先天性词盲"。1917 年，欣谢尔伍德首次对"先天性词盲"进行了定义，他认为此类病症是指大脑发育正常，且没有受到损伤的儿童所表现出的一种先天性生理缺陷，其典型特征是学习阅读困难，病因源于大脑某一"视觉词中心"受损所致。他最早建立了克服词盲的三阶段训练程序，被认为是阅读困难研究发端的标志[1]。

关于阅读困难的内涵，不同历史时期及不同学科的研究者之间存在着不同的看法。文献最常用的是"Dyslexia"，在拉丁文里，Dyslexia 中 Dys 是困难，lexia 是言语或词语的意思，这个词本意是言语或阅读困难。国内研究者将之翻译为阅读困难或阅读障碍。一些教育学家认为阅读障碍本质上属于认知和教育方面存在缺陷，因此应避免使用"dyslexia"这一医学术语，于是出现了很多描述性术语：阅读紊乱（reading disorder）、诵读困难（poor reading）、特定发展性阅读障碍（specific developmental dyslexia）、特定阅读困难（specific reading difficulties）、特定阅读迟滞（specific reading retardation）等。目前，人们普遍接受的术语是发展性阅读障碍（develop-mental dyslexia/developmental reading disabilities）、特定阅读障碍（specific reading disorder）和阅读障碍（dyslexia）[2]。

---

[1] 王文静，罗良：《阅读与儿童发展》，华东师范大学出版社 2010 年版，第 205 页。

[2] 白丽茹. 阅读障碍的起源、定义及缺陷研究 [J]. 当代语言学，2013, 15(04): 466—479+502.

阅读障碍概念与阅读困难相近，通常研究者们所指的阅读障碍，也被称为字词识别困难。此现象主要表现为在书面语言与口头语言之间转换过程中，所体现出的能力缺陷或暂时性困难。目前对于阅读障碍的相关定义并未形成完整统一的表述，较为有代表性的概念界定如下：

1. 世界神经病学联盟（World Federation of Neurology）于 1968 年将阅读障碍定义为"儿童在常规教学中，无法掌握与其智力水平相符合的阅读、写作和拼写等语言技能"。

2. 国际阅读障碍协会（International Dyslexia Association）于 1995 年把阅读障碍界定为来源于神经生物学的一种特定学习障碍，它以词语识别的精确性或流畅性困难，拼写和编码能力差为特征。2002 年，语音加工缺陷被纳入定义，突显了语音加工困难在阅读障碍中的核心角色：阅读障碍是一种基于神经生物学的特定的学习障碍，其特点是不能准确流畅地识别单词、拼写和解码能力差，这些困难通常是由语音加工的缺陷引起，虽然阅读障碍者其他的认知能力都与常人相同，也受到良好的学校教育。阅读障碍带来的后果，还包括阅读理解能力差、阅读体验缺乏，从而阻碍词汇和背景知识的增长。

3. 世界卫生组织的《国际疾病与相关健康问题统计分类》第 10 版（International Statistical Classification of Diseases and Related Health Problems，简称 ICD-10）将阅读障碍分为获得性阅读障碍（acquired dyslexia）和发展性阅读障碍（developmental dyslexia）。前者是指由于后天脑损伤或疾病引起的阅读困难；后者是指个体在一般智力、动机、生活环境和教育条件等方面与其他个体没有差异，也没有明显的视力、听力、神经系统障碍，但阅读成绩明显低于相应年龄的应有水平，处于阅读困难的状态中。之后，第十一版将阅读、书写和运算领域显著低于相应年龄和智能应达到的预期水平表现，视为学习困难，归为发育性学习障碍[1]。

4.《美国精神障碍诊断于统计手册》(The Diagnostic and Statistical Manual of Mental Disorders，简称为 DSM ）手册第三版将阅读障碍的基本表现定义为：明显的识字和阅读理解缺陷，并且该缺陷无法用精神发育迟滞或不充分的学校教育来解释，也不是由视觉或听觉缺陷或者存在着的神经系统疾病所导致的。该缺陷在口头阅读上的特点是省略、歪曲及替代阅读内容或者阅读速度缓慢而不连贯，阅读理解也受到损害。有 A、B、C 三项诊断标准，核心标准 A 规定必须进行个别施测的智力测验和阅读测验，只有当实际的阅读成绩低于其智力进行预测的阅读成绩时才能诊断为阅读障碍；B 标准指出，只有当个体的阅读水平影响其学习成绩或日常生活时，才能诊断为阅读障碍；C 标准为排除感觉缺陷和神经系统疾病的排除标准。在手册第四版中，则将阅读障碍定义为在有关阅读正确性及理解程度的标准化个人测验中，阅读表现低于预期应有程度，此预期乃基于被测试者的生理年龄、智力测验和与其年龄相符的教育程度所判定。手册第五版将阅读障碍归为学习障碍的一个子类别，并提出了四条诊断标准[2]：

（1）阅读问题；（2）低成就标准；（3）发病年龄；（4）排除标准。

5.《中国精神障碍分类于诊断标准（第三版）》（简称 CCMD-3）将阅读困难归类于学校技能困难，特指儿童在学龄早期在同等教育条件下，出现了学校技能的获得发展困难。这类困难不是由智力发育迟

---

[1] 王振，黄晶晶:《ICD-11 精神、行为与神经发育障碍临床描述与诊断指南》，人民卫生出版社 2023 年版，第 36—37 页。

[2] 张道龙:《精神障碍诊断与统计手册（第五版）:DSM-5》，北京大学出版社 2015 年版。

缓、中枢神经系统疾病、视觉困难、听觉困难或者情绪困难所导致，大多起源于认知功能缺陷并以神经发育过程的生物学因素为基础，可继发或伴发行为或情绪困难，但不是其直接后果。需要符合三个诊断标准：

（1）符合特定学校技能发育障碍的诊断标准。

（2）阅读准确性或理解力明显缺陷，标准化阅读技能测验评分低于其相应年龄和年级儿童的正常水平，或相应智力的期望水平，达 2 个标准差以上。

（3）有持续存在的阅读困难史，严重影响与阅读技能相关的学习成绩或日常活动。

纵观上述权威概念，阅读障碍的定义可以被分为一般定义和排除式定义。

1. 一般定义

该类定义认为阅读障碍包括阅读中发生的任何困难，不论强度如何、成因如何，这是阅读障碍中最宽泛的定义。世界神经学家联合会、NINDS 的定义属于该类别，囊括了阅读、写作和拼写等语言技能问题，这造成了阅读障碍特征被过分简单化，以至于无法区分不同原因导致的阅读困难。

2. 排除式定义

该类定义中阅读困难儿童是指至少具有正常或正常以上的非言语智力，而且在教育机会、社会环境、经济条件、学习动机或情绪方面与其他儿童没有明显差异，但阅读成绩与其智力所达到的水平相比明显落后的儿童。该类定义呈现阅读困难儿童的特征，对成因有一定的描述。DSM、ICD、CCMD 的定义均属于该类定义。该类定义的优点在于阅读障碍特征得以明确，说明了诊断标准，为发展性阅读困难儿童筛选提供了可操作性的标准。根据排除式定义，人们多采用智力成就差异测试作为诊断阅读障碍的依据，就是说智力（IQ）在中等水平以上（一般采用韦氏儿童智力量表或瑞文标准推理测验），并且阅读成绩明显低于其智力水平，就可以诊断为阅读障碍。可见，基于阅读成绩差异模式提出的阅读障碍的诊断具有三个条件：阅读成就分数低于平均水平；IQ 至少达到平均水平；阅读成就显著低于 IQ 的预期水平。该诊断方法只将智商高，而阅读能力低于正常水平者视为患有特定阅读障碍，自动排除了智商和阅读能力均低于正常水平的阅读困难者。

综上所述，阅读障碍与阅读困难的概念虽然比较相近，但它们在内涵上有一定区别。阅读困难与遗传基因、大脑结构异常、环境因素等多种因素有关，例如有一些研究发现基因变异可能会导致大脑神经网络的连接异常，进而影响个体的语言和阅读能力。此外，成长环境也可能对阅读困难的发生和发展产生影响。例如，缺乏足够的语言刺激或不良的阅读习惯可能增加个体出现阅读困难的风险。阅读障碍即狭义的阅读困难，排除了智力因素，指智力正常者在阅读成绩上出现显著落后的现象，这个概念较为强调"差异"，即个体的智商正常或者超常，做其他任何事都表现不错，看非文字的事物没有困难，但在阅读方面存在"意想不到"的困难和落后。越来越多的研究者主张，对于阅读困难的检测不应过度侧重智力因素，字词识别能力和语言理解能力都存在缺陷的阅读困难儿童更需要特殊教育服务，他们不应该被排除在阅读障碍者之外。为全部阅读困难者提供相应的支持和帮助，关注阅读过程中单词识别能力与语言理解能力这两个认知成分；针对儿童阅读过程中认知成分缺陷程度，采取有针对性的干预补救措施。

此书所涉及阅读困难的概念指向广义的阅读困难，指智力、生理、认知或教育等方面原因导致儿童在阅读能力上表现明显滞后。换句话来说，我们认为阅读困难不仅仅包括阅读障碍（字词识别困难），还包括阅读理解方面的困难。

针对汉语阅读困难的研究历程较为短暂，最初学者们认为阅读困难现象仅限于西方拼音文字（如英文、法文等）使用者。后来在一项跨语言研究中发现，阅读困难在中国台湾地区的检出率 7.5%，并不低于美国（6.3%）和日本（5.4%），表明了阅读困难是一种跨语言的现象，汉语中也存在阅读困难群体[1]，且比例无显著差异。研究显示，汉语阅读困难的儿童的发生率也处于 5%—10% 的比例[2]。

目前，汉语阅读困难相关知识普及程度不足，导致家长和教师对阅读困难儿童的认识尚不清晰。当前，许多研究者对阅读困难及其亚类型的鉴定并不基于阅读理论，导致许多阅读困难儿童未能获得针对性的干预和补救措施[3]。同时，关于汉语阅读困难干预的研究目前仍处于起步阶段，亟需研究者加强研究力度并予以充分关注[4]。

三、阅读困难学生的表现

（一）语言层面的表现

在学前阶段，有些阅读困难儿童并未表现出显著的落后，然而一旦进入小学，阅读和书写方面便遇到了难以克服的挑战。他们就会在字

[1] Stevenson H W, Stigler J W, Lucker G W, et al. Reading Disabilities: the case of Chinese, Japanese and English [J]. Child Development,1982,53: 1164−1181.
[2] 曾飚，周晓林，孟祥芝. 发展性阅读障碍的注意缺陷研究现状 [J]. 心理发展与教育，2003,(02):91−95.
[3] 白丽茹:《阅读障碍检测及亚类型鉴定新途径》，南开大学出版社 2017 版，第 16 页.
[4] 邢龙雪，李雅蕾，贾丽萍（2021）. 汉语发展性阅读障碍的研究进展. 心理学进展，11(5),1210−1219.

词学习能力方面表现不佳，字形、语音匹配困难，识字量、词汇量有限[1]。与正常儿童相比，阅读困难儿童新词习得速度较慢，主要表现在早期加工延迟和晚期加工效率低下；常常混淆字形相近的字词以及意义相关的字[2]；朗读字词或文章时速度缓慢且不流畅，常伴有加字、漏字、错字等问题[3-4]；对于字在词或句子中的意义理解不足。

值得注意的是书写障碍也是阅读困难的一个重要表现，阅读困难儿童听写困难[5]，书写速度慢、准确性差，字体偏大、变异性大，且笔画错误多。书写与阅读之间存在着密切的关联性。从认知加工的角度进行剖析，书写与阅读是两个相互逆转的过程，它们涉及多个共同的加工要素。具体而言，阅读是一个从视觉词形输入逐步转化为语言理解的过程，而书写则是一个从语义信息提取逐步转化为视觉词形输出的过程[6]。多项研究显示，汉语阅读困难儿童普遍存在书写加工缺陷。学者认为，除精细运动与视知觉记忆缺陷外，视觉—运动整合加工缺陷也是导致这一问题的重要原因[7]。

[1] 宋然然，吴汉荣（2008）. 阅读障碍儿童汉字认知特征分析 . 中国公共卫生，24(2)，181－183.

[2] 丁珏，刘翔平，李烈，赵辉，姚敬薇，田彤（2002）. 阅读障碍儿童识字特点研究 . 心理发展与教育，18(2)，64－67.

[3] 陆爱桃，张积家（2006）. 阅读流畅性研究及其进展 . 心理科学，29(2)，376－379.

[4] 张旭，毛荣建（2013）. 阅读流畅性及其与阅读障碍关系的研究进展 . 中国特殊教育，(4)，48-54.

[5] Chan, D. W., Ho, C. S.-H., Tsang, S.-M., Lee, S.-H., & Chung, K. K. (2006). Exploring the reading-writing connection in Chinese children with dyslexia in Hong Kong. Reading and Writing, 19(6), 543－561.

[6] 王成，尤文平，张清芳 .（2012）. 书写产生过程的认知机制 . 心理科学进展，20(10)，1560－1572.

[7] 卫垌圻，曹慧，毕鸿燕等 . 发展性阅读障碍书写加工缺陷及其神经机制[J]. 心理科学进展，2020,28(01): 75－84.

（二）非语言层面表现

1. 情绪

阅读困难症状通常在小学一二年级逐渐显现，随着知识点缺失的逐步累积，小学高年级阶段的阅读困难问题愈发复杂化。阅读困难的孩子在阅读理解、撰写文章、学习第二外语等方面均遭遇挑战，还会表现出数学阅读困难，做计算题时成绩不受影响，但涉及文字内容的应用题往往表现较差。他们在学业成绩上持续处于较低水平。这种学业上的挫败可能进一步导致他们在情感、自尊心以及社交技能方面出现严重困扰。邹丽及其团队进行的一项调查显示，阅读障碍儿童的抑郁症状检出率高达到37.36%，这一比例明显高于正常儿童[1]。因此，对于这类儿童，我们需要不仅关注他们的学业表现，更要重视他们的心理健康和社会适应能力。

2. 创造性

我们不能仅凭阅读困难儿童的弱势就全盘否定他们，他们也有自己的优势和特点。在评价他们时，我们应该全面地看待他们的能力，并努力发掘他们的潜能。研究表明，阅读困难儿童具备较高的创造力，在独特性和抽象性上高于普通儿童[2]。原因可能在于普通儿童与阅读困难儿童的学习方式存在显著差异。他们的学习方式更倾向于依赖右脑，表现为综合思维；而普通儿童则更多依赖左脑，倾向于分析思维。尤其，当儿童学习形如图形的汉字时，他们的图形加工能力得以提升。对于阅读困

---

[1] 邹丽, 刘卓娅, 肖沛等. 汉语阅读障碍儿童抑郁症状及其影响因素分析[J]. 中国学校卫生, 2022, 43(05): 788–791.

[2] 张向葵, 孙天威, 缴润凯. 阅读障碍学生创造力特征的研究[J]. 心理发展与教育, 2004, (02): 1–6.

难儿童学生而言，情况更是如此，由于语音缺陷，他们需要视觉能力的补偿，这促进了形象思维的发展，从而提高创造力水平。阅读困难儿童并非像人们想象的完全没有办法进行教育指导和干预。如：他们好奇心强，创造性思维发展较好，具有幽默感和良好的空间能力、艺术能力、音乐能力，对感兴趣的任务能够较长时间集中注意力等。因此，教育工作者和家长必须充分认识到儿童在阅读困难上的个体差异，通过个性化教育帮助支持阅读困难儿童的成长与发展。针对不同类型的阅读困难儿童，应设计具有针对性的干预方案，以充分发挥其优势，并弥补其不足。

四、阅读困难的分类

（一）根据阅读构成成分的分类

简单阅读观不否认阅读过程的复杂性，但强调其复杂性存在于阅读过程的两个潜在成分之中：字词识别能力（word recognition）和语言理解能力（language comprehension），而且这两个成分同等重要。其中，字词识别是指具备准确识别单个字词的能力，而阅读理解则是在单个字词解码的基础上，进一步解读和理解文本信息中所蕴含的意义。个体唯有掌握这两种认知成分才能获得阅读的成功，如果有任何一个或两个成分同时存在缺陷都会导致阅读困难。

Gough 和 Tunmer（1986）用数学公式对阅读过程两个潜在成分性质进行了描述：$R=D \times L$；R 代表阅读（阅读、熟练阅读或阅读理解），D 代表单词解码能力（字词识别能力），L 代表语言理解能力（听力理解能力）。

研究表明，阅读发展初期阶段，字词识别能力是低年级儿童学习阅读的重要技能，也是其后期阅读发展的最佳预测指标。在阅读过程中，有的儿童能够非常流畅地进行阅读，但却无法理解文章的意思；而有的儿童阅读文章非常困难，但是如果能够给他们读出这些文字，他们对单词和句子的理解完全不存在问题。有些儿童可能仅仅有其中一种或两种症状，而有些儿童可能同时具有多种症状。

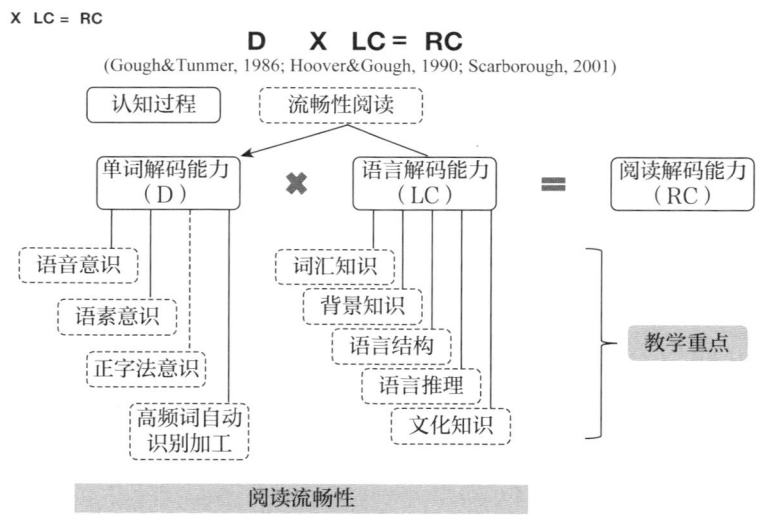

以公式 $R=D \times L$ 角度来理解，即各个变量值均在 0 到 1 的范围内，因此，可得出四种解释：若 $D=1$ $L=2$ 则 $R=1$；若 $D=0$，$L=1$，则 $R=0$；若 $L=0$，$D=1$，则 $R=0$；若 $D=0$ $L=0$，则 $R=0$。换句话说，倘若儿童的单词辨识能力与语言理解能力两个认知成分都发展正常，那么他们便不会出现阅读困难。然而，若儿童在字词识别能力或语言理解能力这两个认知成分中，只要有一个存在缺陷，就会导致阅读困难的发生[1]。

因此，简单阅读观视角下阅读困难分为三种类型：一是字词识别困

---

[1] 白丽茹：《阅读障碍检测及亚类型鉴定新途径》，南开大学出版社 2017 版，第 101－108 页。

难（诵读困难或特定阅读障碍）；二是阅读理解困难；三是普通认知困难（混合型困难）。

1. 字词识别困难

字词识别困难（诵读困难或特定阅读障碍），主要表现为阅读困难儿童难以将拼写转化为语言，缺乏语音编码或语音再编码的认知能力，其关键在于缺少按照固定发音顺序分解单词的认知加工能力。字词识别困难的基本特征是在书面语言与口头语言之间转换过程中遇到困难。

儿童在字词识别困难方面的表现主要有：（1）认字与记字困难，刚刚学过的字词，很快就忘记；（2）听写成绩很差；（3）朗读时增字或减字；（4）朗读时不按字阅读，而是按照自己的想法随意阅读；（5）错别字连篇，写字经常多一画或少一笔；（6）阅读速度慢；（7）逐字阅读或以手指协助；（8）说作文可以，但写作文过于简单，内容枯燥；（9）经常混淆形近字，如把"视"与"祝"弄混；（10）经常混淆音近字，如把"林"与"玲"搞混；（11）学习拼音困难，经常把"O"看成"Q"；（12）经常颠倒字的偏旁部首等[1]。

2. 阅读理解困难

阅读理解困难是指儿童具有正常的字词识别水平，但在篇章的理解水平上显著落后[2]。在篇章阅读过程中，如果无法有效地将文章中的信息进行整合，就无法建立起完整的心理表征。这意味着无法全面理解和掌握文章的主题和内容，导致阅读效果不佳。

---

[1] 刘翔平：《不会阅读的孩子——如何帮助阅读困难儿童》，华东师范大学出版社 2008 版，第 9—28 页。

[2] Frank, R. Vellutino, Jack. M. Fletcher, et al. (2004) Specific reading disability (dyslexia):what have we learned in the past decades? Journal of Child Psychology and Psychiatry. Vol.45. No.1.p.2—40.

儿童在阅读理解困难方面的行为表现主要有：（1）喜欢看带图画的书，主要根据图画来理解文章的意义；（2）能够阅读一些故事类的文章，但很难读懂说明文等没有情节的文章；（3）阅读时，往往逐字地读，连读比较困难；（4）阅读完了，不能回忆文章的内容，或者记忆量非常小；（5）能够回答一些浅显的问题，但对于需要推理的问题，则只能凭借猜测；（6）做应用题困难，而一旦有人把题目读出来，就没有问题了[1]。

3. 普通认知困难（混合型困难）

普通认知困难是指阅读困难儿童同时存在字词识别困难和阅读理解困难，智商低于正常水平。这种类型的阅读困难相对来说要比前两种阅读困难类型更严重。此外，《世界卫生组织疾病和有关健康问题的国际统计分类》第十版中对阅读困难的诊断标准也描述了一些关于阅读困难儿童的主要特征和行为表现。如口语上经常出现的错误有：（1）省略、取代、偏差、加字或加字母等；（2）阅读速度缓慢；（3）起头错误、停顿太久或在课文中找不到位置，造词错误；（4）句中单词颠倒或单词中字母颠倒等。阅读理解上的主要缺陷有：（1）无法记忆所读内容；（2）无法从所读的内容得到结论或推论；（3）不以从阅读特定故事中得到的资料回答与此故事相关的问题，反而以一般常识作为回答的资料背景。

研究表明，在阅读困难群体中，字词识别困难（诵读困难或特定阅读障碍）以及阅读理解困难这两个类型相对较少，普通认知困难（混合型困难）这个类型较为常见。

---

[1] 刘翔平：《不会阅读的孩子——如何帮助阅读困难儿童》，华东师范大学出版社 2008版，第 9—28 页。

（二）根据阅读模型理论的分类

Yin 和 Weeks 提出的中文阅读三角模型（triangle model）对于理解汉语阅读困难具有重要意义。该模型认为非语义通路中，个体依赖汉字的正字法表征（包括字形、部件和笔画等）与语音表征（如音节、音韵和音调）之间的直接联系进行文字识别。当这一通路受损，阅读困难者会遭遇规则词和例外词的阅读困难。孟泽龙等学者从阅读模型理论出发，回溯过往研究，提出可以将汉语阅读障碍划分为语音型、表层型和深层型三种亚类型。

1. 语音型阅读障碍占汉语阅读障碍的比例要远低于其在拼音文字阅读障碍的比例。这可能与汉字作为表意文字的特性有关，汉语阅读过程中并无明确的形 - 音转换规则，因此，汉语儿童无法借助亚词汇途径来实现假词阅读或假词注音。

2. 汉语阅读障碍中存在表层型阅读障碍亚类型，并且该亚类型儿童的行为表现与拼音文字下的表层型阅读障碍亚类型儿童大致相同，词汇（视觉）通路受到损害，能够机械读出字词但不能理解含义，解码能力好于理解能力。

3. 深层型阅读障碍在汉语阅读障碍中存在一定的比例，尽管他们能够理解单个汉字的意义，但他们难以区分具有相同部件或相似语义的汉字[1]。深层型阅读障碍这个概念由 Marshall 和 Newcombe 首先提出，他们认为这种类型的英语阅读障碍者的亚词汇通路受到损伤，词汇通路也相对较弱，只能利用间接的正字法表征与语义表征的匹配，并从语义表征中提取语音，从而产生语义、视觉和构词错误，比如语义错误，读

---

[1] 孟泽龙,张逸玮,毕鸿燕.发展性阅读障碍亚类型研究进展[J].心理发展与教育,
2017,33(01):113－121.

出与目标词有语义关系的词，像 city 变 town，或者 mother 变 daughter。还有视觉错误，比如 chest 误读为 cheat。更有意思的是，他们还可能犯词源错误，比如 children 变 child[1]。西方发展性阅读障碍亚类型的分布特点是以语音障碍和表层障碍为主，深层障碍极少。

Lai 对香港儿童的研究中发现了比例众多的深层障碍，这些儿童在阅读过程中产生了大量的视觉、语义、选择以及混合错误，呈现出深层阅读障碍的典型特征[2]。国内学者栾辉等人研究报告了一例典型的发展性深层阅读障碍案例 J。在测试中，个案展示了一系列深层阅读障碍的典型特征：语音加工缺陷，较多的语义、视觉和选择错误等。此外，J 还表现出与深层阅读障碍相关联的特点，如数字记忆广度较小。普通儿童在面临汉字读音挑战（如："煎"）时，通常会借助声旁线索来寻求语音支持，从而更易出现声旁错误（如："前"）或其他类似失误（如："剪"），而较少涉及语义或选择性错误。而汉语深层阅读障碍儿童由于语音加工困难，更倾向于在汉字命名中使用语义中介，通过字形－语义－语音的通路找到字音。然而，由于汉语中语义和语音的联系并非一一对应，这导致产生了大量的语义错误。例如，输出的读音可能与目标字（如"煎"）的语义相关（如"炖"）。

阅读困难的内在机制和表现形式是复杂而多样的，需要深入研究才能更精确地分类，而分类的精细化将为制定有效的干预和治疗方案提供有力支持。

---

[1] Marshall J C, Newcombe F.Patterns of Paralexia:A Psycholinguistic Approach.Journal of Psycholinguistic Research, 1973, 2:175－199

[2] Lai A. Developmental Deep Dyslexia in Hong Kong Cantonese Speaking Chinese Children: A Case Study Approach.Paper submitted for the First BDA Conference on Multilingualism and Dyslexia, 1999.

第二节　阅读困难常见的成因

阅读困难是一个很复杂的问题，其产生机制目前尚未完全弄清，遗传因素、产前、环境因素和心理因素都可能影响阅读困难的发生。20 世纪初，西方研究者在生理、遗传和脑机制等方面进行了大量的研究，认为阅读困难的成因是遗传和环境因素的综合作用。

首先，遗传因素在阅读困难的发生中起着重要作用。研究发现，阅读障碍患者的家族中往往有类似疾病的患者，这表明遗传因素在阅读障碍发病中起到了重要的作用。此外，一些研究还发现，阅读障碍的发病也可能与基因变异有关。这些基因变异可能影响大脑发育和神经传导，从而导致阅读障碍的发生。

其次，环境因素也对阅读困难的发生有一定的影响。例如，胎儿期和儿童期的营养、教育和家庭环境等因素都可能影响大脑发育，从而影响阅读能力。

此外，一些研究表明，儿童早期的一些疾病，如脑膜炎、脑外伤等也可能导致阅读困难的发生。

总的来说，阅读困难的成因是复杂的，既有遗传因素也有环境因素的作用。对于那些患有阅读困难的儿童，我们需要提供更多的支持和帮助，让他们掌握合适的策略以应对这个挑战。同时，未来的研究应该继续深入探讨阅读困难的成因，以便更好地进行预防和治疗。

一、生物学因素

国内外研究者正在逐渐深化对阅读困难生物学基础的研究，主要聚焦于遗传机制和神经基础。针对阅读障碍儿童的研究表明，其大脑存在一系列显著的异常特征，其中包括颞叶的解剖结构异常，连接发生改变以及一些脑区在阅读过程中激活不足。

研究人员推测，这种行为失调具有较强的遗传特性，已确认识别出若干易感基因，它们主要调控神经元迁移过程，这是胚胎期脑部结构发育的关键环节。任何影响此环节的不利因素都可能破坏大脑皮质组织。研究团队正逐步揭示基因与阅读障碍行为之间的因果关系链。

这些研究的目的在于深入探讨阅读障碍的神经生理机制，为证实人类语言加工的普遍性和特殊性提供更为可靠的实证依据，从而为研发一系列有效干预措施，显著提高阅读困难者的阅读能力，以及降低阅读困难发生率奠定基础。

（一）阅读困难的遗传机制

阅读困难的成因一直是研究者们所关注的焦点问题，尽管目前尚未完全揭示根本原因，但随着科技不断进步，特别是分子遗传学这一新兴领域的飞速发展，提供更为直接的科学依据，有助于对阅读困难风险儿童的预测，便于提早对存在风险的儿童进行训练，促进他们的阅读能力发展。

在遗传机制的研究中，主要关注两个核心问题：一是阅读困难是否受遗传因素影响；二是如果受遗传影响，那么遗传因素在阅读困难的发生中究竟起怎样的作用。要解答这些问题，最直接的方法是寻找与阅读困难相关的候选基因。传统的行为遗传学研究方法，如双生子研究，为我们提供了重要的参考依据。而分子遗传学的研究，能更精确地揭示遗传因素如何影响阅读困难的发生。

1. 行为遗传学研究

（1）家族聚集性的研究

1950 年，Hallgren 对 116 个阅读困难者的家庭进行了研究，第一次提出阅读困难是一种常染色体显性遗传障碍[1]。1972年，Zahalkova研究推断出阅读困难为常染色体显性遗传，在女性中外显率减少。1976年，Finucci对20名阅读困难儿童的75名一级亲属进行了研究。研究结果显示，这些一级亲属中有45%的人在儿童时期被确诊患有阅读困难，因此认为阅读困难具有遗传性质，并且是由非单基因遗传引起的。1978年，DeFries等测量了125名阅读困难儿童及其父母、兄弟姐妹的几种与阅读有关的能力。结果发现，这些儿童的父母和兄弟姐妹在阅读、书写和其他几项认知能力方面的得分都低于对照组，表现出家族聚集性。2001年，Pennington等通过追踪研究来考察阅读困难在家族中的聚集性。为了进行这项研究，研究者比较了来自两类家庭的儿童：一类是高危家庭，即父母中至少有一人存在阅读困难的情况；另一类是低危家庭，即父母均无阅读困难的情况。通过这种方式更准确地了解阅读困难在家族中的遗传和聚集特征。研究结果显示，阅读困难具有家族聚集性，在高危家庭中，有34%的儿童会出现阅读困难，而在低危家庭中，这一比例仅为6%。

在家族聚集性研究中，总体而言，父母患有阅读困难，孩子的患病率达23%—65%；兄弟姐妹患有阅读困难，孩子患病率大约为40%。然而，这些家族聚集性研究不能为阅读困难具有遗传性提供结论性的证据，因为家族聚集性可能是其他因素导致的，比如共同生活的环境使得同一家族的成员有类似的阅读经验、阅读水平。

（2）双生子研究

常用于与遗传有关的研究方法是双生子研究，通过同卵双生子

---

[1] Gustafson, S. &. Samulsson, S. (1999) Intelligence and dyslexia: Implications for diagnosis and intervention, Scandinavian Journal of Psychology. Vol.40. 127—134.

（Monozygotic Identical Twins，MZ）和异卵双生子（Dizygotic Fraternal Twins，DZ）的遗传性状。同卵双生子拥有完全相同的基因组，而异卵双生子则平均分享他们一半的基因。若遗传因素在阅读困难的形成中起主导作用，那么同卵双生子患上阅读困难的概率应高于异卵双生子。理论上，如果基因是导致阅读困难的唯一因素，那么两个同卵双生子均应表现出阅读困难的症状，而大约一半的异卵双生子会表现出阅读困难，因为异卵双生子平均分享一半的分离基因。然而，实际情况并非如此，这表明环境因素在阅读困难的发生中也起到了重要作用。

阅读困难的行为遗传学研究主要分为两类，一类是研究双生子同为阅读困难的比率（即同现率）研究，也就是双生子中如一个是阅读困难者，另外一个也是阅读困难者的比率是多少；另一类通过一些阅读测验或与阅读相关的测验，考察双生子的阅读能力。这两类研究分别提供了以下信息：首先，同现率研究的结果将有助于验证阅读困难是否具有遗传基础；其次，第二类研究则可以评估与遗传相关的阅读成绩指标，为进一步了解阅读困难的遗传因素提供依据。

① 双生子的同现率研究

较早的研究以 10 对同卵双生子和 33 对异卵双生子，结果发现同卵双生子的同现率为 100%，异卵双生子的同现率为 33%。1973 年，Eakin 选择了 62 对双生子（至少其中一人有阅读困难），阅读困难的同现率同卵双生子是 84%，异卵双生子是 20%。这些结果都表明基因遗传是导致阅读困难的一个重要因素。

② 双生子的阅读成绩研究

在研究基因与环境因素对阅读能力的相对影响时，研究者通常采用传统的实验设计，即让同卵双生子和异卵双生子在相同的环境中成长，并观察他们的阅读成绩。实验结果表明，同卵双生子的阅读成绩相关性显著高于异卵双生子。这一结果与双生子同现率的研究结果相一致，进一步证实了基因在阅读能力的发展中起着重要作用。

2003 年，研究者对同卵和异卵双生子的单词再认、正字法编码、语音解码、语音意识四种阅读能力的构成技能进行分析，发现基因遗传对于四种加工技能的速度和准确性有显著影响，而且速度和准确性有显著的遗传相关[1]。

目前，国内外研究者对于阅读困难的行为遗传学研究数量和结果相对较少，而更多的研究集中在分子遗传学领域。

2. 分子遗传学研究

根据行为遗传学的研究结果，充分证实阅读困难具有很高的遗传性。分子遗传学研究有助于深入了解阅读困难的致病基因。基因研究的目的是确定和分离与阅读障碍相关的基因。基因定位后，可以解释基因编码的蛋白质产物在正常和疾病中的作用。研究者可以开发干预措施（包括基因治疗）来减少不良基因的影响，从而降低未来阅读困难的发生率。这种研究前景非常有吸引力[2]。

（1）阅读困难的候选基因研究

已有 9 个基因座被确定与阅读障碍发病相关，人类基因命名委员会将其连续命名为 DYX1 到 DYX9（它们在染色体上的位置分别为：1p36-p34，2p16-p15，3p12-p13，6p22，6q13-16.2，11p15.5，15q21.3，18p11.2 和 Xq27.3），跨越这些区域的几个基因被报道与阅读障碍病因有关（DYX1 上的 DYX1C1 基因，DYX2 上的 DCDC2、KIAA0319、

---

[1] 王文静，罗良：《阅读与儿童发展》，华东师范大学出版社 2010 年版，第 210 页。
[2] 孟祥芝，周晓林. 发展性阅读障碍的生理基础［J］. 心理科学进展，2002(4)：7—14.

THEM2、TTRAP、NRSN1 基 因，DYX3 上 的 C2ORF3、MRPL19 基因，DYX5 上的 ROBO1 基因，DYX7 上的 DRD4 基因，DYX8 上的 KIAA0319L 基因，以及 DYX9 上的 FMR1 基因）。除了上述 DYX 基因外，与其他疾病相关的一些基因也与阅读能力有关，这些基因包含 2 号染色体上的 FAM176A 基因，3 号染色体上的 CEP63 基因，5 号染色体上的 CTNND2 基因，7 号染色体上的 FOXP2、CNTNAP2、DOCK4 和 GTF21 基因，12 号染色体上的 GRIN2B 和 SLC2A3、GNPTAB 基因，13 号染色体上的 COL4A2 基因，14 号染色体的 NOP9 基因，15 号染色体上的 CYP19A1 基因，16 号染色体上的 ATP2C2 和 CMIP 基因，19 号染色体上的 NCAN 基因，21 号染色体上的 PCNT、DIP2A、S100B 和 PRMT2 基因。

在众多阅读障碍相关基因中，DYX1C1、DCDC2、KIAA0319 及 ROBO1 是当前研究最为深入的四个基因。这些基因与阅读障碍发病风险之间的关联已经得到广泛证实。通过对这些基因的功能研究，研究者发现它们在早期脑发育过程中均具有轴突导向、信号传导功能或参与神经元迁移过程。因此，目前普遍认为阅读障碍是一种神经迁移性疾病[1]。

① DYX1C1 基因

DYX1C1 位于人类第 15 号染色体上（15q21.3），是首个被发现与阅读困难相关的候选基因[2]。目前经过证实，该基因在多个脑区中都有

[1] 谢新艳, 邵珊珊, 宋然然. 基因、环境及其交互作用在阅读障碍发生中的研究进展 [J]. 中国公共卫生, 2019, 35(06): 780−785.
[2] Taipale, M. Kaminen, N. et al. (2003) A candidate gene for developmental dyslexia encodes a nuclear tetratricopeptide repeat domain protein dynamically regulated in brain, Proceedings of the National Academy of Sciences, USA, Vol. 100. No.20. p,11553−11558.

中等程度的表达，特别是在新皮层、海马区和脉络丛的灰质及白质中。而且，在大脑新皮层发育的神经元迁移过程中起着重要作用。根据研究，大脑神经发育过程的干扰被认为是阅读困难的神经基础。如果神经发育过程受到的干扰程度越高，那么个体出现阅读困难的风险也相应增加。有16项研究对DYX1C1基因与阅读困难的关系进行探讨，虽然研究结论不完全一致，但多数结果还是支持了DYX1C1对阅读困难的作用。有研究对131个中国香港家庭样本进行分析，发现DYX1C1基因的rs3743205位点与汉语阅读困难显著相关[1]。国内研究者选取了121名汉语阅读困难儿童和117名正常儿童作为实验样本，结果发现DYX1C1基因的rs3743205位点的基因多态与阅读困难相关，rs11629841位点变异也与阅读困难有关[2]。

② DCDC2基因

DCDC2基因位于人类第6号染色体上（6p22.2），其编码蛋白在颞中、颞下等大脑皮层均有表达。DCDC2基因的缺陷可能导致皮层及皮层下神经元迁移异常，进而造成阅读困难。该基因是否是阅读困难的易感基因，目前还存在一定的争论和冲突[3]。

③ KIAA0319基因

KIAA0319位于6p22.2，是一种典型的细胞膜蛋白编码基因。KIAA0319基因主要在顶上皮层、初级视皮层、枕叶视皮质、海马等多个区域进行表

[1] LIM C K, HO C S,CHOU C H,et al. Association of the rs3743205variant of dyx1c1 with dyslexia in Chinese children[J]. Behav Brain Funct, 2011, 7: 16

[2] 王志超，崔光成，赵阿勐，等．儿童发展性阅读障碍的全基因组关联研究[J].卫生研究, 2015, 44（5）: 767-770, 779.

[3] 薛琦，宋然然．汉语阅读障碍的遗传学研究进展[J].中国学校卫生, 2019, 40(08): 1273-1276.

达，参与神经元的移动和轴突的生长等生理过程，因其在神经元移动过程中的作用，所以被认为可能和阅读困难具有一定的关联性。有一些研究支持 KIAA0319 基因作为阅读困难的候选基因，但也有一些研究未能发现它与阅读困难相关。国内研究者采用元分析方法考察 KIAA0319 基因在汉语阅读障碍中的作用，发现 KIAA0319 基因中的 931C>T 多态性与汉语阅读障碍之间存在显著关联[1]。但是，随后有研究同样采用元分析考察了 KIAA0319 基因的多态性与阅读障碍之间的关系，结果发现 KIAA0319 基因的 6 个不同位点与阅读障碍无关。一项研究分析了 131 个中国家庭样本，发现 KIAA0319 基因与汉语阅读困难无关，但是 KIAA0319 基因的 rs2760157 和 rs807507 位点组成的单倍型与语音意识显著相关，这表明 KIAA0319 基因可能通过影响语音意识来影响阅读能力[2]。

④ ROBO1 基因

研究者对一个芬兰阅读困难家系（74 名家庭成员中有 27 名患有阅读困难）详细分析，发现该家系多名阅读困难者的 ROBO1 基因存在表达缺失或减弱，表明阅读困难可能由 ROBO1 基因的部分单倍功能不全引起的。国内研究者对 121 例阅读困难儿童和同期 117 例普通儿童为研究对象，采用全基因组关联分析，发现 ROBO1 基因的 rs331142 和 rs12495133 位点的基因多态与阅读困难相关[3]。研究者对两个与阅读相

[1] ZOU L,CHEN W, SHAO S,et al. Genetic variant in kiaa0319,but not in dyx1c1, is associated with risk of dyslexia: an integrated meta-analysis[J]. Am J Med Genet B Neuropsychiatr Genet, 2012, 159B(8) : 970[J].976.

[2] LIM C K,WONG A M, HO C S, et al. A common haplotype of ki-aa0319 contributes to the phonological awareness skill in Chinese chil-dren[J]. Behav Brain Funct, 2014, 10: 23.

[3] 王志超，崔光成，赵阿勐，等. 儿童发展性阅读障碍的全基因组关联研究[J]. 卫生研究，2015,44(5) : 767 − 770,779.

关的 ROBO1 基因多态性进行了基因分型，测量了胼胝体的纤维微结构，结果发现 ROBO1 基因多态性显著影响阅读成绩，进一步分析发现膝状体调节 ROBO1 基因多态性对阅读成绩的影响，揭示可能存在一条"ROBO1-膝状体-阅读"的通路[1]。

目前研究者发现了多个阅读困难的候选基因，然而阅读困难除了受到多个基因共同作用，还受到语言文化环境等多种因素的影响，不同研究得出的研究结果差异较大。对于候选基因的相关研究仍处于积累阶段，还需要大量研究对已有结果进行重复验证。目前研究者普遍认同阅读困难代表了阅读能力正态分布的末端，他们的阅读困难只是一种发展上的滞后，属于阅读能力连续体的一个组成部分。因此，阅读困难的候选基因对一般群体阅读能力的作用如何值得研究者进一步探讨。

（二）阅读困难的神经基础

大脑作为人脑的核心部分，与语言的关系极为密切。虽然没有专门的"阅读脑"，但却有一个天生的"口语脑"。只要我们在正常的环境中长大，不用特地去学，我们都自然而然地会说话。在遗传因素的作用下，大脑已经为我们准备好了从语音通达语义的口语加工脑区和环路，这就是"阅读脑"的开端。大脑还有另一个让人惊叹的特质，从出生到死亡，大脑一直在变、在调整，这就是神经可塑性。负责信息加工的灰质可以变厚或变薄，负责灰质间传输信息的白质纤维可以集中或弥散，不同脑区的活跃程度可以增强或减弱，不同脑区之间的同步活动（功能连接）可以形成或消失。如前文所提及的儿童阅读学习过程可划分为三个重要阶段：首先是图像阶段，儿童以图像方式表征少量字词；随后进

---

[1] 李文玲，舒华：《儿童阅读的世界 II，早期阅读的生理机制研究》，北京师范大学出版社 2016 版，第 55—70 页。

入语音阶段，儿童学会将单词拆解为构成字母，并将字素解码为音素；最后为正字法阶段，此时儿童识别字词速度显著提升，自动化程度更高。脑成像研究揭示，在这三个阶段中，儿童的大脑神经回路经历了诸多演变，其中大脑左侧枕-颞区的变化尤为显著。随着书面文字引发的神经活动逐步增强，最终整合构建出人类阅读网络。

　　20 世纪下半叶，非侵入性脑功能和脑结构成像技术的成熟为研究阅读及阅读困难的神经基础提供了契机。脑功能成像技术主要包括：功能核磁共振成像（functional magnetic resonance imaging，fMRI）、正电子发射断层扫描（positron emission tomography，PET）和脑磁图（magnetoencephalography，MEG）；脑结构成像技术主要包括磁共振成像（magnetic resonance imaging，MRI）、弥散张量成像（diffusion tensor imaging，DTI）等。

　　国外研究者对过往 20 年的脑成像研究进行了综述，总结了与阅读各个加工环节密切相关的脑区，枕叶以及颞枕联合区（字形识别）；颞上回、颞顶联合区（语音提取）；腹侧额下回、颞枕和颞顶联合区（语义解析）；前额叶、额中下回（形音义整合）[1]。

　　从技术角度来说，功能磁共振成像技术的主要作用在于精确描述大脑的功能状态。与此同时，磁振成像则更加注重描绘全脑各区域灰质或白质的体积以及密度的分布情况。另外，弥散张量成像技术则集中展示脑白质纤维的形状和走向。这些技术已被广泛应用于对拼音文字和汉语阅读困难的研究领域，研究者们不仅仅关注脑功能或结构异常的特定区域，还着眼于这些区域之间的脑功能连接，关注脑区间的信息交流与协

---

[1] Price, C. J. (2012). A review and synthesis of the first 20 years of PET and fMRI studies of heard speech, spoken language and reading. NeuroImage, 62, 816 – 847.

同工作机制，积累了大量的研究成果。这些研究成果不仅丰富了我们对于阅读困难的认识，而且深化了我们对阅读困难发生机制的理解，为阅读困难的诊断、干预和预测提供了新的视角、理念和思考方向。有学者提出通过分析脑功能和结构特征来识别阅读困难，可以显著提高诊断和干预的效率与准确性。因为认知与行为层面的研究能够揭示阅读困难的行为症状和认知缺陷，但却无法触及潜在的神经层面缺陷，而神经层面缺陷可能是引发阅读困难的根本原因。

1. 拼音文字阅读困难的神经机制

在拼音文字中，阅读困难的认知缺陷主要表现在语音损伤，即语音意识、词汇短时记忆和词汇提取能力的薄弱，神经成像研究为揭示阅读困难者大脑差异提供了有力证据。2001 年，Pugh 等人在综合分析之前的研究后，提出了一个关于拼音文字阅读障碍的神经基础模型。这个模型认为，拼音文字阅读障碍与三个脑区的异常激活有关：一是背侧通路的颞顶区域；二是腹侧通路的颞枕区域；三是前额叶区域[1]。通俗来说，背侧通路主要负责判断视觉信息的空间知觉，同时完成对眼球运动的控制，将书面字母或字母串（字素）转化为对应的声音（音素）。腹侧通路则是主要负责鉴别视觉信息，将视觉词形与词汇进行匹配和再认。

（1）拼音文字阅读困难的脑功能及脑功能连接研究

拼音文字阅读困难的脑成像研究开始于 20 世纪末。Shaywitz 等人在综合分析已有拼音文字功能磁共振（fMRI）研究的基础上，进一步提出，颞顶区域可能与拼音文字阅读所需的核心技能"形—音转换"密切相关，而颞枕区域对于阅读的自动化过程至关重要。同时，前额叶区域

---

[1] Pugh KR., et al. (2001) Neurobiological studies of reading and reading disability. J Commun Disord 34(6)：479－492.

在阅读障碍中起到补偿作用，相较于阅读障碍者在颞顶区域和颞枕区域的激活不足，前额叶区域通常表现为过度激活[1]。这些观点已在具有不同母语背景（如：英语、法语、意大利语）的拼音文字阅读障碍者中得到验证[2]。

儿童实验与成人实验中，大脑激活的模式是基本一致的。但是也有与年龄相关的差异，表现为大脑前部激活情况的不一致，阅读发展由儿童依赖语音加工的颞顶脑区到成人期依赖正字法加工的枕颞脑区的转变等。研究者对九项儿童（9-11岁）和九项成人（18-30岁）阅读困难的脑功能成像研究进行元分析，发现成人与儿童阅读困难都表现出腹侧枕颞、背侧颞顶和前部脑区的异常，但是也存在差异：首先，相较阅读困难儿童，枕颞脑区异常在阅读困难成人中表现得更为明显；其次，阅读困难成人在颞顶脑区颞上回表现显著激活减弱，而这一项现象并未在阅读困难儿童身上发现；最后，成人在一些脑区表现出过度激活，在儿童中这一现象并不明显。这一差异可能是随年龄增长，阅读困难者逐渐发展出补偿机制来应对挑战[3]。

阅读过程离不开大脑各区域之间的协同作用，通过对大脑功能连接的研究，可以更深入地理解并区分正常阅读与阅读障碍中的神经认知过程。研究者发现阅读困难儿童的左侧梭状回到左侧顶下小叶的功能连接显著减弱，表明阅读困难儿童正字法和语音通路的损伤。有的研究者选

[1] Shaywitz BA., et al. (2006). The Role of Functional Magnetic Resonance Imaging in Understanding Reading and Dyslexia. Developmental Neuropsychology, 30(1): 613−632.

[2] Paulesu E., et al. (2001). Dyslexia-cultural diversity and biological unity. Science, 291, 2165−2167.

[3] 李文玲，舒华：《儿童阅读的世界 II，早期阅读的生理机制研究》，北京师范大学出版社2016版，第79−92页。

取了缘上回、梭状回和额下回三个脑区，考察了梭状回→额下回、缘上回→额下回这两个自下而上路径的连接情况，发现了阅读困难儿童没有在缘上回→额下回这个通路上表现出因果连接；反而，与年龄对照组相比，阅读困难儿童梭状回与额下回之间存在显著的功能连接。鉴于背侧缘上回语音加工的作用，腹侧梭状回到额下回的通路反映了词汇语义的加工过程，研究结果表明阅读困难儿童无法使用语音加工通路，反而更依赖于词汇语义的加工通路。由研究者选取了语义加工脑区颞中回、额叶调控区额下回、视觉输入脑区梭状回和听觉输入脑区颞上回进行研究，研究结果显示，在视觉语义相关条件下，对照组相较于阅读困难儿童表现出更强的由梭状回到颞中回自上而下的连接。这一结果表明，阅读困难儿童在视觉通道语义加工方面存在缺陷，表现为自下而上的脑区间功能连接的损伤（Liu et al., 2010）。

　　研究者利用图论（graph theory）的方法，从全脑角度探讨脑区间的复杂连接情况，对成人、儿童阅读困难组和正常年龄对照组的数据进行研究。结果发现正常成人组视觉词形区（visual word form area，VWFA）与双侧纹状体外皮层等视觉通路之间的连接要显著强于障碍组。此外，正常成人组在视觉皮层与左侧额下回和内侧前额皮层之间，表现出较强的功能性连接。这一现象表明，正常成人组在控制视觉通路活动方面具有更高的能力，能够更加专注于视觉文字。正常成人组的后扣带皮层与视觉脑区表现出较好的同步性，但阅读困难组却被发现后扣带皮层与默认网络中的其他脑区存在同步性，并非视觉脑区。后扣带皮层与视觉脑区稳定连接说明个体阅读时能对视觉信息进行整合和认知控制，但阅读困难者缺乏这样的整合活动。此研究还发现阅读困难组右侧化连接以及左侧前部额下回脑区连接的增强，表现类右侧视觉皮层与右侧额下回、右侧角回、右侧梭状回连接的增强以及左侧额下回与其他脑区连接的增强，右侧和前部连接的增强，都是阅读困难的补偿机制。

（2）拼音文字阅读困难的脑结构及脑结构连接研究

研究者采用 VBM 技术探讨了阅读困难人群脑功能的异常是否由解剖结构的异常所致。拼音文字阅读困难者大脑解剖结构的 VBM 研究发现，额下回颞上和颞顶脑区以及小脑的灰质体积发生了改变，这些脑区在脑功能成像的研究中也表现出功能异常。此外，研究还发现颞顶脑区、双侧梭状回和右侧缘上回、小脑、舌回、颞中回和颞下回灰质体积的减少。元分析结果显示，阅读困难群体在右侧颞上回和左侧颞上沟区域的灰质体积明显减少。fMRI 研究也发现阅读困难群体在颞上沟的激活程度较低。颞上沟负责听觉语音理解、加工以及语音信息的表征功能，也有研究发现颞上沟负责视觉和听觉刺激的整合。

大脑结构的连接是形成功能连接的基础，并对其产生塑造和约束的作用。研究者利用弥散张量成像手段探讨阅读困难者脑区间的结构连接是否出现改变。研究发现，表现出差异的白质纤维束主要包括上纵束和下纵束。上纵束将颞枕、颞顶和前额脑区联系起来，是语言网络的核心结构。下纵束将枕叶和颞叶连接起来，参与视觉词形的加工过程。白质纤维的异常可能会导致语言信息在脑区间的低效神经传导，进而导致阅读困难。

2. 汉语阅读困难的神经机制

汉字是一种表意图形文字。汉字中并没有固定的音 – 形对应规则。字形对应的是音节，通过字形特征更容易获得汉字的语义信息而非语音信息。因此，语音加工能力的高低对汉语阅读困难的影响或许是有限的。在拼音文字研究中，研究者发现颞顶脑区异常与阅读困难紧密相关。然而，在汉语研究中却很少观察到这种异常。这说明，不同文字系统的阅读困难在某种程度上都存在普遍性的脑损伤，但具体脑区的功能异常表现因语言背景不同而有所差异。

（1）汉语阅读困难的脑功能异常

① 视觉-正字法加工方面的脑功能异常

针对汉语阅读困难儿童在视觉－正字法加工方面的神经功能异常，已有脑电研究提供了相关证据。据 Meng 等人的研究，当正常阅读者在完成句子阅读任务时，若句尾的目标字被正字法上相似的字替换，其脑电信号中会表现出 P200 和 N400 成分的波幅变化。P200 成分与早期视觉特征的编码和匹配有关，而 N400 成分则反映了语言加工中的失匹配程度。然而，在汉语阅读困难儿童中，并未观察到这些成分的变化。这表明，这些儿童在视觉-正字法加工方面可能存在特定的神经功能异常[1]。

视觉正字法脑功能异常影响阅读困难儿童的语义通达过程。Shaywitz 等人发现，进行语义判断任务时，阅读困难儿童的双侧额中回、双侧前额下回和左侧梭状回激活较弱，而右侧枕下回激活较强。这反映了阅读困难儿童的正字法-语义通路功能不足，右侧枕下回的过度激活可能是对左脑激活不足的补偿。因此，研究者认为汉语阅读困难儿童的视觉正字法也存在一定程度的损伤[2]。

关于阅读困难儿童在视觉—正字法加工方面所表现出的功能缺陷，

[1] MENG X, TIAN X, JIAN J, et al. Orthographic and Phonological Processing in Chinese Dyslexic Children: An ERP Study on Sentence Reading [J]. Brain Research, 2007, 1179(3): 119—130.

[2] TING, SIOK, CHARLES, et al. Biological Abnormality of Impaired Reading is Constrained by Culture [J]. Nature, 2004, 431(7004): 71—76.

其深层次的原因，有研究者提出可能与视觉大细胞通路的异常功能有关[1]。经过 Qian & Bi 的深入研究，他们在对比正常儿童与汉语阅读困难儿童在执行一致性运动觉察任务（考察视觉大细胞通路功能的经典任务）时，发现阅读困难组儿童的反应阈限显著高于对照组。此外，研究还发现，这些儿童的反应阈限与其在正字法加工过程中所消耗的时间存在明显的正相关。这一发现为视觉大细胞通路与视觉正字法加工过程之间的紧密关联提供了有力证据[2]。

　　早期识别阅读困难对及时采取教育和干预方案至关重要。然而，正字法评估需在识字后进行，增加了早期识别的难度。研究表明，视觉神经加工系统功能不足可能是正字法缺陷的底层神经基础，因此学龄前儿童的视觉大细胞通路功能评估结果可以作为早期风险指标来预测是否存在正字法缺陷。

　　② 语素加工方面的脑功能异常

　　行为研究的结果显示汉语阅读困难者在语素加工方面存在明显的不足。为了深入探索这一认知障碍背后的神经机制，研究者通过控制语素与整词语义一致性，对语素加工过程进行研究。具体而言就是完成双字词的语义相关判断任务（语素与整词语义不一致——"森林"与"野兽"；整词语义不相关但共享同一个语素结构——"礼物"与"生物"；语素和整词语义一致——"唱歌"与"民歌"；整词语义不相关且语素也不一

[1] LOVEGROVE W J, BOWLING A, BADCOCK D, et al. Specific Reading Disability: Differences in Contrast Sensitivity as a Function of SpatialFrequency [J]. Science, 1980, 210 (4468): 439－440.

[2] QIAN Y, BI H Y. The Effect of Magnocellular-based Visual-motor Intervention on Chinese Children with Developmental Dyslexia[J]. Frontiersin Psychology, 2015, 6: 1529.

致——"珍珠"与"护士")。研究者假设阅读困难组的语素意识受损，那么就对语素和整词意义冲突不够敏感，不一致效应（不一致条件——一致条件）会弱于对照组。结果发现正常对照组的语素与语义不一致效应显著高于阅读困难组，差异脑区为额下回。为了确保额下回的激活异常是特异于语素意识，研究中加入了语音控制任务，操纵声旁语音和整字语音的一致性，在额下回这一脑区并未发现不一致效应。研究者认为语义加工中，阅读困难在额下回表现出语素加工的缺陷。该研究发现在阅读困难儿童组中，阅读水平好的语素加工不一致效应更低。这可能反映了阅读困难儿童阅读时使用整词加工代替语素分解和整合的神经机制[1]。

③ 语音加工方面的脑功能异常

在视觉语音加工方面，Shaywitz 等人提出汉语阅读困难儿童可能存在视觉-语音通路的功能损伤。他们发现，与阅读正常儿童相比，他们在同音字判断任务中，左侧额中回激活更弱，而左侧前额下回激活更强。左侧额中回激活较弱可能反映了汉语阅读困难儿童在视觉-语音加工时，难以表征和整合视觉-空间信息，因此更多依赖左侧前额下回进行功能代偿[2]。Cao 等人的研究揭示了汉语阅读困难儿童在执行语音意识任务（即听觉押韵判断任务）时，其脑区功能激活及脑区间功能连接均出现异常模式。相较于年龄匹配组和阅读能力匹配组的儿童，汉语阅读困难儿童在左半球背侧额下回的激活明显减弱，而右侧中央前回的激活则显著增强。在功能连接层面，阅读困难儿童从左侧颞上回到梭状回的

---

[1] LI L, RAN T, WANG W, et al. Chinese Dyslexics Show Neural Differences in Morphological Processing [J]. Dev Cogn Neurosci, 2013, 6 (4): 40 – 50.

[2] COURTNEY S M, PETIT L, MAISOG J M, et al. An Area Specialized for Spatial Working Memory in Human Frontal Cortex[J]. Science, 1998, 279 (5355): 1347 – 1351.

连接减弱，而从左半球背侧额下回到顶下小叶的连接则得到增强。研究者认为右侧中央前回激活增强表明阅读困难儿童通过发音运动补偿语音加工不足；左侧颞上回到梭状回连接减弱表明语音和正字法连接变弱，或为汉语阅读困难的另一神经标志；左半球背侧额下回到顶下小叶功能连接增强，可能表示阅读困难儿童语言网络和默认模式网络分离程度较弱[1]。

（2）汉语阅读困难的脑结构异常

研究者使用 VBM 研究汉语阅读困难儿童的灰质和白质体积，发现阅读困难组右侧枕下回和左侧额下回的灰质体积显著低于正常组，表明他们在正字法加工和语音加工方面存在缺陷。阅读困难儿童左侧中央前回白质体积也低于正常儿童，进一步表明他们在语音方面的缺陷。研究者还发现阅读困难儿童的腹内侧前额叶灰质体积、腹内侧前额叶白质体积、右侧海马旁回灰质体积低于正常儿童，且腹内侧前额叶的灰质体积与白质体积、右侧海马旁回的灰质体积在阅读困难儿童中呈现相关性，表明他们在记忆编码和提取方面存在缺陷。总之，汉语阅读困难者的脑解剖结构异常，与脑区间灰质、白质体积的异常相关[2]。

Siok 等人考察了同一批汉语阅读困难儿童功能异常与结构异常的关系。在拼音文字研究中，左侧颞顶和颞枕激活异常的脑区也发现有解剖结构的改变，该研究发现汉语阅读困难儿童在额中回激活的显著减弱以及灰质体积的显著减少，而且其灰质体积与任务状态下的激活强度有较高的正相关。但是，汉语阅读困难的研究中并没有像拼音文字的研究一

[1] CAO F, YAN X, WANG Z, et al. Neural Signatures of Phonological Deficits in Chinese Developmental Dyslexia [J]. Neuroimage, 2016, 146: 301.

[2] Liu, L., You, W., Wang, W., Guo, X., Peng, D., & Booth, J. (2013).Altered brain structure in Chinese dyslexic children.Neuropsychologia, 51(7):1169－1176.

样，在大脑后部颞顶和颞枕区域发现灰质体积的改变[1]。

相比较拼音文字较为系统且丰富的研究，汉语阅读困难的研究，尤其是从脑区连接取向方面的研究还较少。

3. 眼动

阅读困难儿童常常会报告在阅读过程中出现视觉混乱，感觉字母飘忽、融合。国外研究者通过实验发现他们大细胞功能存在缺陷，在视觉加工时，对比敏感性不正常，低对比刺激反应延时；眼动控制能力弱，眼动模式异常。国内学者回溯拼音文字发展性阅读障碍眼动研究，对该类群体眼动特征进行了总结，主要可分为以下两点：首先，个体边缘视觉广度较小，无法有效利用副中央窝和边缘视觉系统进行信息加工，平稳眼追随能力较差，因此注视时间较长，稳定性较弱；其次，眼跳控制存在异常，表现在单词内和单词间的眼跳频率较高，回视性眼跳次数增加，且反应时间和潜伏期明显延长。由于眼跳稳定性不佳，在平稳眼追随运动过程中易出现干扰性眼跳，导致反向眼跳任务表现较差[2]。

近年来，随着国内学者对汉语发展性阅读障碍的重视，眼动特征相关研究逐渐增多。张之同、彭聃龄等人（1993）对正常读者、阅读困难者和阅读障碍者进行中文阅读时的眼动特征进行了研究，结果发现：第Ⅱ类读者在换行时间上明显延长，回视次数增多；第Ⅲ类读者的眼动轨迹呈现出混乱状态，回视频率较高，行界辨识困难等症状[3]。李秀红等

[1] Siok,W.T., Niu, Z., Jin, Z., Perfetti, C.A., & Tan, L. H. (2008).A structural-functional basis for dyslexia in the cortex of Chinese readers. Proceedings of the National Academy of Sciences, 105(14): 5561－5566.
[2] 陈庆荣, 邓铸. 发展性阅读障碍的理论及眼动研究 [J]. 心理科学进展, 2006, (01):46-52.
[3] 张之同, 彭聃龄, 张必隐. 阅读时的注视和跳动 (Saccades)［J］. 心理科学, 1993, (05): 54－56.

人通过眼动实验发现汉语阅读障碍儿童在阅读过程中表现出特殊的眼动模式，主要体现在以下几个方面：平均注视时间较长，平均眼跳幅度较小，眼跳路径紊乱，缺乏计划性、策略性和组织性，注意力相对分散[1]。隋雪等人运用眼动研究手段，对汉语发展性阅读障碍儿童在词汇阅读过程中的眼动特性进行了探讨，旨在确认其在语素理解、语音及正字法加工方面缺陷的眼动表现。研究结果显示，与普通儿童相比，发展性阅读障碍儿童在各项任务上的正确率明显较低，眼动指标的多项结果亦有明显差异。该研究证实了汉语发展性阅读障碍儿童在语素理解、语音意识和正字法意识方面的不足，并通过眼动数据给予了有力佐证[2]。

二、认知加工因素

研究者认为认知加工因素是影响儿童正常阅读的重要因素。造成汉语阅读困难的主要语言学层面认知加工因素包括语音意识、快速命名、正字法意识和语素意识等技能不足，这些认知技能缺陷都会影响个体的汉语阅读能力。而非语言学层面的认知加工因素主要涉及知觉加工、注意和工作记忆等方面的认知技能缺陷。

下面对这些认知技能缺陷进行具体分析：

（一）语言学层面的认知技能缺陷

1. 语音意识缺陷

语音意识是指个体对口语中声音结构的意识及运用。汉语语音意识主要包括音节意识、首尾韵意识、音位意识和声调意识四种成分。语音

[1] 李秀红,静进,邹小兵等.汉语阅读障碍儿童阅读文章的眼动试验研究[J].中国心理卫生杂志,2007,(06):362－365+374.
[2] 隋雪,姜娜,钱丽.汉语发展性阅读障碍儿童词汇阅读的眼动研究[J].中国特殊教育,2010,(03):63－67.

意识的不同成分在不同文字系统中的作用与影响也不相同。在拼音文字的阅读中，音位意识占据了核心地位，起到了至关重要的影响。然而，在汉字阅读中，音节和首尾韵意识以及声调意识显得尤为关键。语音意识缺陷具体表现为语音意识薄弱、语音记忆能力低下以及语音提取困难。有学者研究发现与正常的汉语儿童相比，阅读困难儿童在语音意识测验中的得分明显偏低[1]。他们具备整体性语音单元的分析记忆能力，但对细小语音单元的分析与加工方面存在不足[2]，存在语音意识、语音短时记忆以及形音和形义联结长时记忆不同程度的落后[3]等。郑淑慧等人的研究发现阅读困难组的语音意识总成绩显著低于对照组，其中包括辨声母、辨韵母、辨声调三项测验成绩均明显低于对照组儿童[4]。栾辉与舒华（2002）对一名汉语阅读困难儿童进行个案研究，发现他在语音技能方面存在缺陷，包括音位和声调意识不足，以及语音短时记忆能力较弱，在汉字命名过程中存在大量语义错误[5]。

2. 快速命名缺陷

快速命名指快速而准确命名的能力，通常在一个特定范畴内选取熟悉的视觉符号，如数字、颜色、图形等随机呈现，让被试者尽快对项目进行命名。从长时记忆中快速提取物体的名字，将视觉的刺激转化为口语形式，是一种口头语言和视觉刺激配对联结的能力。有研究者认为

---

[1] McBride-Chang C, Suk-Han C H.Developmental issues in Chinese children's character acquisition.Journal of Educational Psychology, 2000, 92:50 – 55

[2] 孟祥芝. 汉语发展性阅读障碍儿童的汉字表征与加工[D]. 北京：北京师范大学,2000.

[3] 刘翔平，候典牧，杨双等. 阅读障碍儿童汉字认知特点研究[J]. 心理发展与教育，2004,(02): 7 – 11.

[4] 郑淑慧，黄旭，静进. 汉语阅读障碍儿童语言能力缺陷的初步探讨[J]. 中国心理卫生杂志,2007,(02): 75 – 78.

[5] 栾辉，舒华，黎程正家等. 汉语发展性深层阅读障碍的个案研究[J].心理学报,2002(34).

快速命名反映了语音信息加工速度，因而快速命名缺陷是语音加工缺陷的一部分。有的学者则认为快速命名是独立于语音技能的一项能力，提出快速命名能力是一般加工速度在语言学领域的反映[1]。在刘文理等人（2006）的研究中，语音与快速命名双重缺陷组的汉语发展性阅读障碍儿童占比为 21%，快速命名缺陷组的占比同样为 21%。研究结果显示，双重缺陷组儿童的识字正确率显著低于同龄、同等阅读水平的其他亚类型缺陷组。而快速命名缺陷组的识字错误率则显著高于同龄对照组，但与同等阅读水平对照组之间并无显著差异。

3. 正字法意识缺陷

正字法，即文字书写之规范，是确保文字准确传达信息的基础。在拼音文字与汉字体系中，均有研究证实，正字法意识不足是阅读困难儿童面临的核心认知挑战之一。随着汉字学习的深入，汉语儿童逐渐增强对汉字构成法则的领悟，即正字法意识。他们学会分析汉字的笔画、部件、形旁、声旁，并掌握汉字各部分组成的规则，如"扌"在左侧，"刂"在右侧。这种正字法或组字规则的分析能力，使儿童在读字和写字时能迅速分解汉字，记忆并掌握这些汉字部件及其位置，从而顺利读写整个汉字。汉语阅读困难儿童对汉字部件组合规则、真字、假字（符合正字法规则但并非真实存在的字）和非字（不符合正字法规则的字）的词汇判断以及部件组字等任务测试方面与普通儿童存在明显差异，表现出较差的正字法加工技能[2]。

[1] 孟泽龙，张逸玮，毕鸿燕. 发展性阅读障碍亚类型研究进展[J]. 心理发展与教育，2017, 33(01): 113—121.
[2] 刘文理，刘翔平，张婧乔.（2006）. 汉语发展性阅读障碍亚类型的初步探讨[J]. 心理学报，38(5), 681—694.

4. 语素意识缺陷

语素意识，作为元语言意识的一种表现形式，反映了儿童对口语中最小音义结合单元的感知和操作能力。这种能力体现了儿童对词汇语素结构的深入理解，从而能够通达词义。儿童的语素意识是语言发展的重要组成部分。在汉语中，一个音节通常对应多个汉字，以"河水"的"河"字为例，必须准确区别它与"何""和""合""禾"等具有相同音节的汉字。此外，同一个汉字在不同的词汇中可能具有不同的意义，如"右手"与"水手"两个词汇中均包含"手"字，但意义却大相径庭。语素意识问题被越来越多的研究者认为是导致汉语阅读困难的主要因素之一。研究者提出，词素意识、同形语素意识、同音语素意识以及形旁意识这四个方面共同构成了汉语语素意识的核心内涵[1]。由于阅读困难儿童在语素能力方面存在缺陷，他们在写字时经常容易犯错，特别是同音字或形近字。研究者发现汉语阅读困难儿童的语素理解能力显著低于普通儿童，但不存在反应时间上的差异[2]。

（二）非语言学层面的认知技能缺陷

1. 知觉加工缺陷

阅读困难的知觉加工缺陷包括视觉加工缺陷和听觉加工缺陷两个方面。视觉大细胞理论指出，阅读困难者的视觉大细胞功能存在缺陷，这种缺陷会对阅读过程中的眼动控制和视知觉加工产生不良影响，进而引发视觉加工困难[3]。我国刘翔平等人研究发现相较于普通儿童，汉语阅读

[1] 张树东, 张文秀. 汉语发展性阅读障碍儿童的语素意识研究述评[J]. 中国特殊教, 2018, —(02): 33—37+58.

[2] 隋雪, 马立波, 王彦. 汉语发展性阅读障碍儿童语素理解研究[J]. 中国特殊教育, 2009, (05): 93—96.

[3] Stein, J., Richardson, A., & Fowler, M. (2000). Monocular occlusion can improve binocular control and reading in dyslexics. Brain, 123(1), 164—170.

困难儿童在视知觉辨别方面存在显著滞后。普通儿童在视知觉分辨上的平均正确率明显高于阅读困难儿童。

此外，研究还表明，儿童在听觉加工方面存在的问题主要表现为对声音或言语时间特征的感知与普通儿童存在差异[1]。针对拼音文字阅读的研究进一步证实，出生在家庭成员多为阅读困难者家庭中的儿童与普通儿童在声音时间知觉上的脑电活动存在差异。值得注意的是，阅读困难者在声音的频率和呈现速度的知觉上也存在障碍，这导致他们无法有效地提取和分类声音材料[2]。

2. 工作记忆缺陷

工作记忆（working memory），是个体在执行认知任务过程中暂时存储、加工信息的能量系统。阅读是一项复杂的认知活动，依赖于个体已有的经验，需要对当前的信息进行深入的加工和理解。工作记忆在此过程中发挥着重要作用，既要提取长时记忆中的知识经验，又要加工处理当前信息。根据 Baddeley 所提出的四成分工作记忆模型分为三个层次：第一层是中央执行系统，完成控制过程；第二层是三类信息的暂时加工系统，包括视空间模板、情景缓冲器和语音环路三个子系统；第三层是长时记忆系统，包括视觉语义、情景长时记忆和语言。第一、二层属于流体系统，第三层属于晶体系统[3]。我国学者骆艳发现存在阅读困难的儿童在工作记忆模型的各个子系统中，包括言语工作记忆、视觉空间工作

[1] 刘翔平，侯典牧，杨双等 . 阅读障碍儿童汉字认知特点研究 [J]. 心理发展与教育，2004，(02): 7—11.
[2] Sutter M.Auditory scene analysis in dyslexics.Neuroreport, 2000, 11(9):1967—1971.
[3] Baddeley, A., Working memory: looking back and looking forward. Nat Rev Neurosci, 2003. 4(10): p. 829—39.

记忆以及中央执行功能和缓冲器功能等方面，均存在明显缺陷[1]。祝可等人对比了阅读困难儿童和正常儿童的中央执行功能，包括刷新、转移、抑制三个子成分，结果印证了阅读困难儿童在中央执行功能三个子成分上都存在缺陷，其中抑制缺陷最为明显[2]。吴汉荣采用功能性近红外光学成像（fNIRI）技术，观察阅读困难儿童与正常儿童的左前额皮层区局部血流量（rCBV）和血氧变化的差异，证实了阅读困难儿童存在短时记忆信息处理能力的缺陷[3]。

阅读困难儿童在工作记忆加工方面有着诸多挑战，一是存在基本加工过程的缺陷，即在处理语音信息和字形信息编码及提取方面的困难；二是存在策略掌握的缺陷，即不擅长运用记忆策略，很少采用积极、计划性的控制策略来促进记忆。阅读文章的过程中，他们在通常容易出现读到后面忘了前面的内容，或是无法建立后半句与前半句之间的联系的情况。而且，他们无法有效整合文章或句子的内容，从而影响对阅读材料的理解。

3. 注意缺陷

阅读困难儿童在注意选择、注意转移和注意分配上存在缺陷。关于注意选择缺陷的证据主要来自阅读困难儿童空间定位方面的研究，有学者认为该类儿童在听觉、视觉加工过程中表现出的空间定位缺陷，源于刺激的知觉选择问题，扰乱了儿童语音和正字法能力的正常发展。阅读过程中还需要儿童注意在空间和时间上的转移。相关研究证实了视觉注

[1] 骆艳. 汉语发展性阅读障碍儿童工作记忆研究及干预效果评价［D］. 武汉：华中科技大学，2012.

[2] [1] 祝可，张红霞，王蕾等. 发展性阅读障碍儿童中央执行功能缺陷研究［J］. 中国特殊教育，2023，(09):54—62.

[3] 吴汉荣，姚彬，余毅震. fNIRI 技术对汉语阅读障碍儿童工作记忆的研究［J］. 生物医学工程与临床，2004，(04):192—195.

意转移与阅读成绩之间的高相关。有研究者发现阅读困难儿童在加工快速、系列呈现的声音刺激时表现出听觉注意转移的缺陷，提出快速听觉加工缺陷可能源于注意转移缺陷。阅读过程同样需要儿童快速分配注意到输入的文字信息中去。国外研究者发现阅读困难儿童在对快速呈现的系列刺激目标的注意分配能力明显低于正常儿童。

4. 元认知技能缺陷

元认知，即个体对自身思维与学习活动的认知与控制。成功的学习者需要具备丰富的背景知识与高效的学习策略，这两者均为元认知能力的重要组成部分。不少阅读困难学生缺乏阅读技巧是与元认知能力不足密切相关的。他们不能运用元认知能力来弥补阅读技巧方面的不足，这一观点已得到众多实证研究的支持[1]。

阅读领域的元认知技能主要体现在阅读理解方面，相关研究的核心在于阅读理解监控。阅读理解监控是指在阅读过程中，根据理解目标，对自身理解进程进行持续评估与调整的行为。研究表明，阅读困难儿童在阅读时虽然有理解性阅读的目的倾向，但较普通儿童而言较弱。由于理解性阅读目的不够强烈，阅读困难儿童在阅读理解监控方面的水平也相对较低[2]。进一步的研究发现，阅读困难儿童对字词的理解性监控水平高于普通儿童；对句子的理解性监控水平相当；而对文章整体意义的理解性监控水平较低[3]。

[1] 赵微, 方俊明. 当代阅读困难儿童认知加工过程研究的热点[J]. 中国特殊教育, 2004,
    (4): 44 — 48
[2] 杨双, 刘翔平, 张婧乔等. 阅读理解困难儿童的理解监控能力研究[J]. 心理发展与教
    育, 2006, (03):11 — 15.
[3] 杨双, 刘翔平, 林敏等. 阅读理解困难儿童的理解监控特点[J]. 中国特殊教育, 2006,
    (04):53 — 57.

对于汉语阅读困难儿童的认知技能缺陷研究大多关注具体缺陷的揭示与论证，而较少探讨各种认知技能缺陷之间的复杂关系。阅读困难是复杂的学习困难，其影响因素间存在复杂的交互作用。这些儿童可能受到单一、双重甚至多重认知技能缺陷的影响。因此，未来的研究需要更加深入地探讨这些因素之间的关系，以便更清晰地理解阅读困难的复杂机制，从而为有效干预和治疗提供科学的依据。

三、环境因素（家庭、学校、社会）

总体而言，当前不少研究聚焦于环境因素对儿童阅读相关能力的影响，国内研究者针对阅读困难中的字词识别困难亚类（即汉语阅读障碍）也开展了一些研究。这些研究成果为我们深入探讨阅读困难的环境影响因素提供了一些有益的线索与思路。

（一）孕产期因素

关于儿童阅读相关能力，研究较多的孕产期因素主要包括早产、低出生体重、孕期的不良暴露、疾病、营养素缺乏。这些因素可能对儿童的语言发育、阅读能力和数学能力产生不利影响。研究显示早产儿在学龄期及之后的工作记忆和加工速度均落后于同龄人，且出生体重与智商存在梯度关系。另外，孕期可卡因、尼古丁、酒精暴露、抗抑郁药的使用，可能影响儿童语言或阅读能力，但产前超声暴露不是阅读困难的原因。孕期癌症化疗药物使用会增加早产风险，而母亲孕期患有系统性红斑狼疮会显著增加男童发生学习障碍（特别是阅读困难）的风险。孕期高血压、糖尿病、产前感染等会影响胎儿神经系统发育。母亲孕期缺碘（即使是轻度缺碘）会影响儿童智商和阅读，缺碘程度越重影响越明显。孕前肥胖或孕期体重增加过多会影响儿童数学、阅读和拼写能力。孕期卡路里摄入过少会使儿童数学能力降低。因此，孕期合理均衡的营养摄入对儿童认知发育至关重要。

我国的相关研究表明，神经精神性疾病家族史、孕期感染性疾病、难产、早产、新生儿窒息均会增加阅读困难的患病风险。这可能与母亲孕期感染致病菌或炎症刺激有关，这些因素暴露会使机体免疫系统激活，而这在神经发育性疾病中是一个重要的病因。难产可能导致围产期不良结局概率增加，而早产则与左侧上纵束区域白质（连接额骨和颞骨的语言区域）减少有关，这也可能影响阅读能力的发展。新生儿窒息引起的缺氧可能会降低皮质活跃性，抑制树突生长，并损害视觉皮质可塑性，即使儿童没有出现神经系统症状，他们发生阅读困难的风险也会大大增加[1]。

（二）家庭因素

家庭阅读环境（home literacy environment，HLE）与家庭社会经济地位（socioeconomic status，SES）是家庭环境因素中，对儿童阅读能力产生显著影响的两个要素。

舒华等人长期追踪研究跟踪了约 300 名从 2 岁到 13 岁的儿童语言和阅读发展历程，探讨了家庭背景、早期语音技能和阅读发展的关系。结果表明，对于来自母亲教育程度高或亲子活动丰富家庭的儿童，无论他们在 4-5 岁时的语音技能是正常还是落后，小学三年级时的阅读都基本正常。然而，对于来自母亲教育程度低或家庭亲子活动缺乏的儿童，如果他们早期的语音技能正常，学龄期的阅读能基本正常。但如果早期的语音技能落后，到小学三年级时阅读水平也会落后。结果表明，早期家庭文化环境是非常重要的，可以在一定程度减少儿童学龄期阅读困难

[1] 谢新艳, 邵珊珊, 宋然然. 基因、环境及其交互作用在阅读障碍发生中的研究进展[J]. 中国公共卫生, 2019, 35(06): 780−785.

的发生。研究还表明，对一些早期家庭教育相对缺少的儿童，如果他们的认知能力没有明显缺陷，进入小学接受正常的学校教育后，他们的语言、阅读能力仍然可以逐渐追赶上同伴[1]。

宋然然等人通过调查研究认为家庭经济状况、父母职业与教养方式等因素对阅读困难的发生有影响。家庭收入较低、父母为无业、父母文化程度较低，家庭结构为单亲家庭和父母教养方式不当，儿童阅读困难的检出率就高[2]。邹丽等人采用问卷调查的方法来深入探究家庭环境对阅读困难儿童的影响因素，研究结果显示，内层影响因素主要包括家庭资源提供、阅读鼓励、作业完成困难以及亲子共读等方面。外层影响因素主要包括父母的文化水平和家庭经济水平。研究结果表明，重视儿童阅读能力的培育，积极鼓励阅读行为，并提供更多阅读机会，强化亲子共同阅读，对防止阅读困难的发生有重要作用[3]。

家庭环境对儿童阅读困难的影响存在一定争议，因家庭环境因素造成儿童阅读困难的机制还需要进一步的论证。社会经济地位对儿童阅读能力的发展产生直接或间接的影响，这主要体现在家庭经济条件方面，如父母的工作性质、教育水平、亲子阅读的实施情况、父母阅读的频率、购买书籍的费用和频率以及能否为儿童创造良好的阅读环境等因素，这些因素均会影响儿童阅读困难的发生概率。但是，刘龙龙等人研究发现亲子共读、因材施教对预防阅读困难儿童有重要作用，而家庭经济地位的作用并不明显。较好的家庭经济状况可以使儿童获得更好的学

[1] 舒华. 我与儿童语言阅读发展研究[J]. 中国教师，2013，(23)：42—46.
[2] 宋然然，吴汉荣. 儿童汉语阅读障碍的流行病学研究[J]. 中国妇幼保健，2008，(11)：1505—1507.
[3] 邹丽，刘龙龙，王飞云等. 汉语阅读障碍儿童家庭环境因素路径分析[J]. 中国公共卫生，2010，26(08)：1039—1040.

习、生活和教育条件是普遍认同事实，但是如果没有家长的积极参与和实行亲子共读，没有根据孩子的兴趣引导阅读，是不能促进孩子阅读能力发展的[1]。家庭经济地位对儿童的阅读水平有影响，但提供良好的家庭阅读环境对于儿童阅读能力的提升有更为重要的意义。

（三）学校因素

学校是影响儿童阅读能力发展的又一环境因素。权威的教学方式（高要求、高响应），强调课堂管理、学生学习自主性和个人兴趣[2]。这种教学方式培养出的学生往往在学习和社交方面表现优秀。对于阅读能力较差的普通儿童，权威的教学方式有助于提高其阅读能力，并减少因非权威育儿方式带来的负面影响[3]。

魏威等人以 183 名一年级儿童为研究对象，从入学初对其进行间隔约 3 个月的 3 次纵向阅读能力测试，采用中文读字任务和一分钟读字任务评估其阅读表现。根据入学初的阅读能力表现分为阅读困难风险组，对照组和高阅读能力组（各 46 名儿童），从而考察三组儿童在一年级期间阅读能力的增长模式。结果发现，尽管阅读困难风险组比另外两组儿童在入学初表现出了更低识字能力和流畅阅读能力，但是其增长速率却比另外两组更快。此外，阅读困难风险组的发展模型表现出典型的马太效应，即初始阅读能力越高，其增长速度越快；然而对照组和高阅读能力组的结果却显示，初始阅读能力和增长速率之间存在着负相关。结果

［1］刘龙龙，邹丽，宋然然等．家庭阅读环境对汉语阅读障碍儿童的影响因素分析［J］．中国妇幼保健，2010，25(01)：54—56.

［2］Walker JMT. Looking at teacher practices through the lens of parenting style［J］. J Exp Educ, 2008, 76(2): 218—240.

［3］Kiuru N, Aunola K, Torppa M, et al. The role of parenting styles and teacher interactional styles in children's reading and spelling development［J］. J School Psychol, 2012, 50(6): 799—823.

表明：（1）在一年级期间，阅读困难风险组儿童和其他两组儿童阅读能力表现的差距在不断缩小，学校教学对阅读困难风险儿童有较大的补偿作用；（2）学校教育不仅需要关注阅读困难风险儿童，也应该给阅读能力中等和优秀的儿童充足的、更有针对性的发展机会，使其获得更大的受益[1-2]。

（四）社会因素

在信息化时代，众多学生依赖网络阅读电子书籍及其他资料，通过电脑和手机等设备发送电子邮件或短信进行交流。随着拼音输入法的广泛应用，书写机会日益减少。拼音输入法仅需输入汉字读音，从而导致中文阅读所需的字形结构分析不足。研究发现，若儿童缺少书写经验，过多使用拼音输入法，将影响其阅读能力的发展。2013 年发表的一项研究成果表明，电子设备的使用，尤其是拼音输入法，可能阻碍儿童阅读能力的发展[3]。相反，书写时间与阅读能力呈正相关，且随着年龄增长，这种相关性愈发明显。

近期相关研究进一步揭示，过度使用拼音输入法可能影响儿童期中文阅读脑区的发展。该项研究对比了较少使用拼音输入法（每天使用拼音输入法时间 <15 分钟）和较多使用拼音输入法（每天使用拼音输入法时间 >15 分钟）的儿童在完成中文阅读任务时的大脑活动。结果表明，较多使用拼音输入法的儿童在阅读任务的表现上更差（体现在识字量和阅

[1] 魏威. 学龄早期汉语阅读能力增长探究[D]. 华东师范大学,2016.

[2] 魏威, 邓赐平. 不同阅读水平儿童在一年级期间的阅读增长模式[C]// 中国心理学会发展心理专业委员会. 中国心理学会发展心理专业委员会第十三届学术年会摘要集. 华东师范大学心理与认知科学学院,2015:1.

[3] Zhou, W., Kwok, V. P., Su, M., Luo, J., & Tan, L. H. (2020). Children's neurodevelopment of reading is affected by China's language input system in the information era. npj Science of Learning, 5(1), 1-9.

读流畅性两方面），在额中回和额下回的阅读加工核心脑区活动较弱且脑区间的连接也相对较弱。研究同时强调，书写对维护和促进中文阅读中枢发展的重要性。

第2章
阅读困难的评量、预防与介入

第一节　阅读困难的评量

一、阅读困难评量的伦理考量

在第一章中，我们可以了解到，儿童如果有阅读困难的相关行为表现，是有多种原因造成的，可能是语言认知的问题，也有可能是视知觉加工处理的问题，也有可能是外在环境的影响。因此对有阅读困难相关行为的儿童进行有效的评量是非常重要的，但同时也充满了挑战。相信很多读者在读完第一章之后，非常急切地想知道如何评量儿童是否有阅读困难，以及造成他阅读困难的原因。

但是当我们介绍目前国内外的评量方法之前，还是需要讨论"阅读困难"的鉴定与纳入标准的伦理考量。我们编写本书的初衷是为了让广大读者能够意识到学会阅读并不是一件容易的事情！与此同时，作为教育工作者，我们必须保障每个孩子接受公平教育的权力，并不希望有了阅读困难的评量，而对个体"标签化"。因此，在开展关于阅读困难的评估与干预之前，我们期待大家首先思考以下五个问题的伦理考量：

1.我们为什么评估个体的阅读困难？阅读困难的评量是为了保护受评估者的权益，而并不是为了让受评估者贴上"阅读困难"的标签，进而可能诱发儿童被孤立或遭受其他不公平待遇。

2. 我们如何保护个案的权益？我们应该确保评估和纳入过程的公平性、客观性和合法性。确保受评估者的合法权益受到尊重和保护，包括隐私权、知情同意权和自主权等。

3. 谁可以开展个案的评估？遵守专业实践准则，如保持专业诚信，尊重受评估者的人格尊严，保持客观、公正和透明等。

4. 如何确保评估的信效度？评估人员应接受相关的专业发展和培训，以确保他们具备适当的技能和知识来进行评估和纳入工作。

5. 如何正确面对不同的群体？跨文化考量：在评估和纳入过程中，需要考虑到不同文化背景和价值观的影响，确保评估工具和程序对不同文化群体都具有适用性和有效性。

以上伦理和细则的考量主要是总结日常工作中常见的问题，并不局限于此，期待能有更多的思考和建议。

二、国内外阅读困难评量的理论模型

在第一章节中，我们已经了解到阅读困难（发展性阅读困难）的定义，虽然目前对此仍有一些争议，但是有几个基本的操作定义比较一致，即：1. 阅读困难不是由于智力因素造成的；2. 个体不存在器质性损伤，比如脑损伤等；3. 在动机、生活环境和教育条件等方面与其他个体没有明显差异；4. 也没有明显的视力、听力、神经系统障碍；5. 核心表现是其阅读成绩明显低于相应年龄的应有水平，处于阅读困难的状态中。

因此，为了开展阅读困难的评量，从流程上来说，我们需要为个案排除：1. 智力因素的影响；2. 其他器质性损伤的影响；3. 生活环境、教育条件和动机的影响；4. 视力、听力和其他神经系统性障碍的影响。同时，进一步确定个案与阅读能力相关的核心技能缺陷程度，以明确个案是否具有阅读困难。在整个流程中，我们不难发现有很多评量的工作，可能并不是在学校教育系统中工作的资源教师、班主任或心理老师能够承担的。所以对于阅读困难的评量，可能是需要一个工作团队来共同完成。美国 DSM-V 中推荐，对特定性学习困难或特定性阅读困难儿童的工作团队，应该包括并不局限于以下人员：个案本人、个案的父母或主要照料人，个案的主课老师，阅读专家，言语治疗师，教育专家（包括特殊教育专家），心理学家，儿科医生以及职业治疗师等。

通常来说，在这个专家团队中，个案的主课老师可能是最先发现儿童存在阅读困难的，因为儿童可能常常会在阅读学业成就上不良，比如常常无法独立拼写，朗读的时候总是会有意想不到的停顿，总是会读错或遗漏或添加字等，学业成就持续性维持较差的水平。因此，在教育领域中，对于阅读困难的评量，传统上常常会使用"差异模型"检测法。

（一）"差异模型"检测法

差异模型指的是智力成就差异，是一种用于确定儿童是否具有特定学习障碍（LD）的方法，通过将儿童的智力能力（IQ）与他们在阅读、数学或书面表达等特定领域的学业成就进行比较。这种方法基于这样的假设：如果儿童在特定学术领域的成就显著低于他们的整体 IQ，这可能表明该领域存在学习障碍。在实际操作过程中，阅读困难研究者通常采用"智商-成绩差异标准"（IQ-achievement discrepancy criteria，简称差异模型）实施阅读困难检测，即通过实施智力测验来排除由于智商低而导致阅读困难发生的个体（Rathvon，2004）。差异模型检测标准如下：判断个体实际阅读水平与其阅读潜能之间是否存在"显著差异"，阅读潜能主要通过实施智力测验获得，即根据个体智力测验分数推测其阅读潜能。

　　如果个体智商达到或超过正常水平，而阅读成绩低于平均水平，这表明
个体实际阅读水平和阅读潜能之间存在"显著差异"，那么该个体可被诊
断为阅读困难者。我国很多相关的学校或科研，也常常以"差异模型"
作为阅读困难的主要判断模型。

　　根据差异模型理论，对于阅读困难的评量流程主要包括：

　　1. 智力能力评估（IQ）：第一步是使用标准化智力测试来评估儿童的
整体智力水平，例如韦氏儿童智力量表（WISC）或斯坦福-比奈智力量
表。这些测试提供了一个代表儿童认知功能的 IQ 分数。

　　2. 学业成就评估：评估儿童在阅读、数学或书面表达等特定领域的
学业成就。通常使用标准化的学业成就测试来完成，在我们国内，比较
常见的就是个案的在读语文成绩或相关学科成绩。

　　3. 分数比较：将学业成就测试的分数与 IQ 分数进行比较，以确定
是否存在显著差异。如果差异低于某个阈值，则被认为是显著的，这个
阈值根据使用的具体标准而有所不同。常用的差异标准包括 15 分的差
异或落在人口最低 10% 内的差异。

　　4. 考虑其他因素：在确定儿童是否具有特定学习障碍时，除了差异
之外，还会考虑其他因素，如儿童的年龄差异在不同评估中的连贯性，
以及其他学习或行为问题的存在。

　　需要注意的是，智力-成就差异标准因多种原因受到批评，包括在
识别学习问题性质方面的不具体性，以及可能导致学习障碍的识别不足
或过度。另外，差异模型是一种事后诊断模型，即只有当阅读困难发生
后才被诊断出来，而非阅读困难的早期识别和诊断模型，因此不能为实
施干预补救及时提供有针对性的指导信息。同时差异模型检测不适合低
年级儿童，因为低年级儿童接受学校教育时间较短，阅读经验不足，采

用差异模型检测极易将这些儿童误诊为阅读困难者。此外，差异模型检测常常依赖一次性测量，而一次性测量数据有时会出现一定波动，造成阅读困难检测结果出现"伪装"现象，即可能将不属于阅读困难的个体纳入阅读困难者之列，而将真正患有阅读困难的个体排除在阅读困难者之外[1]。

因此，一些教育工作者和研究人员主张使用其他方法，如响应性干预（Response to Intervention，RTI）模型，它侧重于儿童对针对性干预的反应，而不仅仅是 IQ 和成就之间的差异。

（二）RTI 模型检测法

响应性干预（RTI）对于具有特定学习障碍（SLD）的儿童具有深远的影响。响应性干预（RTI）模型的提出和美国个别化残疾教育法案 IDEA（2004）修订案有关。2004 年 IDEA 的修正案[第 300.8（c）（10）节]将特定学习障碍定义为：

"基本-特定学习障碍是指在理解或使用语言即口语或书面语中所涉及的一个或多个基本心理过程中的障碍，这可能会在听说、思考、读写、拼写或进行数学计算等能力中显现出来的不完善……"

这些修正案还增加了识别 SLD 儿童的程序，并规定各州必须采纳标准来确定儿童是否具有上述特定学习障碍，还进一步规定各州必须：在确定儿童是否有特定学习障碍时，不得要求使用智力能力与成就之间的严重差异，如 34 CFR 300.8（c）（10）中定义，必须允许使用基于对儿童科学研究为基础的干预措施流程和可以允许使用其他基于研究的替代程序来确定儿童是否有特定学习障碍。

---

[1] Stanovich K E .Annotation: Does dyslexia exist?[J].Journal cf Child Psychology and Psychiatry, 1994, 35(4):579-595.DOI:10.1111/j.1469-7610.1994.tb01208.x.

RTI 模型是一个使用干预、评估以及基于数据的决策制定的多层级支持系统，可用于学习障碍学生的预防和鉴别[1]。其基本假设是，在高质量的教学中仍表现出学业落后的学生即为学障，而且这些学生的学业表现需要特殊形式的教学才能改善。RTI 模型下学校学习中核心关注的两个板块即儿童行为和学业成就，如 2.1 图所示。

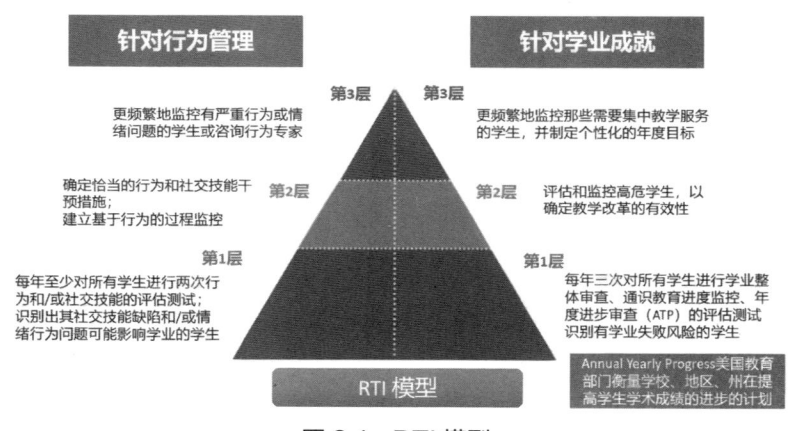

图 2.1　RTI 模型

在这个模型中，所有儿童都会得到与其自身相关的行为或社交技能、学业成就的考核。一级干预，是对全体学生开展直接教学，预防问题的发生；同时通过筛查发现存在问题风险的学生。二级干预，是对一级干预无效、有问题风险的学生，开展群体性教学，以减轻问题程度、预防问题恶化；同时通过连续监测学生的表现，判断干预是否有效、学

[1] National Center on Response to Intervention.Essential components of RTI—A closer look at response to intervention. Washington, DC: United States Department of Education, Office of Special Education Programs, National Center on Response to Intervention, 2010.

生是否需要接受更加个别化的教学，即三级干预。干预—反应模型所有干预都以评估的数据为依据，"教学—评估—决策"构成了循环往复的动态过程，贯穿教学始终的是对学生表现的过程监测和基于评估数据的教育决策。在 RTI 模型下，学生可能可以获得包括：1. 早期高质量科学研究的干预措施；2. 在干预期间对学生表现和进步的连续监测；3. 根据反应数据改变随后干预措施的强度或类型；4. 在整个干预过程中让家长和家庭知情且参与团队决策。

基于反应干预模型的基本流程主要包括：

1. 对全体在校学生实施可信且有效的简短测试，测试成绩较低的学生（疑似潜在的阅读困难者）就可能被识别出来。

2. 对有潜在的阅读困难儿童实施 5—8 周学习进步监控，每周实施一个简短测试，以便识别科学的研究型教学（第一层干预体系）反应较慢的学生。

3. 患有潜在的阅读困难学生需要接受 10—20 周小组教学干预（第二层级或以上层级教学干预），干预结束时对学生学习表现情况进行测试。

4. 对小组教学反应较差的学生，需要接受综合评估。根据实际需要，可能推荐第三层干预，或实施更加密集的教学计划等。

反应干预模型以基于课程的测量（Curriculum-based Measurement，CBM）方法对儿童进行了早期的干预和检测，避免"等待失败"现象发生而使学生错过接受早期干预的机会。其主要优势是：1. 该模型在阅读障碍检测方面具有早期识别、早期干预的好处，可以在儿童进入幼儿园或一年级开学时筛选阅读障碍儿童，减少因为未被识别出潜在阅读困难儿童，错过接受教学干预的机会。2. RTI 模型较多的与教学计划联系起来，使阅读障碍检测集中于学生学业成绩，进而使检测重点从识别转移到与教学相关的检测任务上。

　　一些学者认为目前 RTI 模型存在以下一些弊端：1. 鉴别标准不足；
（2）核心缺陷是干预效果及持续性不足。造成这种现象的原因是多方面
的，核心包括：RTI 模型层级数量过多，实施干预人员较多，实施者往
往无法判断测量干预反应充分与否，即如何了解个案是否已经可以撤离
干预等，都存在争议。

　　RTI 模型对于我国研究者来说，有很多借鉴意义。但是与此同时，
我们也了解到，在我国当下资源教师人数不足，相关人员专业性不足
的情况下，完全照搬 RTI 模式是不可行的。考虑到 RTI 模型中，以学
业成就为核心参考标准或筛选模式过于简单的弊端，如何让 RTI 模型和
阅读困难的核心亚型诊断模式相结合，可以极大地促进干预效率提升。
Aaron 等人（1999）认为阅读困难虽然具有异质性特征，但是好的检测模
型应该是检测、资格鉴定、教育计划、学习监控以及教学评估的连续
体。他提出了基于阅读成分理论的阅读困难成分理论模型（the Reading
Component Model of Reading Disabilities，以下简称"成分理论"）[1]，这个
模型的灵感来自 Gough & Tunmer（1986）和 Hoover & Gough（1990）提
出的简单阅读观（Simple View of Reading，SVR）[2-3]。

　　（三）阅读成分理论检测法

　　阅读成分理论认为，读者为了学会阅读，必须能把将要读到的文

---

[1] Joshi, R. Malatesha, and P. G. Aaron. "THE COMPONENT MODEL OF READING: SIMPLE VIEW OF READING MADE A LITTLE MORE COMPLEX." Reading Psychology 21.2(2000): 85－97.

[2] Gough, P. B., & Tunmer, W. (1986). Decoding, reading, and reading disability. Remedial and Special Education, 7, 6－10

[3] Hoover, W. A., & Gough P. B. (1990). The simple view of reading. Reading and Writing: An Interdisciplinary Journal, 2, 127－160.

字流利地转换为相应的语音，即需要流畅的并且自动化的解码书面字词的能力，而理解篇章意思还需要有一定的背景知识支撑，即阅读能力的发展离不开解码能力和理解能力两个重要成分[1]。对于患有学习困难（Learning Difficulty，以下简称 LD）的学生，任何一个成分的不成熟发展都会导致阅读理解困难。

该模型通过大量的实验研究发现，以 R（Reading）代表阅读理解，D（Decoding）代表字词解码能力以及 L（Language Comprehension）代表语言理解，可以通过构建方程式的方式（如下）解释学生的阅读理解能力情况：

$R=D \times L$

方程式中的乘法说明字词解码和语言理解两者之间不是简单的相加关系，具有密切的交互关系。多数研究结论支持该公式可用于分析学生阅读理解能力的主要特征，如图 2.2 所示：

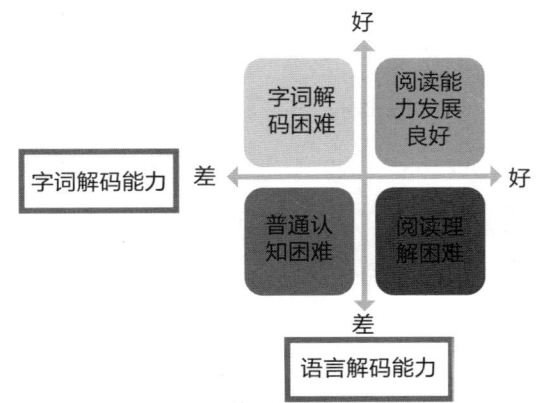

图 2.2　阅读简单观点模型对阅读理解困难特征的解释

---

[1] Mccardle P, Scarborough H S, Catts H W .Predicting, Explaining, and Preventing Children's Reading Difficulties[J].Learning Disabilities Research & Practice, 2010, 16(4):230－239. DOI:10.1111/0938－8982.00023.

　　我国也有一些研究者在国外阅读成分模型研究的基础上，进行了一些本土化的研究，如曹漱芹和韦小满对三年级的汉语阅读障碍学生进行了听力理解－阅读理解差异评估模式研究[1]，确定了汉语阅读障碍学生在阅读理解过程中存在不同的缺陷成分。白丽茹基于阅读成分理论模型，对河北省某校 3—5 年级学生进行听力理解和阅读理解测验，研究证实我国汉语阅读障碍学生也可以分为阅读理解障碍亚类型、单词识别障碍亚类型和普通认知缺陷亚类型[2]。除此之外，近年来有学者认为熟练的阅读者除了字词解码和语言理解之外，还需要具备识字流畅性（Fluency）的技巧，才能有效地进行阅读。因此可以进一步将阅读能力成分扩展为 $R=D \times L+F$。不过不管成分理论的一些亚型发展如何，核心的字词解码和语言理解能力已经成为公认的核心要素，成为教育、语言科学等领域中的研究重点。

　　综上，我们可以认识到，阅读成分理论对于阅读理解困难具有较高的鉴别能力，可以分出不同的亚型，但是阅读能力检测的指标依据参考什么，就成为进一步需要思考的内容。

三、国内外常用的阅读困难筛查与评量工具

　　虽然不同的阅读困难检测模型各有差异，很难用统一的标准来衡量，但是我们可以通过了解目前国内外常用的阅读困难评估工具，在教学实践中结合个案情况选用更合理的评量方式。以美国为例，目前比较常用的评估工具有以下几种：

---

[1] 曹漱芹，韦小满. 3 级汉语阅读障碍儿童的诊断及其特征分析——"听力理解—阅读理解差异诊断模式"初探[J]. 中国特殊教育，2005(4)：71－76
[2] 白丽茹. 阅读障碍检测的"差异模型"与"成分模型"比较分析. 心理科学进展 2(2009)：9.

表 2.1　美国常用的阅读困难评估工具

工具名称	测试形式	核心技能
Shaywitz DyslexiaScreen(SDS)	一项简短的教师调查,用于识别有阅读障碍风险的学生。该评估旨在用于有学业困难的学生,但也可用于筛查所有学生。教师可以使用在线表格在 5 分钟内让学生完成。一共有 4 张表,对应幼儿园 -3 年级学生,每张表 10 道题。	语音意识 语言能力 学业表现
KTEA-3Brief	KTEA-3 简明表用于筛选阅读、写作和数学方面的弱点,并获得 PK-12 年级 +(4—25 岁)的学业成绩的一般估计。K-12 年级 + 的三个子测试简要成就(BA-3)综合材料,包括单词阅读、拼写和数学计算的测量。	单词阅读 拼写 数学计算
DIBELS(Dynamic Measurement Group)	DIBELS ®(基本早期识字技能动态指标)是一套用于评估识字技能获得情况的程序和措施。它们被设计为简短(一分钟)的流畅性测量,可用于定期检测风险并监控幼儿园至八年级早期识字和早期阅读技能的发展。	基于课程式的流畅性测量
easyCBM Reading(University of Oregon)	easyCBM 系统由俄勒冈大学的教育研究人员与美国各地的学区合作伙伴密切合作开发。系统包括各种基于课程的措施,涉及英语和西班牙语的早期读写能力以及口语阅读流利度、词汇量和阅读理解能力。	口语阅读流利度、词汇量和阅读理解能力
Phonological and Print Awareness Scale(PPA Scale™)	语音学和印刷意识量表(PPA 量表)测量两种与后期阅读和写作能力有强烈预测关系的早期读写技能:语音意识和印刷意识。PPA 量表有三种平行形式,使其成为筛查、识别和进步监测工具的理想选择。该量表可用于 3 岁 6 个月至 8 岁 11 个月的儿童。	语音意识 印刷文本意识
Comprehensive Test of Phonological Processing, Second Edition(CTOPP-2)	全面性语音处理测试第二版(CTOPP-2)能够识别出面临较高阅读困难风险的语音困难学生。CTOPP-2 测量个体的语音处理技能,适用年龄从 4 岁到 24 岁 11 个月。	语音意识

续表

工具名称	测试形式	核心技能
Kaufman Test of Educational Achievement™, Third Edition（KTEA™-3）Comprehensive Form	KTEA-3 简明版提供针对关键学习技能的深度评估和评价，并能帮助识别学习障碍，或度量进步或对干预的回应。它是基础学习技能筛查的理想工具。	词汇识别 拼写 阅读理解 书写能力 数学基本技能
韦氏个人成就测试®，第三版（WIAT®-III）	是对阅读、语言和数学成就的可靠和全面的评估工具，评分可解释个体秋季、冬季和春季基于年级的标准分数、基于年龄的标准分数、百分位等级等	早期阅读技能阅读理解 单词阅读 假词解码 口语阅读流畅听力理解 拼写句子
Woodcock Reading Mastery Tests, Third Edition（WRMT™-III）	WRMT-III 是评估阅读准备和阅读成就的标准，有助于评估有阅读困难的读者，确定阅读技巧的特定优点和短处，以规划有针对性的补救措施，指导教育选拔和安置决策，筛选阅读准备情况并确定高风险者	语音意识 快速命名 听力理解 词汇理解 篇章理解 口语阅读流畅性
Tests of Dyslexia—Early (TOD-E) and Tests of Dyslexia—Comprehensive (TOD-C)	阅读障碍—早期测试（TOD-E）可从幼儿园（5 岁）到二年级（最高 9 岁 3 个月）开始使用，以获取学生的早期阅读障碍诊断指数（EDDI）。阅读障碍—全面测试（TOD-C）为一年级（6 岁）至成人（89 岁 11 个月）的个体提供阅读障碍诊断指数（DDI）。TOD-E 和 TOD-C 拥有基于年龄和年级的标准，以及可以用于衡量进步的标准分数和增长分数。	拼写、推理、词汇、流利度、音标、解码、基础阅读、视词获取、语音意识、正字法处理、工作记忆、快速自动化命名、理解力以及视觉—言语配对学习

　　在这些国外的评估工具中，我们看到不同的评估工具，测试内容侧重点各有不同，采用的检测模型也各有不同，对我们设计开发汉语阅读评量工具有借鉴意义。同时在这个过程中，我们也要考虑影响阅读的各种因素，尤其是语言体系的影响。

汉语体系阅读困难相关研究起步较晚，但是在临床、教学实践中引进和发展了不少量表，比较具有参考性的有[1]：

表 2.2　中国常用的阅读困难评估工具

工具名称	测试形式	核心技能
PRS 学习障碍筛查量表	通过问卷填写的方式，筛选个体是否具有学习障碍，可筛选出"语言性可疑学习障碍儿童""非语言性可疑学习障碍儿童""可疑学习障碍儿童"	听觉理解 口语 定向 运动协调 人格—社会行为
汉语阅读障碍量表 DCCC	适用于小学 3—5 年级儿童的汉语阅读障碍筛查量表，量表涵盖 8 个因子	视知觉、听知觉、意义理解、书写、口语、书面表达、不良阅读习惯、注意力
汉语阅读技能诊断测验 (CRSDT)		汉字形—音识别、汉字形—义识别、识别准确度、词语匹配、读音准确性、朗读流畅性、阅读理解、组句成文
香港学生读写障碍测验：小学版 香港学生读写障碍测验：初中学生版（第三版）	测验内容分为语文测验及语言认知测验两大范畴。	语言认知测验包括：快速命名、语音意识、语音记忆、字型结构辨析、语素辨析和语言理解
中文阅读理解测验（台湾地区）	本测验的题目设计是以了解文章的基本事实、抽取文章重点大意、推论、分析比较等四项阅读理解能力为主，并涉及在阅读过程中的音韵处理、语意、语法能力。	阅读理解 音韵处理 语义 语法

这些评量工具在我们临床和教学中都有非常重要的应用价值，大家可以根据自己的实际需要开展相关的研究。在和更多的孩子、教师接触后，我们了解到对于从事一线教学的老师来说，通常孩子的阅读困难表现是极其容易观察到的，在后期的介入过程中如果能够改善儿童当下的阅读困

---

[1] 杨玉凤，《儿童发育行为心理评定量表》，第二版，2023.

难表现和儿童要学习的课程大纲内容相结合，可能会是一个非常不错的选择。通过上述的国内外相关理论、工具的梳理，我们也能进一步发现，小学生学龄段的语言能力和语文教学目标中设置的教学具有高度相关。如我们常常谈到阅读困难的核心缺陷之一是语音意识，对应语文课程标准中汉语拼音知识体系的学习掌握，个体需要掌握的语音意识，离不开课标中汉语拼音规则。因此，开发以阅读成分理论为模型的，成分内容依据参考《义务教育语文课程标准（2022 版）》的评量工具，在一线教学实践中具有重要的价值，可以让资源教师、班主任或任课教师彼此之间的话语保持较高的一致性，能够更加直观地让学科教师理解和接受。

四、基于学校课程的阅读成分理论评量工具的架构

通过前期对阅读困难领域中相关理论模型的学习和探索，本团队依据成分理论模型，结合我国 2022 年新颁布的《义务教育语文课程标准》，建构基于学校课程的小学生汉语阅读困难评量诊断工具，并结合 RTI 模型，组成一个基于成分理论诊断模型合并 RTI 干预模式的学校阅读困难评量与干预新范式，即 SVR+RTI 双模式检测法。

在介绍阅读成分理论模型的时候，我们知道促进个体流利阅读的要素包括对文字本身的解码能力和语言理解能力。其中文字解码能力和个体的语音语义加工能力密切相关，相关的研究提出，汉语儿童习得汉字受语音意识、语素意识、正字法意识影响[1-2]。而阅读理解能力则受个体

[1] Mccardle P, Scarborough H S, Catts H W .Predicting, Explaining, and Preventing Children's Reading Difficulties [J]. Learning Disabilities Research & Practice, 2010, 16(4):230－239.DOI:10.1111/0938－8982.00023.

[2] Ho C S H .Understanding reading disability in the Chinese language: from basic research to intervention[J].Oxford Handbook of Chinese Psychology, 2010:109-121. DOI:10.1093/oxfordhb/9780199541850.013.0009.

词汇量、背景知识、语言结构（语法）、语言推理能力，以及文化背景等要素的影响。以上所有的要素在不同时段以不同的比重影响个体的阅读技能，如图 2.3 所示。

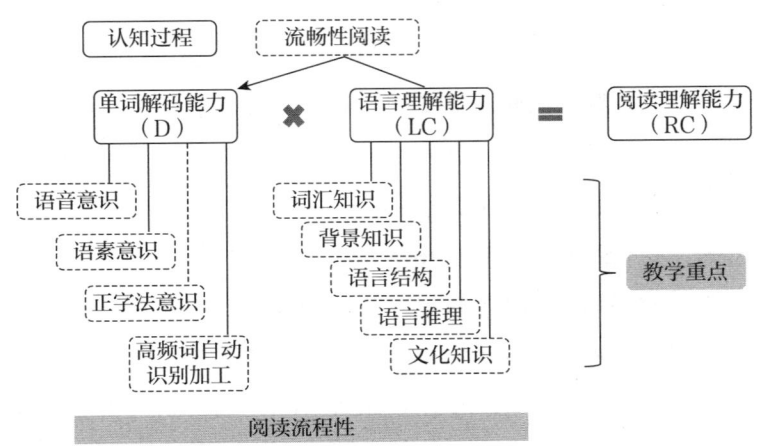

图 2.3　基于阅读成分理论模型的核心阅读技能

由上图可以看出，基于成分理论模型的评量工具指向明确，对亚型分层也较为清晰。因此，确定解码能力的范围、语言理解能力中各要素的范围，即符合年龄段的语言能力，非常重要。《义务教育语文课程标准（2022 年版）》中，关于语文课程的性质，明确提出：语文课程是一门学习国家通用语言文字运用的综合性、实践性课程。语文课程的理念是：以识字与写字、阅读与鉴赏、表达与交流、梳理与探究等语文实践活动为主线，综合构建素养型课程目标体系；面向全体学生，突出基础性，使学生初步学会运用国家通用语言文字进行交流沟通。语文课程的总体课程目标中，对语言运用能力定义为：了解国家通用语言文字的特点和运用规律，形成个体语言经验；具有正确、规范运用语言文字的意识和能力，能在具体语言情境中有效交流沟通。由上可知，语文课程标准是目前我国小学生发展结构化语言的重要指导，也是潜在的儿童阅读能力指导纲要。结合我国小学学龄段儿童语文课程标准中的阅读能力发展目标，开发《3-5 年级学习困难学生阅读理解能力评估工具》是有可行性。

SVR+RTI 模式的初衷即，学校可以以《3-5 年级学习困难学生阅读理解能力评估工具》的评测结果作为筛选评量标准，将具有高风险的儿童纳入 RTI 的第二层级中开展相关的特殊教育康复支持。这与原来的 RTI 模式的显著区别在于，《3-5 年级学习困难学生阅读理解能力评估工具》可以鉴别出个案的阅读困难是由于解码能力造成的，还是因为语言理解困难或者是整体认知缺陷造成的，从而为制定个别化康复方案指明方向，也在一定程度上缓解了当下资源紧缺造成的压力。目前课题组已经开展了为期两年的实践验证，取得了良好的效果，相关研究和实践会在后续章节中将进一步详细展开。

第二节　阅读困难预防与介入

就像我们前面也提及"差异模型"的缺点是"事后介入"一样，这一概念同时也提醒我们"阅读困难"可以做到提前预防，过程中必需的时候就要介入干预，或者需要立即进行读写能力应急干预。

一、多场景支持系统预防阅读困难

从第一章中，我们了解到阅读困难的产生可能是多维度的，从而造成个体暂时性或持久性的阅读困难，因此尽可能构建多场景的支持系统，是预防或干预阅读困难的重要支撑。阅读发展是在多个相互关联和相互作用的环境中进行的，因此我们应该尽可能提供多场景的支持系统。多场景支持系统包括个体、家庭、学校、社区和更广泛的文化背景，如何共同作用于个体，从而影响他们的阅读技能和习惯的发展。这种理论主要源自美国心理学家布朗芬布伦纳（Bronfenbrenner）的生态系统理论，同时也结合了我们国内的实际情况。

生态系统理论中，个体日常生活的最内层环境，如家庭、学校和朋友，是个体的微观系统，这个系统最日常也最直接影响个体的学习、情绪、行为等等。而微系统之间的交互，比如家庭教养方式如何影响个体的学校体验，是一个中系统，反应微系统之间的交互作用。除此之外，还有一个宏观系统，主要指更广泛的文化价值观、信仰和习俗，也包括社会历史事件，如公共卫生事件、战争等等这些宏观层面的因素形成了个体生活的社会背景。在这些多场景系统中，我们知道对儿童阅读发展最直接的影响来自微系统，包括家庭中的阅读实践和学校的教学策略。其次是中系统，包括家庭和学校的互动，比如父母与教师之间沟通、协作的程度影响孩子的阅读发展。而在外系统层面，父母的工作条件，所在社区的资源，如公共图书馆等因素，可能会间接影响孩子阅读的机会和体验。更广泛的文化背景和社会价值观，即宏观系统，会形成对一个时期阅读的整体态度和预期，如某些文化可能更注重口头传统而不是书面文字。随着时间的推移，与阅读相关的技术和流行文化的变化（例如，数字媒体的兴起）会影响阅读实践的演变，这属于时间系统的范畴。在教育和家庭环境中，了解和考虑这些层次以及它们之间的相互作用，对于促进阅读技能的全面发展至关重要。教师、家长和政策制定者可以考虑生态系统的每一个层面，以创建有利于儿童阅读习得和享受的环境。

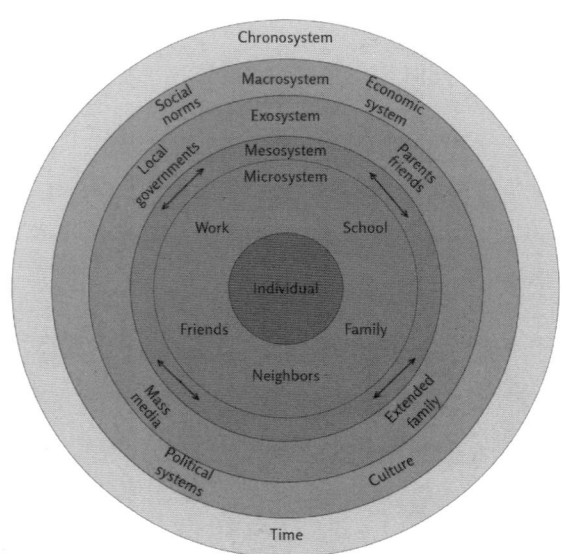

图2.4　Bronfenbrenner's 生态系统理论

在当下，具体来说可以包括以下措施：

1. 学校全方位的阅读环境

学校是融合教育的责任主体，需要营造全方位的软硬件阅读环境。在硬件方面，学校首先要充分利用校园环境，建立阅读空间，如图书馆、阅览室、图书角及读书廊等，让学生可以在取阅便捷、内容丰富的学习环境中随时阅读，充分满足学生的阅读需求。其次，校园内可设置"朗读亭"，朗读亭是一个流动录音棚，装有录音和隔音设备，以保障学生在亭内不受干扰地朗读。学校还可以构建"阅读云"校园阅读线上平台，为学生提供分级分类的阅读资源和工具。

在软件方面，首先可以在校园图书馆、教室内外墙壁设计关于阅读的名言、警句、宣传画、口号等，营造浓郁的校园阅读文化氛围。其次可利用少先队广播开展类似"中外经典名篇欣赏"的节目，加强对学生的阅读进行宣传引导。同时学校可结合"世界读书日""校园读书节"等活动，开展形式多样、丰富多彩的中小学生读书专题活动，如美文诵读比赛、阅读手抄报评比等。最后学校可在语文学科设计和兴趣班开展相关阅读活动课，拓展学生的阅读广度，提升学生的阅读水平。

2. 良好的家庭阅读环境

父母能为孩子提供一个良好的阅读环境，对孩子爱上读书，可以起到事半功倍的作用。打造适宜的家庭阅读环境前提是：以孩子为主体。首先要规划固定的阅读区域。小至怀抱孩子坐在腿上，大至布置专门的空间，固定阅读区域，舒适温馨，且最好有隐秘性以增加孩子的安全感，营造轻松的环境。同时，可以为孩子打造专属书柜，提供丰富且适合孩子阅读的藏书，把选书权交还给他，自主选择感兴趣的书本，有助于培养阅读动机。

其次是安排固定的阅读时段。固定的时段也是让孩子快速进入阅读气氛的策略。限定在一定时段内，依据设计好的阅读计划表开展阅读，让孩子看到时钟指针，便知道进入阅读城堡的时刻来临。时段不需安排得太密集，而是将阅读活动的概念扩大，从餐桌离开走入阅读空间，孩子在书柜前犹豫选书的时间都涵盖进去，让活动更加惬意。阅读时的思考、朗读、表演，都会增加实际所需时间，不过与此同时更能活化阅读本身。

此外，营造愉悦轻松的阅读气氛。家长在语气方面要有所改变，要采用比日常活动更加温柔的语调，邀请孩子一同进入阅读时刻。运用语音、语调的变换让阅读成为特殊的情境，触发孩子的大脑对阅读的期待。阅读的过程中，记得家长要与孩子常常有眼神交流，观察反应和回应提问，让孩子感受到我们全心全意的陪伴，将所有关爱都投注到他们身上。

养成阅读习惯，关怀陪伴是关键。当我们尊重孩子为独立个体，归还阅读活动的主体性，才是引导孩子自主学习的开始。多数孩子都渴望家长的陪伴，让我们将这份亲密共享于阅读，在滋养出情感的同时，孕育生生不息的阅读动力。

3.社区、幼儿园、学校早期联动筛查

虽然阅读困难往往都在学龄段被检测出来，但是在儿童很小的时候，就已经有一些端倪提示可能具有潜在的风险。下面列出来的是一份关于早期可能存在阅读困难的检核清单可以供家长、教师或社区工作者重视。

表2.3　儿童早期读写能力检核表

板块	早期读写能力相关行为	是/否
言语声韵意识	不理解或不喜欢押韵（在节奏歌曲或押韵中可能难以拍掌/踏脚）	
	常常迷惑有相同读音的言语声	
	在口语中常常不能记住指令	
书面语言意识	看书时无法正确放置书本	
	无法在图画书中识别单词和字母	
	不能背诵字母表/拼音表	
	对询问一些简单笔画的字,比如"人""天"等,无法从书面上找出来	
口语交流情况	对话中难以找到特定单词,使用非具体词汇(东西、这个、那个)或替换相关术语	
	对同学名字记忆力差	
	断断续续的言语-使用停顿和填充词(比如"嗯"或"你知道的")	
	似乎有些口吃,喜欢停顿,似乎表达不出来	
理解	只响应多步骤指令或说明的一部分,或需要多次重复指令	
	理解空间术语(在前面、在后面等)有困难	
	理解故事内容困难	

续表

板块	早期读写能力相关行为	是／否
表达性语言	使用简短句子、词汇量小、变化少	
	给出指令或解释时困难,提供的细节少	
	叙述故事或事件回忆杂乱无章	
	语法错误("他了去商店"应该是"他去商店了")	
识字动机	不享受课堂故事时间(游荡,老师讲故事时不注意)	
	对识字活动兴趣不大(看书、写字)	

如果在日常生活中，发现儿童有上述清单中较多的表现情况，则需要密切关注儿童的早期读写能力发展，如有必要的话，需要进一步征求专业人员的意见。

二、阅读困难干预的基本原则

就像本章第一节中讨论关于阅读困难评量的伦理考量一样，关于阅读困难干预的基本原则，也需要有考量。在评量模型上，我们推荐使用基于 SVR 开发的工具，因为这个类型的工具有助于评估个案的阅读困难是聚焦字词解码能力还是阅读理解能力。有了这一步基本的区分之后，可以帮助我们找到干预的大致方向。但是阅读困难领域中的干预，并不是单一方法就有效的，是一个非常结构化系统的过程。因此，在这个过程中，我们希望老师或阅读指导专家在涉及课程的时候，有以下几个基本原则考量。

（一）基于语言学理论原则

我们知道在阅读成分理论中，熟练的读者是掌握某一语言的解码能力和理解能力。所以我们的干预内容应该基于这门语言本身的理论体系，比如汉语独有的声调、汉字独特的正字结构以及汉语语法、句法等。除此之外，还有一些细节的内容也需要注意，比如书面语和口语的差异，地域语言之间的差异，不同文化习俗的差异。基于语言学理论的原则，也是建设结构化干预课程的重要指导原则。

（二）基于课程本位原则

在前面章节中，我们了解到阅读困难常常发生在学业阶段，并可能会持续很久。所以一个基于科学的阅读研究的全面阅读计划，应该能与教学课程无缝连接。教学材料要针对该校学生的具体需求进行设计，校方管理者应确保使用高度明确和系统化教学的材料，重点放在学习阅读的基础概念和所选用的全面阅读计划的落实上。基于课程本位的原则，有以下几个优势：

1. 能够为教师提供便捷的基于课程标准的评估，来确定目标是否能够达成预期；

2. 从课堂评估中得到的数据，可用于确定哪一层面的课堂需要做出改变；使用数据可以做出恰当且有效的教学决策；

3. 当学生进度不够时，必须提供干预；所提供的干预应与整体阅读计划保持一致。

（三）元认知策略原则

确切地说，元认知策略更是干预时候常用的策略之一。但是为什么会在干预原则中也提及这个概念，是出于"所有的干预最终都需要撤除"的思考。这句话的意思即"干预并不是我们的目的，让孩子学会自我学习是最终的目的"。元认知（meta-cognition）是对认知的认知，即学习者以自身的认知系统为认知对象，对认知过程的自我意识、自我控制、自我评价和调节。元认知是一种能力，是人在获取知识的过程中对自我行为的思考，是对思维方式的思考。建设性学习者通过不同的路径获得读写学习能力，孩子们会构建自己的理解力，这需要孩子去探索和解决问题。学习积极主动又能建设性的孩子通过主动解决问题，利用已知的知识在面对阅读和写作的挑战时，努力攻克难题而变得独立起来。因此，教师在涉及相关的课程时，必须时常思考，这些教学过程为孩子提供了哪些主动思考和解决问题的机会？

（四）多感官参与原则

在评量阅读困难的章节和关于阅读困难定义的章节中，我们都提到阅读困难的核心缺陷是语言认知加工缺陷，如语音意识、语素意识、正字法意识缺陷等，同时阅读困难个体往往也具有感官特异性。Dionne-Dostie 等人的研究认为，阅读障碍是由于处理瞬间和动态刺激的多模态缺陷所导致的，因此采用多感官参与原则，有助于提升个体对阅读文本的知觉和理解[1]。

（五）激发学习动机原则

动机是所有学习能够开展和持续的源头。阅读困难儿童往往因为阅读技能不足，会产生逃避阅读或读写相关的活动。因此，要尽可能地创造机会，让孩子产生学习的动机。影响动机的要素可以包括环境设置，比如选择孩子喜欢的角色布置相应的阅读环境；也可以包括阅读内容，根据孩子的偏好进行调节；同时结合多感官原则，比如考虑孩子偏好的视觉通道或听觉通道，活动设计时综合考量。

（六）坚持 ATM 原则

ATM 中的 A 代表的评量（Assessment），T 代表的是干预（Therapy），M 代表的监控（Monitor）。阅读困难的干预，需要遵循 ATM 原则，每

---

[1] Dionne-Dostie E, Paquette N, Lassonde M,et al.Multisensory Integration and Child Neurodevelopment [J]. Brain sciences, 2015, 5(1):32－57.DOI:10.3390/brainsci5010032.

位个案应该具有详细的评量报告，才能对症设置个别化干预课程，而每次／每个周期的干预课程，都应该有数据记录，最好是完整的数据记录，便于监测、考察和分析儿童的能力是否有所提升，从而对干预课程体系进行分析和判断是否需要调整，以及如何或何时撤出、是否需要转介等一系列问题。

（七）医、教、家统合原则

近几年，医教结合的理念已经非常深入人心，但是医教结合想要实施得好，核心是需要家庭力量的介入，尤其是一些可能存在多种症状共患的个案，更需要医、教、家统筹，帮助个案做出最佳的干预方法选择。

三、阅读困难干预的常见方法

（一）语音意识干预训练研究

成分模型检测及亚类型鉴定结果的有效性得到了干预研究的进一步支持。研究表明：采取有针对性的干预补救策略确实有助于提高阅读障碍儿童字词识别能力，有可能使潜在的阅读障碍儿童发展成为准确、流畅的阅读者，也可能使正在经历阅读障碍的儿童提高阅读准确性；对年龄较小的儿童采用押韵判断、音位辨认、音位融合、音位匹配、音位切分、音位计数、音位删除等音位意识技能训练，对提高儿童阅读能力和拼写能力具有积极作用；对年龄稍大的儿童（小学一年级以上）应该采取基于"读音法"的干预策略，干预时间一般不超过 1 年（干预效果 6 个月内即可显现），否则会削弱儿童视觉词汇发展，导致阅读速度慢，进而对其阅读发展造成负面影响。

Ball 和 Blachman（1991）对 90 名患有潜在阅读障碍的幼儿园儿童进行了语音意识训练（7 周），研究发现接受音位意识训练和字母——音位对应规则训练的儿童阅读技能和拼写技能表现明显好于对照组儿童[1]。

Truch（1994）对 281 名阅读障碍儿童（6-18 岁）实施了语音意识技能和单词解码技能干预训练，历时 2 年，干预时间共 80 小时；研究发现阅读障碍儿童单词识别能力、拼写能力和有语境单词解码能力表现较之前均有显著提高，并且年龄稍大的阅读障碍儿童也能从语音意识技能训练中受益[2]。

（二）阅读理解技能干预训练

针对阅读理解障碍亚类型实施阅读理解技能干预，同样能够提高此类儿童阅读理解水平。Carnine 和 Kinde（1985）对 4-6 年级学生实施了激发图式教学研究，共 27 次，每次持续 20—30 分钟；研究发现接受该项训练的儿童阅读理解能力均得到明显提高[3]。

Palincsar 和 Brown（1984）采用互助教学中四种元认知策略，对阅读理解障碍亚类型儿童实施干预训练，研究发现接受该项训练的儿童能够将这些策略迁移到其他语境之中，并且其阅读理解测验成绩明显好于未接受过该项训练的对照组儿童[4]。

（三）阅读流畅性干预方法

Stahl 和 Heubach & Cramond（1997）认为最古老最经常使用的阅读流畅

[1] Ball, E. W., & Blachman, B. A. (1991). Does phoneme awareness training in kindergarten make a difference in early word recognition and developmental spelling? Reading Research Quarterly, 26(1), 49—66.

[2] 白丽茹.《阅读障碍检测及亚类型鉴定新途径》. 南开大学出版社, 2017.7:115.

[3] Carnine, D. & Kinder, D. (1985). Teaching low-performance students to apply generative and schema strategies to narrative and expository material. Remedial and Special Education, (6): 20—30.

[4] Palmer, J, Mc Cleod, C., Hunt, E. & Davidson, J. (1985). Information processing correlates of reading. Journal of Memory and Language, (24):59—88

性干预就是重复阅读。重复阅读是一个有广泛研究基础的流畅性策略。重复阅读就是读一个短而有意义的段落，直到阅读流畅性达到满意的水平[1]。

William（2004）进行了元分析以确定重复阅读的指导成分及重复阅读对阅读流畅性和理解的影响。结果表明重复阅读可以提高正常学生和学习障碍学生的阅读流畅性和理解能力，但流畅性干预的效果比阅读理解干预的效果更好一些。该研究还把结果分成迁移测量和非迁移测量，迁移测量就是多次阅读一段文章后测量对该文章阅读流畅性和理解能力，结果发现重复阅读非常有效，流畅性提高很大，对阅读理解也有中等效果。非迁移测量，就是在重复阅读一段文章后，测量学生阅读一段新材料的流畅性和理解能力，结果流畅性干预达到中等效度，而阅读理解差一些，但都达到了显著水平。说明对于新材料，重复阅读干预也有提高学生整体阅读流畅性和理解的潜力。为了提高流畅性，文章应该阅读3-4遍，因为当文章阅读3或4次时，流畅性干预的平均效度比读2次要高出30%多。但是阅读3次和4次对阅读理解的提高没有显著的差异。为了提高整体的阅读流畅性和理解能力，给学生矫正性的反馈，尤其针对单词错误的反馈，重复阅读是很必要的[2]。

Pany和McCoy（1988）检验了矫正性的反馈效果，发现能提高单词认知和理解能力，但反馈的效果依赖于目标和结果的测量。重复阅读干预要提高学生的整体阅读流畅性和理解能力，就要包括3个必要的成分：（1）材料应该大声读出来；（2）对单词错误要给予纠正性反馈；（3）反复

[1] Stahl S A, Heubach K, Cramond B. Fluency-oriented reading instruction [R]. Ahtens, GA: National Reading Research Center, 1997. 65－69.

[2] William J T. Fluency and comprehension gains as a result of repeated reading [J]. Remedial and Special Education, 2004, 25(4): 252－262.

阅读达到一个成绩标准。这些作为学生水平的基线，当学生掌握重要的阅读技能和策略时可以及时辨别出来。使用成绩标准的干预比使用固定数量的阅读干预，在流畅性效度上要高出 4 倍。

Carolyn 和 Fletcher 等人（2006）年对阅读障碍儿童进行了一项干预研究[1]。27 个阅读障碍学生接受 16 周的解码和流畅性技能干预。解码干预每天 2 小时共 8 周，以 Phono-graphix 项目为基础。流畅性干预每天 1 小时共 8 周，以 Read Naturally 项目为基础。干预结果表明在解码、流畅性和理解上都有显著提高。Phono-graphix 项目是一个教学生阅读和拼写的系统。这个方法通过用声音、图片呈现字母或字母组合，简化了语音概念。学生要组合、拆分、操纵声音，从而进行阅读和拼写。一幅图片能代表很多声音，一个声音也能用很多图片表示。Read Naturally 项目用来提高 1-8 年级学生的口语阅读流畅性，主要成分包括：1. 示范阅读，如磁带或电脑示范等。提供专业的口语阅读示范，让学生一起读或跟随着读，都能促进词汇、单词知识和视觉解码的提高；2. 重复阅读有趣的说明性文章；3. 进行目标设置和过程监控（重复测量并记录流畅率，这样即使是小的提高学生也能意识到，让学生意识到自己的进步能促进成绩的提高）。该项目的主要步骤是：1. 选择一段符合自己水平的课文；2. 预测文章的大概内容并写下来；3. 口头读一遍，看自己一分钟错误有多少；4. 用图表画出流畅性水平；5. 跟着录音机等示范一起读，直到达成预先设定的流畅性水平（一共记录 3 次，第一遍慢一些，为了保证阅读的正确性，之后每遍快 10%）；6. 完成 5-6 个阅读理解问题；

[1] Carolyn A D, Jack M F, Jason L A, et al .An Evaluation of Intensive Intervention for Students with Persistent Reading Disabilities [J]. Journal of Learning Disabilities, 2006, 39(5): 447－466.

7. 读文章，老师计算时间；8. 根据最后的阅读，画出每分钟正确的单词数量图，把流畅性和之前建立的目标进行对比；9. 复述课文并写下来。如果学生仍没有达到目标水平，要继续重复阅读文章，直到达成目标为止。

结果表明解码干预的 Phono-graphix 项目对提高假词解码、真词解码、假词流畅性阅读都有很好的效果，对阅读理解也有中等的效度。流畅性干预的 Read Naturally 项目对学生的流畅性有很好的效果，尤其是当给予示范和反馈时效果更好，但对解码和拼写没什么效果。

（四）自我调节策略

阅读困难者很难把文章不同部分的观点综合到一起，即使他们能正确的解码单词，也不能注意到文章的整体意思，更不能监控自己的理解过程。Philip N Swanson 和 Susan1998 年根据自我调节策略发展模型[1]，介绍阅读理解策略的使用。自我调节策略发展（SRSD）模型在理解过程中应用的具体步骤包括：1. 描述目标策略，说明策略实施步骤以及讨论为什么使用这些策略，何时在哪里实施；2. 激活背景知识，概括以前了解的有关学习目标策略的知识；3. 回顾现在的成绩水平，让学生知道自己现在的水平，并重申使用策略的必要性；4. 示范策略和自我指导，给学生证明怎样在有意义的文章中使用策略，并通过大声阅读的方法进行自我调节。使用自我监控时可以问自己：我应该先做什么？是否使用了策略，我就能更好的理解所阅读的内容？ 5. 合作性的练习，给学生提供机会练习使用策略和自我陈述，监督学生的进步，并在必要时给予重复

---

[1] Philip N S, Susan D L. Teaching effective comprehension strategies to students with learning and reading disabilities [J]. Intervention in School and Clinic, 1998, 33(4): 209－218.

解释和示范；6. 独立练习和掌握，在学生了解策略步骤后，让每个学生使用目标策略和自我陈述，并继续给予指导、强化和反馈。逐渐撤去帮助，直到学生在没有帮助的情况下能熟练使用策略；7. 概括总结，和学生讨论什么时候成绩提高，在哪应用策略效果更好。还要给学生提供不同类型的材料练习，使学生更灵活的使用策略。

（五）同伴指导阅读

同伴指导就是让同班学生作为有阅读困难学生的指导者。在这个过程中所有学生的学习经验都会有所提高。指导者通过对同伴的解释强化了学习，而被指导的同学也会从一对一的指导中受益，这是在大班额的课堂环境中老师所无法提供的。同伴帮助的方法使学生有更高的积极性参与到活动中，参与的时间是教师指导的 2-3 倍，并且能从同伴那里获得及时的反馈。Mary Beth Calhoon 2005 年检验了同伴帮助的指导方法对中学阅读障碍学生的语音技能和阅读理解的效果[1]。该研究被试分成两组，一组接受同伴帮助的语音技能指导项目 Linguistics Skill Training（LST），另一组接受同伴帮助的阅读理解项目 Peer Assisted Learning Strategies（PALS）。PALS 项目要求在大声读课文的同时，学生要参加三个阅读理解活动：合作阅读、paragraph shrinking 、prediction relay。从而使学生有更多机会练习回顾、总结、陈述主要意思、预测故事结果等方法。在干预的过程中使用小组指导、直接的提问和回答、把任务分成小的成分并逐渐撤销提示线索、及时反馈并有足够的机会进行练习。对照组接受传统的全班形式的阅读治疗项目。结果表明接受 LST/PALS 指

[1] Mary B C. Effects of a Peer-Mediated Phonological Skill and Reading Comprehension Program on reading skill acquisition for middle school students with RD [J]. Journal of Learning Disabilities, 2005, 38(5):424-433.

导组的学生在字母—单词辨别、猜测词义 word attack、段落理解上都比对照组好。说明 LST 和 PALS 方法联合使用，干预效果比传统的全班治疗项目好。但是在阅读流畅性上两组没有显著差异。Lynn 和 Douglas 等人 1998 年的一项研究中发现，同伴指导策略有助于提高阅读障碍儿童的阅读流畅性和理解力。

国内外的相关研究向我们阐述了阅读困难产生的原因，也证实了阅读困难可以通过一定的干预手段得以改善，因此下面几个章节将介绍汉语阅读困难的评量和系统化干预课程。

第 *3* 章
基于学校课程的阅读困难
评估工具研发与应用

通过前面两个章节的阐述，大家可以了解阅读困难通常在小学阶段可以得到鉴别诊断。目前，我国阅读困难研究领域尚未推出统一的标准化小学生汉语阅读能力评估工具，本研究团队以成分理论模型为理论基础，借鉴国内外相关阅读能力评估工具的研制理念和框架，充分考虑现行小学语文课程标准中阅读能力培养系统，同时依据心理测量学评估工具编制原则，编制了基于学校课程的小学阅读理解能力评估工具——《3-5 年级学习困难学生阅读能力评估工具》。

第一节　评估量表的研制

在第二章介绍评估工具时，我们了解到可以从不同角度评量阅读理解能力，然而阅读能力的发展和系统化教学是分不开的。既然阅读困难并不是由于没有充分的教育导致，那么可以假设，在系统化学校课程的教学下所习得的阅读能力，应该可以代表个体在同龄人群中的阅读能力水平。在此假设下，我们仍旧无法排除家庭和社会教育的影响，只是目前缺乏统一的标准化评估工具的情况下，暂时可以依靠基于学校课程的评估工具，来筛选和鉴别儿童现有的阅读能力水平。

一、基于学校课程的阅读理解评估工具原理与方法

2019 年初，教育部召开新闻发布会，发出通知，我国的中小学生的历史、语文、道德与法治统一换成"部编本"教材。这一重大改革，由之前教材的"一纲多本"转为现在统一编著，让学校对学生阅读能力教学目标要求和载体保持一致。教育学家叶圣陶先生曾说过，什么叫语文？平常说的话叫口头语言，写到纸面上叫书面语言。语就是口头语言，文就是书面语言，把口头语言和书面语言连在一起说，就叫语文。2022年，新修订的《义务教育语文课程标准（2022 版）》，进一步强化了课程育人导向，优化了课程内容结构，编制了学业质量标准，这些举措为开发标准化的阅读理解能力评估工具提供了契机。

新课标强调立足学生核心素养发展，注重阅读与鉴赏、表达与交流等语文实践活动。在课程总目标中指出，学生要学会运用多种方法，具有独立阅读能力；要能感受语言文字的美，感悟作品的思想内涵和艺术价值。这些无疑都对学生的阅读理解能力提出了更高的要求，也为我们开发与新课标相适应的阅读能力评估工具，提出了新的指引[1]。

根据Chall的阅读能力发展六个阶段理论[2]，小学阶段的儿童正处于初始阅读和编码阶段、巩固熟练阶段以及阅读学习新知识阶段，这些阶段与语文课标中第一学段（1-2 年级）、第二学段（3-4 年级）、第三学段（5-6 年级）息息相关。我们进一步分析不同学段阅读能力发展要求，发现与教学系统高度融合。如下表 3.1 所示：

---

[1] 刘润清、韩宝成（2000），《语言测试和它的方法》（修订版），北京：外语教学与研究出版社。

[2] Trumbull E. Stages of reading development. Jeanne Chall. New York: McGraw-Hill, 1983. Pp. 293. Applied Psycholinguistics. 1984;5(3): 285－292.

表 3.1　儿童阅读能力发展与语文课标对照表

阅读能力发展六个阶段理论	义务教育语文课程标准
初始阅读和编码阶段 正式进入文字学习,其主要内容掌握口语与文本间的形音对应规律。在此过程中,儿童语音技能进一步提升,逐渐掌握形音对应法则,并运用这些规则对陌生词汇进行解码。同时,他们还能借助已有知识、情境信息,甚至插图来推测陌生词汇的含义。这个阶段儿童以习得解码能力为核心,故也被称为解码阅读阶段。	第一学段（1–2 年级） 【识字与写字】 1. 喜欢学习汉字,有主动识字、写字的愿望。认识常用汉字 1600 个左右,其中 800 个左右会写。 2. 学会汉语拼音。能读准声母、韵母、声调和整体认读音节。能准确地拼读音节,正确书写声母、韵母和音节。认识大写字母,熟记《汉语拼音字母表》。 3. 掌握汉字的基本笔画和常用的偏旁部首,能按基本的笔顺规则用硬笔写字,注意间架结构,初步感受汉字的形体美。努力养成良好的写字习惯,写字姿势正确,书写规范、端正、整洁。 4. 学习独立识字。能借助汉语拼音认读汉字,学会用音序检字法和部首检字法查字典。 【阅读与鉴赏】 结合上下文和生活实际了解课文中词句的意思,在阅读中积累词语。认识课文中出现的常用标点符号,在阅读中体会句号、问号、感叹号所表达的不同语气。借助读物中的图画阅读。
巩固熟练阶段 7—8 岁,即小学二年级到三年级的儿童。儿童巩固了前一阶段形 – 音联系的知识。随着阅读材料的增加,同一字词出现频率也随之提升。儿童在接触大量重复出现的文本信息时,其字词解码能力会趋向流畅化和自动化。Chall 认为,该阶段儿童的训练目标主要是快速进行字词识别。当儿童提高了字词识别能力,并利用语境来调控自己的阅读,就可以尝试理解文章的意思。教师常常通过高级编码技能教学,促使儿童广泛阅读,给儿童高于他们水平的材料,使他们通过语言、词汇和概念等多种途	第二学段（3–4 年级） 【识字与写字】 1. 对学习汉字有浓厚的兴趣,养成主动识字的习惯。累计认识常用汉字 2500 个左右,其中 1600 个左右会写。有初步的独立识字能力。能用音序检字法和部首检字法查字典、词典。 2. 写字姿势正确,养成良好的书写习惯。能用硬笔熟练地书写正楷字,做到规范、端正、整洁。用毛笔临摹正楷字帖,感受汉字的书写特点和形体美。 3. 能感知常用汉字形、音、义之间的联系,初步建立汉字与生活中事物、行为的联系,初步感受汉字的文化内涵。 【阅读与鉴赏】 1. 用普通话正确、流利、有感情地朗读课文。初步学会默读,做到不出声,不指读。学习略读,粗知文章大意。

续表

阅读能力发展六个阶段理论	义务教育语文课程标准
发展到此阶段。这一阶段儿童开始自主选择阅读内容。相较于给予新观点的书籍，他们更倾向于选择自己熟悉的书，这与他们的知识背景和认知能力相一致。	2. 能联系上下文，理解词句的意思，体会课文中关键词句表达情意的作用。能借助字典、词典和生活积累，理解生词的意义。在理解语句的过程中，体会句号与逗号的不同用法，了解冒号、引号的一般用法。
阅读学习新知识阶段 8—14 岁，即四年级到九年级的儿童。在该阶段，阅读已经成为儿童获取信息的重要手段，儿童不再排斥陌生的阅读材料，通过阅读从书面文字获取新的信息，学习新的思想，体验新的感受和态度，此阶段是儿童个体阅读发展的里程碑。这时阅读不再像之前的阶段仅是字词辨认、阅读熟悉材料，当到了七八年级，他们阅读时带着自身的独特理解和批判性地分析内容。当阅读材料变得复杂、抽象、陌生时，成功的阅读理解有赖儿童对词义、已有知识经验和策略技巧的掌握。	第三学段（5–6 年级） 【识字与写字】 1. 有较强的独立识字能力。累计认识常用汉字 3000 个左右，其中 2500 个左右会写。感受汉字的构字组词特点，体会汉字蕴含的智慧。 2. 写字姿势正确，有良好的书写习惯。硬笔书写楷书，行款整齐，力求美观，有一定的速度。能用毛笔书写楷书，在书写中体会汉字的优美。 【阅读与鉴赏】 1. 熟练地用普通话正确、流利、有感情地朗读课文。默读有一定的速度，默读一般读物每分钟不少于 300 字。学习浏览，扩大知识面，根据需要搜集信息。 2. 能联系上下文和自己的积累，推想课文中有关词句的意思，辨别词语的感情色彩，体会其表达效果。在理解课文的过程中体会顿号与逗号、分号与句号的不同用法。 3. 在阅读中了解文章的表达顺序，体会作者的思想感情，初步领悟文章的基本表达方法。在交流和讨论中，敢于提出看法，作出自己的判断。

由此可见，学校课程的评量工具，可以发挥其快捷的优势，为后期针对性干预提供方向。

二、量表的制定

阅读成分理论模型通过大量的实验研究证实，以 R（Reading）代表阅读理解，D（Decoding）代表字词解码能力，L（Language Comprehension）代表语言理解，可以通过构建方程式的方式（如下）解释学生的阅读理解能力情况：

$$R=D\times L$$

方程式中的乘法说明字词解码和语言理解两者之间不是简单的相加关系，具有密切的交互关系。多数研究支持该公式可用于分析学生的阅读理解能力主要特征。世界各地都有一些相应的研究验证了这一理论模型的可操作性和鉴别能力，尽管一些研究提出除了 D 和 L 成分之外，可以加上阅读流畅性指标，但是核心要素的研究，仍旧是 D 和 L 占主要成分。因此，本次评量工具开发，主要选择基于学校课程的汉语字词解码能力和语言理解能力，开发《语篇阅读理解评估量表》和《语篇听力理解评估量表》两份评估量表，并通过数据模型构建回归方程，判断个案的阅读成分缺陷。评估量表的制定需要遵循一定的原则，在原则的指引下设计量表框架，根据框架内容形成双向细目表，从而进行材料的选择和题目的编写。

（一）制定原则

1. 科学性原则

本量表无论从篇章文本的选择，还是问题的设置上，都是在总结国内外研究对阅读理解探索验证成果的基础上编制而成，并对评估量表所有材料进行项目分析和信效度的验证，保证评估量表材料的科学性和有效性。

2. 发展性原则

由于考察对象为 3-5 年级学生，在选取评估材料时特别考虑到该年龄段学生自身生活经验和认知能力，因此本评估量表材料更多选取了贴近学生年龄的篇章作为评估材料，但也排除了学过的或耳熟能详的语言材料。这样不仅便于学生顺利进行评估，也防止过于熟悉材料而影响对篇章的理解。

3. 实用性原则

本评估材料要用于阅读理解困难学生评估的临床实践，需要具备可操作性和便捷性，为了避免因评估时间过长导致被试的疲劳效应，特意对篇章文本和题量进行了控制。此外，本评估在问题的设置上舍弃了自由度过高的评估内容，编制了详细的测试指导手册和评分细则，便于主试在操作和评分时能有参照标准，尽可能避免主试的主观影响，确保评估的科学性和实用性。

（二）设计框架

根据 Aaron（1989，1991）阅读障碍的成分模型检测及亚类型鉴定原理，参照阅读理解能力测验编制的理念及要求（韦小满 2006），我们拟定了语篇阅读理解能力测验和语篇听力理解能力测验框架（见表 3.2）。具体内容如下：

1. 语篇阅读理解能力测验和语篇听力理解能力测验测验内容、测试题型、测验材料选择、计分方式等完全相同；

2. 语篇阅读理解能力测验和语篇听力理解能力测验均包含词语应用、句子理解、事实理解、推论理解和整体理解技能，分别测验被试对语篇中特定字词、特定句子语义、语篇局部明显或整体明显信息、语篇局部或整体隐含信息推论理解和语篇整体内容（中心、情感等）理解技能；

3. 语篇阅读理解能力测验和语篇听力理解能力测验均为集体测试，限时完成，测试时长均为 30 分钟；

4. 语篇阅读理解能力测验为文字呈现、纸笔作答，语篇听力理解能力测验为听觉呈现、纸笔作答；

5. 测试题型均为单项选择题，每题提供 4 个选项，要求被试从中选择 1 个正确选项。

表 3.2　语篇阅读理解能力测验 / 语篇听力理解能力测验设计框架

测验	测试内容	测试内容描述	测试方式	题型	时长
语篇和听力阅读理解能力测验	字词应用	考察被试对语篇特定字词语义理解技能。	集体施测：阅读：文字呈现；听力：听觉呈现；纸笔作答。	单项选择填空	30分钟
	句子理解	考察被试对语篇特定句子语义理解技能。			
	事实理解	考察被试对语篇局部或整体明显信息理解技能。			
	推论理解	考察被试对语篇局部或整体隐含信息理解技能。			
	整体理解	考察被试对语篇整体内容理解技能。			

（三）双向细目表

根据语篇阅读理解能力测验和语篇听力理解能力测验设计框架，兼顾心理测量学量表编制理念（张厚粲、徐建平，2004），我们制定了小学 3-5 年级语篇阅读理解能力测验和语篇听力理解能力测验双向细目表。具体内容如下（见表 3.3、表 3.4）：

表 3.3　《语篇阅读理解评估材料》双向细目表

一级指标	寓言	童话	写人	记事	写景	状物	说明文	小计
词语应用	1	4	3	2	1	2	0	13
句子理解	0	1	1	2	1	0	1	6
事实理解	0	1	0	2	1	1	2	7
推论理解	0	0	2	1	0	0	0	3
整体理解	2	0	0	0	3	1	0	6
小计	3	6	6	7	6	4	3	35

1. 两套测验材料里均包含寓言、童话、写人、记事、写景、状物、说明文；

2. 每套材料均涉及词语应用、句子理解、事实理解、推论理解和整体理解技能；

3.两套测验均以 0 和 1 计分，答对得 1 分，答错或不答计 0 分，《语篇阅读理解评估材料》共 35 题，总分 35 分，《语篇听力理解评估材料》共 29 题，总分 29 分。

表 3.4　《语篇听力理解评估材料》双向细目表

一级指标	寓言	童话	写人	记事	写景	状物	说明文	小计
词语应用	1	1	2	1	2	3	1	11
句子理解	0	1	0	0	2	0	1	4
事实理解	0	0	0	0	1	1	1	3
推论理解	1	0	1	1	0	1	0	4
整体理解	2	0	2	0	1	1	1	7
小计	4	2	5	2	6	6	4	29

（四）材料编写

本实验选用的材料《语篇阅读理解评估材料》和《语篇听力理解评估材料》是基于现行部编小学语文教材阅读教学目标以及成分理论对阅读理解的定义来编制的。编制过程中，由 12 名 3-5 年级语文教师依照权威性、知识性、教育性、趣味性、可读性等选材原则，创编了 12 套（每套 7 篇）共 84 篇评估语料库，每套材料里包含寓言、童话、写人、记事、写景、状物、说明文，然后邀请 1 名区级语文教研员和 6 名具有丰富教学经验的小学 3-5 年级语文教师对材料与课程标准匹配度、学龄阅读能力适宜度、题目与考察指标吻合度、材料内容科学、规范性四个维度进行 5 级评分，最终结果显示所有考察题目评分等级在 3 级以上，并对个别题目提出了修订意见。

随后，随机选取一所公办小学 3-5 年级各一个班级对第一次修订完成的 12 套阅读材料进行预实验，根据题目难易度、区分度、信效度、考察点等指标筛选出《语篇阅读理解评估材料》和《语篇听力理解评估材料》各 1 套作为正式实验材料。每套材料里包含寓言、童话、写人、记事、写景、状物、说明文，每篇文章涉及词语应用、句子理解、事实理解、推论理解和整体理解等若评价点（见表 3.5、表 3.6），其中《语篇听力理解评估材料》中的文章和题目由普通话一级乙等的专业录音员进行录制，保证语速满足小学生听觉习惯，篇章录音间隔为 5 秒，题目录音间隔时间为 20 秒。

表 3.5 《语篇阅读理解评估材料》评价内容分布表

一级指标 5	二级指标 18	一级指标 5	二级指标 18
词语理解（10）	拼读规则	句子理解（10）	语法
	音近字		体现题材特点的表达
	形近字	事实理解（1）	文本信息
	多音字	推论理解（2）	信息提取
	同音字		想象
	近义词	整体理解（3）	文章结构
	反义词		人物评价
	易错字		文本中心
	词语理解		
	词语语用		

表 3.6 《语篇听力理解评估材料》评价点分布表

一级指标 5	二级指标 15	一级指标 5	二级指标 15
词语理解（8）	音近字	句子理解（2）	语法
	形近字		体现题材特点的表达
	多音字	事实理解（1）	文本信息
	近义词	推论理解（1）	信息提取
	反义词	整体理解（3）	文章结构
	易错字		人物评价
	词语理解		文本中心
	词语语用		

第二节　评估量表的使用方法

基于学校课程的阅读理解评估量表是一种非诊断性的教育评估量表，它可以在教育系统范围内广泛使用，帮助教师和家长了解学生阅读理解能力水平和需要提升的具体内容。

一、适用对象

该量表适用于汉语体系中 3~5 年级学生，特别是在阅读理解方面存在困难的学生。

二、评估人员

该量表评估人员建议由学生所在班级语文教师或熟悉学生的课任教师、班主任等人员担任。在评估前对评估人员进行专项培训，主要针对测验目的、要求及注意事项进行重点讲解，确保评估人员熟悉评估细则，并熟练使用评估手册。

三、评估方法

本评估涉及《语篇阅读理解评估量表》和《语篇听力理解评估量表》两份评估量表，进行集体施测，因此需要进行两次评估：

第一步：完成《语篇阅读理解评估材料》。采用文字呈现的集体测试方法，被试入座后，主试发放评估材料，并宣读指导语。测试时长 30 分钟，时间到后回收试卷，统一编号进行阅卷。

第二步：一周内完成《语篇听力理解评估材料》。采用听觉呈现的集体测试方法，被试入座后，主试发放评估材料，通过系统播放录音，录音中含指导语。指导语播放完毕后，确定所有被试了解要求，播放录音，开始答题，测试时长 30 分钟，录音结束后回收试卷，统一编号进行阅卷。

四、评分方法

两套测验均以 0 和 1 计分，答对得 1 分，答错或不答计 0 分，《语篇阅读理解评估材料》共 35 题，总分 35 分，《语篇听力理解评估材料》共 29 题，总分 29 分。

五、数据收集

数据收集开始于 2022 年春季学期第三周，在 12 所学校正常教学时间内进行，三、四、五年级全体被试在相同时间、使用相同的评估材料集体施测，主试为各测试班级班主任（均为语文老师），测试前我们对主试进行了培训，针对测验目的、要求及注意事项进行重点讲解，测试地点为各测试班级，测试当天周围环境安静，无干扰。数据收集具体阶段如下：《语篇阅读理解评估材料》和《语篇听力理解评估材料》在同一天进行，上午进行《语篇阅读理解评估材料》测试，测试时长 30 分钟，下午进行《语篇听力理解评估材料》测试，测试时长 30 分钟，听力理解测试材料用班级希沃电脑统一播放，录音中含指导语，指导语播放完毕后，确定所有被试了解要求，播放录音，开始答题，结束后回收试卷，统一编号。

六、数据处理

数据收集整理后，参照《语篇阅读理解评估材料》和《语篇听力理解评估材料》标准答案，对全部数据逐一评阅以确保评分标准统一、规则一致；然后将评分后的实验数据结果将统计于 excel 表格和 spss 软件中，建立实验数据库，采用 spss19.0 对数据进行分析，包括描述性统计、相关性检验、线性回归分析和方差分析。

第三节　评估量表的结果分析

正如上一节所说，本课题组研发了基于学校情境的《3-5 年级学困生阅读能力评估工具》，为保证研究结果的科学性和有效性，我们对评估量表的信效度进行了深入分析，为后续研究提供有力支持。

一、阅读理解能力评估工具题目分析

（一）阅读理解能力评估工具题目难度系数符合需求

首先，对《语篇阅读理解评估材料》和《语篇听力理解评估材料》评估题目难度，分析每道题目的难度系数和总体难度分布情况。根据难度系数计算公式：$L=X/W$（其中 L 为难度系数，X 为样本平均得分，W 为题目总分）。每道题目的总分为 1 分，通过计算每道题目的平均分，得出每道题目具体的难度系数。如图 3.1 所示：

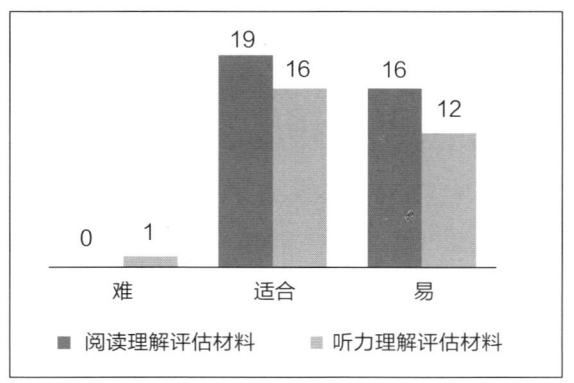

图 3.1 《语篇阅读 / 听力理解评估材料》难度系数分布图

从上图可以看出，在《语篇阅读理解评估材料》中，中等难度题目 19 题，占比 54.3%，简单的题目 16 题，占比 45.7%，难的题目 0 题，占

比 0.00%；在《语篇听力理解评估材料》中，中等难度题目 16 题，占比 55.17%，简单的题目 12 题，占比 41.38%，难的题目 1 题，占比 3.45%。整体来看，《语篇阅读理解评估材料》平均难度为 0.67，《语篇听力理解评估材料》平均难度为 0.65，两个材料均属于中等偏易的难度，符合测试需求。

（二）阅读理解能力评估工具题目有较高的鉴别力指数

将阅读理解和听力理解总分按照由高到低顺序排列，分别计算出每道题高分组和低分组的通过率，二者相减，得出每道题具体的鉴别力系数如下表 3.7 所示：

表 3.7　《语篇阅读 / 听力理解评估材料》鉴别力系数汇总表

《语篇阅读理解评估材料》鉴别力系数汇总表									
1	**2**	**3**	**4**	**5**	**6**	**7**	**8**	**9**	**10**
0.29	0.37	0.42	0.42	0.29	0.36	0.37	0.33	0.25	0.48
11	**12**	**13**	**14**	**15**	**16**	**17**	**18**	**19**	**20**
0.48	0.47	0.41	0.44	0.54	0.43	0.42	0.46	0.52	0.54
21	**22**	**23**	**24**	**25**	**26**	**27**	**28**	**29**	**30**
0.42	0.42	0.39	0.32	0.52	0.40	0.34	0.27	0.39	0.43
31	**32**	**33**	**34**	**35**	平均鉴别力				
0.38	0.43	0.32	0.45	0.43	0.41				
《语篇听力理解评估材料》鉴别力系数汇总表									
1	**2**	**3**	**4**	**5**	**6**	**7**	**8**	**9**	**10**
0.22	0.27	0.58	0.52	0.39	0.32	0.42	0.42	0.43	0.36
11	**12**	**13**	**14**	**15**	**16**	**17**	**18**	**19**	**20**
0.45	0.19	0.27	0.55	0.16	0.50	0.36	0.31	0.35	0.16
21	**22**	**23**	**24**	**25**	**26**	**27**	**28**	**29**	平均鉴别力
0.29	0.31	0.39	0.25	0.10	0.33	0.37	0.41	0.38	0.35

D>0.4 表示题目鉴别力很高；0.3>D>0.39 表示题目鉴别力较高；0.2>D>0.29 表示题目鉴别力一般，建议修改；D<0.19，表示题目区分度不好，建议淘汰。一般而言，D 值越大，说明该题的区分度越好。从表 4 来

看，《语篇阅读理解评估材料》平均鉴别力为 0.41，《语篇听力理解评估材料》平均鉴别力为 0.35，两套评估材料的题目对儿童均有较高的鉴别力。

（三）阅读理解能力评估工具分项目与总分显著相关

采用皮尔逊（Pearson）相关计算阅读理解能力评估工具分项目和总分相关性情况，如下表 3.8 所示：

表 3.8　阅读理解能力评估工具分项目和总分相关性汇总表

语篇阅读理解评估材料			语篇听力理解评估材料		
项目	相关系数	*P* 值	项目	相关系数	*P* 值
1. 词语应用	0.874**	0.000	1. 词语应用	0.808**	0.000
2. 句子理解	0.751**	0.000	2. 句子理解	0.602**	0.000
3. 事实理解	0.740**	0.000	3. 事实理解	0.494**	0.000
4. 推论理解	0.663**	0.000	4. 推论理解	0.541**	0.000
5. 整体理解	0.716**	0.000	5. 整体理解	0.748**	0.000

由上表可知，在 2 套评估材料中，各项目与总分相关性均呈极显著相关，表明两套评估材料题目设置恰当。

（四）阅读理解能力评估工具对应项目和总分相关性分析

采用皮尔逊（Pearson）相关计算阅读理解能力评估工具对应项目和总分相关性情况，如下表 3.9 所示：

表 3.9　阅读理解能力评估工具对应项目和总分相关性汇总表

项目	阅读理解 & 听力理解
1. 词语应用	0.529**
2. 句子理解	0.334**
3. 事实理解	0.190**
4. 推论理解	0.256**
5. 整体理解	0.343**
总分	0.676**

由上表可知，在两套评估材料中，对应项目和总分的相关性均呈现极显著相关，表明两套评估材料设置有一定的相关度，总分呈现中高度相关。但分项目内容受到评估方式和材料文本影响，相关程度不一。

二、阅读理解能力评估工具信效度验证

（一）阅读理解能力评估工具信度验证

内部一致性：该评估工具包括《语篇阅读理解评估材料》和《语篇听力理解评估材料》，因此采用克伦巴赫 α 系数对两个材料内部一致性进行检验，阅读理解和听力理解的 α 系数分别为 0.819，0.700，分半信度系数分别为 0.807，0.666。说明测试材料内部一致性较好，比较可靠。具体阅读理解能力评估工具分项目信度检验结果如表 3.10 所示：

表 3.10　阅读理解能力评估工具分项目信度检验结果汇总表

语篇阅读理解评估材料				语篇听力理解评估材料			
项目	题量	内部一致性信度系数	分半信度系数	项目	题量	内部一致性信度系数	分半信度系数
词语应用	13	0.608	–	词语应用	11	0.525	–
句子理解	6	0.477	–	句子理解	4	0.288	–
事实理解	7	0.455	–	事实理解	3	0.177	–
推论理解	3	0.397	–	推论理解	4	0.088	–
整体理解	6	0.392	–	整体理解	7	0.359	–
阅读理解	35	0.819	0.807	听力理解	29	0.700	0.666

（二）阅读理解能力评估工具效度验证

为了验证阅读理解能力评估工具能否有效区分三、四、五年级不同年级学生阅读理解能力，研究者邀请各评估班级语文老师根据本班被试阅读理解平时测验和语文课堂表现将其划分为语篇阅读理解/语篇听力理解"较好组""一般组""较差组"，然后采用方差分析法分别对三、四、

五年级语篇阅读理解／语篇听力理解不同组别评估成绩组间差异进行检验。具体检验结果如表 3.11 所示：

表 3.11　阅读理解能力不同组别描述性统计及方差分析结果汇总表

年级	组别	描述性统计				方差分析及 *LSD* 多重比较			
		平均值	标准差	最小值	最大值	*F* 值	组别	组别	*P* 值
				语篇阅读理解评估材料					

语篇阅读理解评估材料

年级	组别	描述性统计				方差分析及 *LSD* 多重比较			
		平均值	标准差	最小值	最大值	*F* 值	组别	组别	*P* 值
三	1	27.52	1.90	25	33	822.737***	1	2	0.000
	2	21.85	1.82	19	25		1	3	0.000
	3	14.00	3.52	5	19		2	3	0.000
四	1	28.61	1.76	26	34	478.742***	1	2	0.000
	2	24.29	1.17	22	26		1	3	0.000
	3	17.18	4.39	6	22		2	3	0.000
五	1	30.88	1.46	29	35	428.551***	1	2	0.000
	2	26.90	1.19	25	29		1	3	0.000
	3	20.91	4.04	6	25		2	3	0.000

语篇听力理解评估材料

年级	组别	描述性统计				方差分析及 *LSD* 多重比较			
		平均值	标准差	最小值	最大值	*F* 值	组别	组别	*P* 值
三	1	21.07	1.74	19	25	622.618***	1	2	0.000
	2	17.25	1.09	15	19		1	3	0.000
	3	12.17	2.62	4	15		2	3	0.000
四	1	22.58	1.52	21	29	462.634***	1	2	0.000
	2	19.34	0.89	18	21		1	3	0.000
	3	14.82	2.85	5	18		2	3	0.000
五	1	24.60	1.05	23	28	580.716***	1	2	0.000
	2	21.58	1.02	20	23		1	3	0.000
	3	17.40	2.34	8	20		2	3	0.000

注：1= 较好组，2= 一般组，3= 较差组；*** 为 P<0.001.

由上表可知，三、四、五年级语篇阅读／听力理解能力"较好组"测试成绩平均值高于"一般组"和"较差组"测试平均值，"一般组"测试成绩平均值高于"较差组"测试平均值，"较差组"测试平均值相对较低。LSD 多重比较发现三、四、五年级篇阅读／听力理解能力"较好组"测试成绩平均值高于

"一般组"和"较差组"，两两组词比较测试成绩，存在显著差异（P<0.001）。

由上述信效度分析可以看出，该测试材料具有良好的信度和效度。

三、阅读理解能力和听力理解能力潜在关系

（一）阅读理解能力和听力理解能力相关性检验

采用皮尔逊（Pearson）相关计算研究三、四、五年级阅读理解能力和听力理解能力相关性，具体情况如表 3.12 所示：

表 3.12　阅读理解能力和听力理解能力相关性检验表

年级	人数	检验内容	阅读理解能力	听力理解能力
三年级	346	阅读理解能力	——	0.662***
		听力理解能力	0.662***	——
四年级	341	阅读理解能力	——	0.605***
		听力理解能力	0.605***	——
五年级	339	阅读理解能力	——	0.573***
		听力理解能力	0.573***	——

由上表可知，三、四、五年级阅读理解能力与听力理解能力两个变量存在显著正相关，相关系数分别为 0.662、0.605 和 0.573（P<0.001）。

（二）听力理解能力对阅读理解能力线性回归分析

采用回归分析法分别建立三、四、五年级听力理解能力对阅读理解能力的一元线性回归模型，借拟合较优的回归模型来计算当自变量听力理解能力为某一数值时，因变量阅读理解能力的变化情况。具体检验结果如表 3.13 所示：

表 3.13　听力理解能力对阅读理解能力回归模型检验结果表

年级	回归模型	测定系数 R^2	校正值 R^2	标准误 SE	方差分析 F	残差独立性 DW
三年级	听力对阅读	0.438	0.437	4.56	268.306***	1.826
四年级	听力对阅读	0.366	0.364	4.38	195.443***	1.981
五年级	听力对阅读	0.328	0.326	3.97	164.686***	1.772

　　由上表可知，根据本研究测试数据建立的三、四、五年级听力理解能力对阅读理解能力线性回归模型整体上成立，且具有显著的统计意义，三、四、五年级听力理解能力可以解释阅读理解能力总变异的 43.7%、36.4% 和 32.6% 的可识别变异。

四、阅读理解能力和听力理解能力参考常模

　　根据全样本统计结果得出三、四、五年级阅读理解和听力理解能力参考常模如下表 3.14 所示：

表 3.14　3-5 年级学生阅读理解和听力理解能力参考常模表

语篇阅读理解材料	组别	三年级	四年级	五年级	总体
	M±SD	21.11±6.08	23.35±5.50	26.23±4.84	23.55±5.88
语篇听力理解材料	组别	三年级	四年级	五年级	总体
	M±SD	16.83±4.12	18.91±3.73	21.19±3.36	18.96±4.15

　　为了方便使用，将参考常模进行 Z 分数和百分等级转换，具体参见附录 1。

五、研究小结与展望

　　本次研究结果分析显示，语篇阅读理解和听力理解材料评估内容题目平均难度分别为 0.67 和 0.65，适用于三、四、五年级学生。两套材料平均鉴别力为 0.41 和 0.35，题目鉴别力指数较高，可见题目具有良好的区分度。从题目与总分相关性可知，每道题目与总分以及阅读理解和听力理解两套材料间对应题目都存在极显著正相关，表明了材料之间和材料内部高度相关性。

　　从信度来看，本评估工具采用克伦巴赫 α 系数对两套材料内部一致性进行检验，阅读理解和听力理解的 α 系数分别为 0.819，0.700，分半

信度系数分别为 0.807，0.666，说明测试材料内部一致性较好，比较可靠。其次语篇阅读理解和听力理解材料平均项目和总分之间相关系数介于 0.663～0.874 和 0.494～0.808，表明两套材料总分和平均项目之间存在显著相关，并且达到了心理测量学测验编制的要求。

从效度来看，首先采用"专家评判法"对语篇阅读理解和听力理解材料进行内部效度检验，主要包括：考察内容是否符合本年级水平；考察内容是否符合现行课程标准；考察题目是否与指标吻合；文本内容是否科学、规范。我们邀请了 7 位具有丰富教学经验的小学 3-5 年级语文教师对评估样题逐一评审，结果表明语篇阅读和听力理解能力评估工具较好的涵盖了小学三、四、五年级阅读理解能力测验所界定的测量范围和测试内容，具有较好的内容效度。随后采用方差分析法分别对三、四、五年级语篇阅读理解/语篇听力理解不同组别，评估组间成绩差异，结果测试成绩组间存在显著差异（$P<0.001$），可见阅读理解能力评估工具能有效区分三、四、五年级不同年级学生阅读理解能力。后续可以继续采用其他相关校标进行补充验证，以完善该评估工具效度。

在探讨阅读理解能力和听力理解能力潜在关系时，查阅文献中发现无论是拼音文字还是汉语体系研究表明，阅读理解和听力理解两个变量存在显著相关，听力理解能力是阅读理解能力较好的预测指标，本研究也得到了相同的研究结论。本研究首先采用皮尔逊（Pearson）相关法计算三、四、五年级阅读理解能力和听力理解能力两个变量存在显著正相关。然后采用回归分析法分别建立三、四、五年级听力理解能力对阅读理解能力的一元线性回归模型，得出三、四、五年级听力理解能力可以解释阅读理解能力总变异的 43.7%、36.4% 和 32.6%

的可识别变异，表明听力理解能力对阅读理解能力具有显著的预测作用，听力理解能力是小学三、四、五年级阅读理解能力较好的预测指标。

后续可以继续对 3-5 年级学生阅读困难学生进行特征研究，分析不同阅读困难亚类型语言表现特征和个体差异，并针对不同阅读困难亚类型学生进行干预研究，探索有效的干预方法，为相关教师提供阅读理解训练策略方法指导，提升阅读困难学生阅读理解能力。

第四节　基于学校课程的评估工具的应用示范

在运用阅读成分理论模型开展阅读困难亚类的鉴定过程中，由于阅读理解能力和听力理解能力两个变量存在显著相关，所以可以根据听力理解能力对阅读理解能力线性回归方程，计算出听力理解能力所预期的阅读理解成绩，然后根据回归方程所预期的阅读理解成绩与个体实际阅读理解成绩之间的"差值"，进行阅读困难检测及亚类型的鉴定。成分理论模型与差异模型不同，差异模型是按照常规实施智力测试，判断个体实际阅读理解成绩与其智商所预测的阅读潜能之间是否存在"显著差异"。成分理论模型及亚类型鉴定以干预为导向，旨在评估个体阅读成分的强项和弱项，检测结果为实施干预补救策略提供有针对性的指导信息。

一、成分理论模型检测及亚类型鉴定标准

根据成分理论模型检测及亚类型鉴定指标，结合听力理解能力对阅读理解能力回归模型检验结果（表 3.13），分别制定三、四、五年级成分理论模型检测及亚类型鉴定标准，具体内容如表 3.15 所示：

表3.15 三、四、五年级成分理论模型检测及亚类型鉴定标准

年级	单词识别困难	阅读理解困难	普通认知困难
三年级	阅读理解成绩低于平均值1个标准差以下临界值（15分），听力理解成绩达到或超过平均值1个标准差以下临界值（13分），回归方程所预期的阅读理解成绩与实际阅读理解成绩差值达到或超过1个标准差（$SD=6.08$）以上。	阅读理解成绩低于平均值1个标准差以下临界值（15分），听力理解成绩低于平均值1个标准差以下临界值（13分），回归方程所预期的阅读理解成绩与实际阅读理解成绩差值基本一致或未超过1个标准差（$SD=6.08$）。	阅读理解成绩低于平均值1个标准差以下临界值（15分），听力理解成绩低于平均值1个标准差以下临界值（13分），回归方程所预期的阅读理解成绩与实际阅读理解成绩差值达到或超过1个标准差（$SD=6.08$）以上。
四年级	阅读理解成绩低于平均值1个标准差以下临界值（18分），听力理解成绩达到或超过平均值1个标准差以下临界值（15分），回归方程所预期的阅读理解成绩与实际阅读理解成绩差值达到或超过1个标准差（$SD=5.50$）以上。	阅读理解成绩低于平均值1个标准差以下临界值（18分），听力理解成绩低于平均值1个标准差以下临界值（15分），回归方程所预期的阅读理解成绩与实际阅读理解成绩差值基本一致或未超过1个标准差（$SD=5.50$）。	阅读理解成绩低于平均值1个标准差以下临界值（18分），听力理解成绩低于平均值1个标准差以下临界值（15分），回归方程所预期的阅读理解成绩与实际阅读理解成绩差值达到或超过1个标准差（$SD=5.50$）以上。
五年级	阅读理解成绩低于平均值1个标准差以下临界值（21分），听力理解成绩达到或超过平均值1个标准差以下临界值（18分），回归方程所预期的阅读理解成绩与实际阅读理解成绩差值达到或超过1个标准差（$SD=4.84$）以上。	阅读理解成绩低于平均值1个标准差以下临界值（21分），听力理解成绩低于平均值1个标准差以下临界值（18分），回归方程所预期的阅读理解成绩与实际阅读理解成绩差值基本一致或未超过1个标准差（$SD=4.84$）。	阅读理解成绩低于平均值1个标准差以下临界值（21分），听力理解成绩低于平均值1个标准差以下临界值（18分），回归方程所预期的阅读理解成绩与实际阅读理解成绩差值达到或超过1个标准差（$SD=4.84$）以上。

二、成分理论模型检测及亚类型鉴定结果

根据成分理论模型检测及亚类型鉴定标准对全体被试进行分析，1026名被试中共检测出127名阅读困难学生，检出率为12.38%。其中

男 75 人（检出率 7.31%），女 52 人（检出率 5.07%），单词识别困难亚类型 53 人，检出率为 5.17%，阅读理解困难亚类型 44 人，检出率为 4.29%，普通认知困难亚类型 30 人，检出率为 2.92%。具体结果如表 3.16 所示：

表 3.16　三、四、五年级成分理论模型检测结果汇总

年级		三年级	四年级	五年级	小计
检出人数		49	40	38	127
检出率		14.16%	11.73%	11.21%	12.38%
性别	男	28	26	21	75
	检出率	8.09%	7.62%	6.19%	7.31%
	女	21	14	17	52
	检出率	6.07%	4.11%	5.01%	5.07%
亚类型范畴	单词识别困难	18	18	17	53
	检出率	5.20%	5.28%	5.01%	5.17%
	阅读理解困难	25	15	4	44
	检出率	7.23%	4.40%	1.18%	4.29%
	普通认知困难	6	7	17	30
	检出率	1.73%	2.06%	5.01%	2.92%

三、阅读困难学生阅读能力特征分析

（一）阅读困难学生与普通学生阅读理解能力差异分析

为了探讨阅读困难学生与普通学生各项阅读理解技能是否存在显著差异，本研究采用实验对照法，以前文筛选出的 127 名阅读困难学生作为实验组，然后从全样本 1026 学生中按照年级、性别因素匹配挑选 127 名普通学生作为对照组，对 2 组学生进行描述性统计和独立样本 t 检验，结果显示阅读困难学生在语篇阅读理解和听力理解中，词语应用、句子理解、事实理解、推论理解和整体理解这 5 项技能均显著落后于普通学生（P<0.001）。具体结果如表 3.17、表 3.18 所示：

表 3.17　学习困难学生与普通学生语篇阅读理解
各项技能描述统计和 t 检验结果

阅读技能	组别	描述性统计			独立样本 t 检验	
		人数	平均值	标准差	t 值	P
词语应用	1	127	4.88	1.94	−19.94	0.000
	2	127	9.69	1.90		
句子理解	1	127	1.98	1.25	−16.43	0.000
	2	127	4.50	1.20		
事实理解	1	127	2.72	1.20	−15.59	0.000
	2	127	5.13	1.25		
推论理解	1	127	1.02	0.85	−15.28	0.000
	2	127	2.43	0.60		
整体理解	1	127	2.13	1.17	−13.20	0.000
	2	127	4.02	1.12		

注：1= 阅读困难学生组；2= 普通学生组。

表 3.18　学习困难学生与普通学生语篇听力理解
各项技能描述统计和 t 检验结果

阅读技能	组别	描述性统计			独立样本 t 检验	
		人数	平均值	标准差	t 值	P
词语应用	1	127	5.63	2.17	−10.152	0.000
	2	127	8.06	1.61		
句子理解	1	127	1.59	1.11	−7.462	0.000
	2	127	2.59	1.03		
事实理解	1	127	1.35	0.85	−6.599	0.000
	2	127	2.05	0.85		
推论理解	1	127	2.49	0.97	−4.041	0.000
	2	127	2.95	0.85		
整体理解	1	127	3.05	1.44	−7.785	0.000
	2	127	4.38	1.28		

注：1= 阅读困难学生组；2= 普通学生组。

（二）不同亚类型阅读困难学生与普通学生阅读理解能力差异分析

为了探讨不同亚类型阅读困难学生（单词识别困难、阅读理解困难、普通认知困难）与普通学生各项阅读理解技能是否存在显著差异，采用实验对照法，以前文筛选出的 127 名阅读困难学生（单词识别困难 53 名、阅读理解困难 44 名、普通认知困难 30 名）作为 3 个实验组，然后从全样本 1026 学生中按照年级、性别因素分别匹配 3 组普通学生作为对照组，然后分别对 2 组对应学生进行描述性统计和独立样本 t 检验，结果显示在语篇阅读理解中，不同亚类型阅读困难学生（单词识别困难、阅读理解困难、普通认知困难）词语应用、句子理解、事实理解、推论理解和整体理解这 5 项技能均显著落后于普通学生（P<0.001）。在语篇听力理解中，单词识别困难学生词语应用、句子理解、推论理解和整体理解这 4 项技能与普通学生没有显著差异（P>0.05），而在事实理解这 1 项技能落后于普通学生（P<0.05）；阅读理解困难学生在词语应用、句子理解、事实理解、推论理解和整体理解这 5 项技能均显著落后于普通学生（P<0.001）；普通认知困难学生在词语应用、句子理解、事实理解和整体理解这 4 项技能均显著落后于普通学生（P<0.001），而在推论理解这 1 项技能与普通学生没有显著差异（P>0.05）。具体结果如表 3.19、表 3.20 所示：

表 3.19　不同亚类型阅读困难学生与普通学生语篇阅读理解
各项技能描述统计和 t 检验结果

亚类型	阅读技能	组别	描述性统计			独立样本 t 检验	
			人数	平均值	标准差	t 值	P
单词识别困难	词语应用	1	53	5.11	2.15	−11.586	0.000
		2	53	9.83	2.04		
	句子理解	1	53	2.30	1.08	−8.366	0.000
		2	53	4.38	1.44		

续表

亚类型	阅读技能	组别	描述性统计			独立样本 *t* 检验	
			人数	平均值	标准差	*t* 值	*P*
单词识别困难	事实理解	1	53	3.04	1.18	−8.521	0.000
		2	53	5.08	1.28		
	推论理解	1	53	1.30	0.87	−7.426	0.000
		2	53	2.40	0.63		
	整体理解	1	53	2.47	1.07	−8.333	0.000
		2	53	4.26	1.15		
阅读理解困难	词语应用	1	44	4.89	1.51	−11.392	0.000
		2	44	9.43	2.17		
	句子理解	1	44	1.89	1.40	−8.850	0.000
		2	44	4.45	1.32		
	事实理解	1	44	2.41	1.04	−9.938	0.000
		2	44	4.82	1.23		
	推论理解	1	44	0.86	0.77	−9.046	0.000
		2	44	2.27	0.69		
	整体理解	1	44	1.80	1.02	−8.643	0.000
		2	44	3.86	1.21		
普通认知困难	词语应用	1	30	4.47	2.08	−11.557	0.000
		2	30	10.17	1.72		
	句子理解	1	30	1.53	1.17	−9.692	0.000
		2	30	4.77	1.41		
	事实理解	1	30	2.70	1.34	−7.740	0.000
		2	30	5.37	1.33		
	推论理解	1	30	0.77	0.82	−9.905	0.000
		2	30	2.57	0.57		
	整体理解	1	30	2.00	1.39	−7.180	0.000
		2	30	4.40	1.19		

注：1= 阅读困难学生组；2= 普通学生组

表 3.20 不同亚类型阅读困难学生与普通学生语篇听力理解
各项技能描述统计和 t 检验结果

亚类型	阅读技能	组别	描述性统计			独立样本 t 检验	
			人数	平均值	标准差	t 值	P
单词识别困难	词语应用	1	53	7.23	1.68	−1.948	0.054
		2	53	7.89	1.80		
	句子理解	1	53	2.23	1.05	−1.945	0.054
		2	53	2.64	1.15		
	事实理解	1	53	1.68	0.87	−2.238	0.027
		2	53	2.06	0.86		
	推论理解	1	53	2.87	0.81	−0.584	0.561
		2	53	2.96	0.85		
	整体理解	1	53	3.98	1.31	−1.196	0.235
		2	53	4.28	1.29		
阅读理解困难	词语应用	1	44	4.05	1.68	−10.294	0.000
		2	44	7.80	1.73		
	句子理解	1	44	1.00	0.91	−6.486	0.000
		2	44	2.39	1.08		
	事实理解	1	44	1.07	0.76	−5.283	0.000
		2	44	2.02	0.93		
	推论理解	1	44	1.80	0.90	−6.181	0.000
		2	44	2.93	0.82		
	整体理解	1	44	2.07	1.07	−7.356	0.000
		2	44	4.05	1.43		
普通认知困难	词语应用	1	30	5.13	1.57	−6.534	0.000
		2	30	8.07	1.89		
	句子理解	1	30	1.33	0.88	−5.882	0.000
		2	30	2.70	0.92		
	事实理解	1	30	1.17	0.75	−3.785	0.000
		2	30	2.00	0.95		
	推论理解	1	30	2.83	0.79	−0.776	0.441
		2	30	3.00	0.87		
	整体理解	1	30	2.83	1.05	−5.362	0.000
		2	30	4.37	1.16		

注：1＝阅难学生组；2＝普通学生组

3. 不同亚类型阅读困难学生阅读理解技能特征分析

随后继续对不同亚类型阅读困难学生阅读理解技能进行分析，无论在语篇阅读理解还是听力理解测试中，单词识别困难学生阅读理解各项技能平均值都高于其他亚类型学生（见图 3.2、图 3.3），进一步分析单词识别困难学生在词语应用这一阅读理解技能方面，单词识别困难学生在拼读规则、音近字、同音字、形近字和反义词方面落后于其他亚类型学生（见图 3.4）。

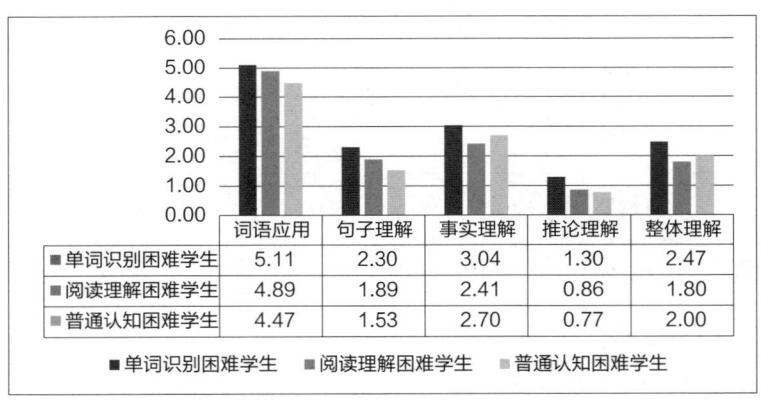

	词语应用	句子理解	事实理解	推论理解	整体理解
■ 单词识别困难学生	5.11	2.30	3.04	1.30	2.47
■ 阅读理解困难学生	4.89	1.89	2.41	0.86	1.80
■ 普通认知困难学生	4.47	1.53	2.70	0.77	2.00

图 3.2　不同亚类型阅读困难学生语篇阅读理解各项技能平均值统计图

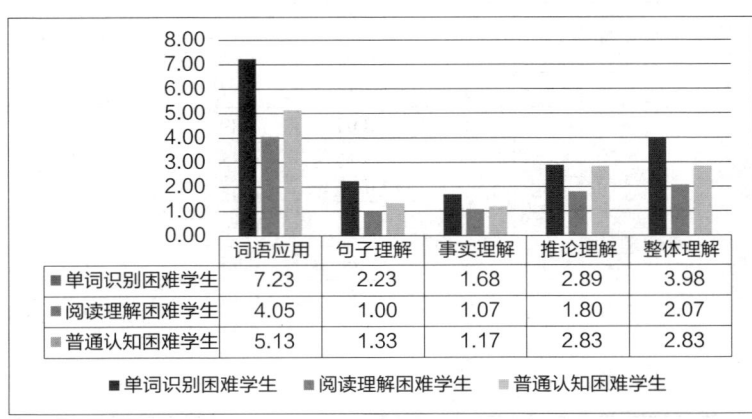

	词语应用	句子理解	事实理解	推论理解	整体理解
■ 单词识别困难学生	7.23	2.23	1.68	2.89	3.98
■ 阅读理解困难学生	4.05	1.00	1.07	1.80	2.07
■ 普通认知困难学生	5.13	1.33	1.17	2.83	2.83

图 3.3　不同亚类型阅读困难学生语篇听力理解各项技能平均值统计图

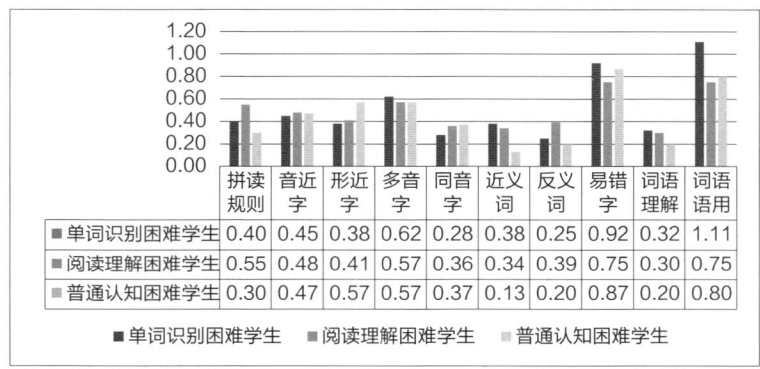

图 3.4　不同亚类型阅读困难学生语篇阅读理解词语应用平均值统计图

四、研究小结与展望

　　首先，通过分析学生阅读理解性别和年龄等影响因素，性别因素对学生阅读理解能力没有显著差异。有研究显示，在语言最初发展中，无论是在语句长度和用词准确度方面女生都优于男生。但是随着年龄的增长，男孩和女孩的语言差距逐渐缩小[1]。此外，年龄作为语言发展一个重要的生理指标，随着年龄发展，学生阅读理解能力也逐渐增强，本研究结果显示三、四、五年级学生阅读理解能力存在显著差异，这也符合学生语言认知发展规律。本研究给出了三、四、五年级阅读／听力理解能力参考常模，便于后续实践研究进行数据参照。

　　其次，本研究得出了三、四、五年级成分理论模型检测及亚类型鉴定标准，在鉴定标准的支撑下，研究者在1026名被试中共检测出127名阅读困难学生，检出率为12.38%。这个检出比率与白丽茹（2007）采用成分模型对小学3-5年级282名被试实施阅读障碍检测结果（检出

---

[1] 马滢颖，樊宁. 3-4岁儿童语言性别差异的研究——一项基于语料库的研究[J]. 遵义师范学院学报，2015(5):142-146.

率为 11.35%）基本一致[1]。检测结果表明阅读困难学生男 75 人（检出率 7.31%），女 52 人（检出率 5.07%），无论是总体男女检出比率，还是分年级男女检出比率，男生阅读障碍检出率普遍高于女生，且随着年级的升高，阅读困难学生检出率降低，说明随着年龄的发展，学生阅读理解能力也逐渐提高，这一结果与拼音文字和汉语阅读困难相关研究结论一致。此外，研究结果表明，单词识别困难亚类型和阅读理解困难亚类型检出率明显高于普通认知困难亚类型检出率，单词识别能力和语言理解能力两个认知成分均存在困难的普通认知缺陷亚类型检出率，则相对较低，这一结论与实际情况相符。

再次，在对学习困难学生阅读能力特征分析中发现，阅读困难学生在语篇阅读理解和听力理解测试中，词语应用、句子理解、事实理解、推论理解和整体理解这 5 项技能均显著落后于普通学生（P<0.001）。而在探讨不同亚类型阅读困难学生与普通学生各项阅读理解技能是否存显著差异时，结果显示在语篇阅读理解中，不同亚类型阅读困难学生（单词识别困难、阅读理解困难、普通认知困难）词语应用、句子理解、事实理解、推论理解和整体理解这 5 项技能均显著落后于普通学生（P<0.001）。在语篇听力理解中，单词识别困难学生阅读理解各项技能与普通学生没有显著差异（P>0.05），表明单词识别困难学生在听力理解任务中受其单词解码能力影响较小，听力理解能力发展充分，整体阅读理解能力较好，各项阅读技能基本能达到正常水平。阅读理解困难学生听力理解能力较差，在阅读理解各项技能均显著落后于普通学生（P<0.001）。普通认知困难学生由于在单词识别能力和阅读理解能力均

[1] 白丽茹. 阅读障碍的"成分模型"检测及亚类型鉴定原理和应用[J]. 中国特殊教育，2008（9）：44—51.

较差，因此在阅读技能各方面都落后于普通学生（P<0.001）。

最后，在对不同亚类型阅读困难学生阅读理解技能特征分析中，发现单词识别困难学生是三种阅读困难学生中占比最多的（41.7%），这类学生应当给予重点关注。单词识别困难学生表现为单词解码能力较差，拼写能力低于平均水平，但听力理解能力发展充分，阅读理解能力较好[1]。单词识别能力是阅读成分理论里不可或缺的必要成分之一，它作为字词音－形－义转化的重要能力，在早期语文学习中占有重要地位，小学生单词识别能力对阅读理解乃至语文学业成绩有直接影响[2]。研究结果也证实了单词识别困难学生在读准字音（拼读规则、音近字、同音字）、认清字形（形近字）和理解字义（反义词）方面表现均较差，这也为单词识别困难学生找到了训练切入口。

---

[1] 范国新. 汉语发展性阅读障碍小学生语素意识特点研究 [D]. 辽宁师范大学, 2010.
[2] 尹斌庸. 汉语语素的定量研究 [J]. 中国语文, 1985(5).

第**4**章
基于学校课程的字词识别困难的干预

　　四年级语文课上，老师让同学们大声地自由朗读课文。老师发现，潘潘读课文磕磕绊绊，很多字词都读错了，"大帅"读成"大师"、"愚昧"读成"愚味"。课后，老师让潘潘认读三年级下册的词语表，潘潘认读正确的字词不足百个。老师心中纳闷：潘潘不笨，上课也很认真，之前学过的字，为什么过段时间就不认识了呢？

　　潘潘这种情况是较为典型的字词识别困难的行为表现，潘潘在字词识别上存在特殊困难，影响了他识字、认字，进而影响他的篇章朗读的流畅性，造成理解困难，如果不加以干预，字词理解能力将逐渐受限，最后导致整体语文成绩的下降。

　　如何针对字词识别困难学生进行干预，首先要对该类型学生进行鉴别评量，了解字词识别障碍的核心；其次要遵循科学的干预原则，选择合适的干预策略和内容；最后在实践中检验干预效果并及时调整。

第一节　汉字与汉字的习得

一、汉字的特点

　　每种书面语言系统，都有特定的字词系统，因此在了解汉语字词识别困难儿童教育康复系统前，我们有必要先了解一下汉字系统的特点。在谈及汉语字词识别能力时，我们需要明确一个概念，汉语中的"字"和"词"是两个概念，更直观地说，"字"对应的是一个个独立的汉字，而词可以是单个字，也可以有两个或及以上汉字构成的词。

　　汉字是中华文明的重要组成部分，其发展历史悠久且复杂。汉字主要经历了甲骨文（约公元前 14 至前 11 世纪）、金文（约公元前 11 世纪至公元前 3 世纪）、大篆（周朝晚期至秦朝）、小篆（约公元前 3 世纪）、隶书（西汉至东汉）、楷书（东汉至今）、草书和行书（魏晋时期）、宋体与繁体字（宋代至今）以及新中国成立后的简化字（20 世纪中叶）等几个重要时期（见图 4.1、4.2）。在整个过程中，汉字在隶书阶段实现了从繁到简的转变，笔画简练，易于书写，成为汉字日常书写的主要形式。东汉以后，楷书开始形成并在魏晋南北朝时期逐渐完善。楷书笔画规整，结构严谨，成为后世书写和印刷的基准。宋代出现了宋体印刷，这使得汉字的书写风格变得更为规范和统一。此时期的汉字为繁体字，其特点是保留了较多的传统笔画和结构。中华人民共和国成立后，为了降低文盲率和提高汉字书写效率，进行了汉字简化工作，形成了简化字体系。汉字的简化有助于书写速度的提升和汉字的普及。

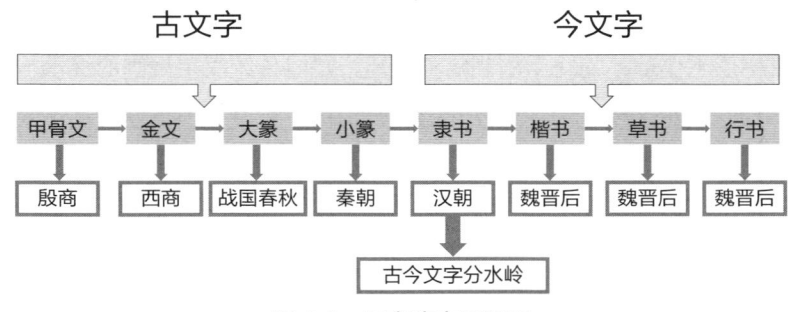

图 4.1　汉字演变历程图

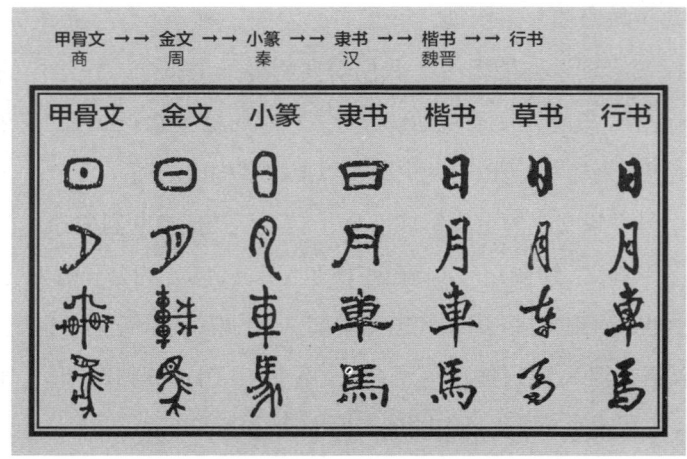

图 4.2　不同时代汉字形态示例

　　虽然现代汉字简化了，但是中国古代传统文化对汉字的构成影响深远。在古汉字研究中，六书是中国古代文字学的基本理论之一，解释了汉字的六种构字原则：

　　六书的理论最早出现于《说文解字》一书中，是由西汉学者许慎提出的。这种理论构架不仅帮助我们了解汉字的构造原则，同样也反映了古人对文字发展规律的认知。六书阐述汉字结构的构字理论是对传统汉字构字方式的总结和理论化，而简化字的创建过程在很大程度上是一种现代汉字形态变革。简化字的制定和使用上是对传统汉字规则的继承与发展，尽管简化字改变了一些汉字的原始结构，但基本上仍然遵循了六书特别是形声构字原则。

　　简化字构字原则中的一部分与六书中的"假借"和"形声"有关。例如，有些简化字采用了一些历史上以假借规则出现的字形，使其成为常态使用。此外，很多简化字倾向于保留形声字中的声旁部分，而简

化或移除较复杂的形旁部分，但仍反映了形声构字的思想。简化过程
中还有减少笔画、合并相近字形等方法，这些并不直接对应六书中的
原则，但在一定程度上可以视为对字形结构的简化与现代化。值得注
意的是，简化汉字也进行了一些实验性的改动，这在传统的六书构字
理论中并没有明确的对应规则。这种变革有时导致了与原有字形或部
首意义的偏离，因此也引起了一些学者和使用者对汉字文化传承的深
度讨论。

在这里我们谈及汉字的演绎简史，除了希望感悟一下汉字文化的深
厚渊源外，还想讨论另一个问题，即汉语拼音。实际上，现在大家所熟
知的汉语拼音可以称之为现代汉语拼音。汉字的语音，经过了长期的演
变，早在汉字发明之初，就存在着语音元素的对应关系。汉语拼音作为
一种标准化罗马化拼写系统，其起源可以追溯到 20 世纪中叶。现代标
准汉语拼音，通常简称为"拼音"，是中华人民共和国官方的标准化汉
字拉丁化方案。汉语拼音不仅是中国语言教育的基础，而且在电脑输入
法、词典编纂、外国人学习中文等领域起到了极其重要的作用。现代汉
语拼音将汉字的发音分为声母、韵母和声调，通过这一标准化表述，使
得汉字的发音清晰可辨识，方便非母语者和初学者学习。汉语独有的拼
音体系，尤其是声调语音，和汉字的结构体系，构成了学习者学习汉语
的重要影响因素。因此，关于汉字字词识别的过程，我们需要了解这些
基本的内容。因为这些背景，也是影响我们研究个体把汉语作为母语如
何习得汉字的前提条件之一。

二、汉字的习得

汉字的习得，在 20 世纪 90 年代之前，很多人还停留在汉语文字是
标志，因此必须死记硬背的观点被夸大了，一些研究者认为，"汉语是用

一套字符系统来书写的，每个字符系统都代表一个不同的单词。要想读写中文，就必须学习数千个字符。中国儿童必须花多年的时间刻苦训练才能掌握特征"。与"符号"观点相仿的研究者认为汉字主要是笔画的组合，心理语言学研究（Hue，1992；曾和洪，1980；Hoosain，1991）让我们注意到书面文字的基本正字法特征。虽然中文字体看起来与字母字体非常不同，但它也包含了具有精确的形态和功能特征的单位。形式化特征涉及在书写中使用的元素类型和位置，如"休"的部首人字旁，必须在左边；功能特征与元素所传达的信息类型有关，如"人"靠着"木"所以表示"休"。

汉语母语学习者在学习汉字时，常常要遇到汉字的两个特点：1. 汉语口语是高度同音的，一个音节可以被多个单词共享；2. 书写系统将这些同音音节编码为其主要的图形单元，即字符。因此，中国儿童在学习阅读时，面临的事实是大量的书面字符对应相同的音节（如图4.3所示），语音信息不足以获取相应字符的语义。

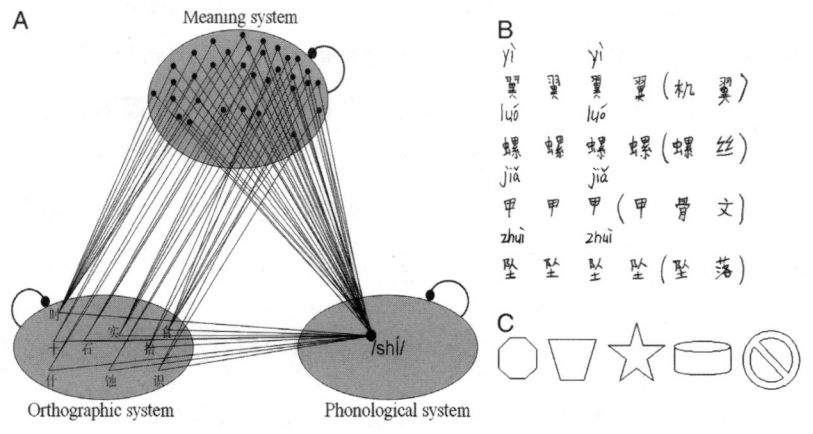

图4.3

现有研究表明，超过 90% 汉字包含图形单位——笔画模式——具有特殊的表征功能，它们可以是语义的基本成分，也可以是语音成分（Zhu，1987）。随着现代神经科学的进展，人们逐渐意识到汉字习得是一个复杂的神经心理学过程，涉及多种认知功能协同工作。基于神经科学、心理学和教育学的视角，这一过程可大致分为以下几个阶段：

（一）视觉识别阶段

首先，学习者必须学会视觉识别汉字的基本笔画和结构。汉字是由一系列的笔画组成，这些笔画在不同的汉字中可以有不同组合。这一阶段涉及视觉加工区域，如枕叶的初级视觉皮层和次级视觉皮层。

（二）认知加工阶段

随着对汉字视觉形态的熟悉，学习者开始加工汉字的语音和意义。这一阶段主要涉及左侧颞顶叶区域，尤其是语言加工的一个关键区域——额颞区（angular gyrus）。学习者学会将视觉信息（如汉字的形状）与其语音和意义联系起来[1]。

（三）记忆巩固阶段

汉字的习得还需要强化记忆。学习者通过重复和练习，将汉字的形态、读音及意义在大脑中形成稳定的记忆。这一阶段与海马体和周围皮层区域（如前额叶）记忆形成和巩固机制有关。

（四）运用与整合阶段

最终，学习者开始综合运用所学的汉字进行阅读、写作和交流。这

---

[1] Xue, G., Dong, Q., Chen, C., Lu, Z., Mumford, J. A., & Poldrack, R. A. (2013). Greater neural pattern similarity across repetitions is associated with better memory. Science, 341(6148), 980—984.

个阶段涉及更为广泛的脑区网络，包括大脑皮层的多个区域和大脑深层结构的相互作用。

（五）自动化阶段

随着学习的深入，学习者开始对汉字输入自动化处理，这意味着对汉字的识别和书写变得更为迅速和不费劲。大脑运动区的参与，尤其是运动前皮层和小脑在书写汉字流畅性方面的作用尤为重要。

（六）高级语言技能发展

在熟练掌握个别汉字之后，学习者将开始学习如何将这些字组合成短语和句子，这不仅需要词汇层面的整合，还包括语法和句法层面的理解。这一过程牵涉到大脑的多个高阶区域：包括布罗卡区和额上回等涉及语言产出的区域，以及颞上沟等理解语言的区域。

除了上述阶段外，神经科学的研究揭示，经过一段时间学习之后，汉字学习者的大脑在处理视觉和语言信息方面会发生重大的结构和功能变化。具体来说，对于经验丰富的汉字使用者，他们的左侧视觉语言区（如左侧梭状裂）活动会更加强烈。此外，当前有关汉字习得的心理学研究也在关注策略选择，特别是初学者如何筛选并专注于最重要的信息，例如汉字的常用部首和笔画序列。这里面涉及的是注意力控制和工作记忆的管理，均由前额叶调控。

因此，个体的字词识别能力达到自动化加工阶段，需要经过系统化学习，并习得相应的策略辅助自己字词识别能力。

三、汉语中的词语

我们在学习英语的时候，常常会建议学习者"培养语感"，汉语有没有语感？当然有，语感并不仅仅是对优美语言的体会感受，其实从汉语拼音和汉字感知时就存在了，到了词语阶段就更明显了。据统计资料显示，现代汉语一般字词量是 5000 个字、3 万条词[1]。汉语中的词语可以分为"词"和"语"两大类。"词"是最小的有意义的能独立使用的语言单位。例："打""花朵""了"。词由语素构成，语素是最小的有意义的语言单位，语素意识是指在词中对语素识别及操作的能力，学生能通过已掌握的比较熟悉的词去了解更多形态复杂的词语的意思。汉语由于其特有的表意体系的语言特点，因此语素意识对词语识别、拼写及阅读理解起着重要作用。

语素意识（Morphological awareness），是元语言意识的一种，是指儿童对口语中最小的音义结合单元的认识和操作能力，也是通达到词义关于词的语素结构的意识，儿童的学业技能发展往往与其密切相关。良好的语素意识可以推动学习者对单词的解码、拼写以及词汇量的增加，并直接或间接作用于段落和篇章的阅读理解，对语言的获得和发展非常关键。对于汉语而言，汉字在组词时没有固定的位置，很少有词根和词缀之分，且由于汉字具有独特的书写符号、形—音对应规则，存在"一音多字""一字多义"等现象，使其语素的划分与拼音文字（英文）差异较大，汉语作为非拼音文字的典型代表，其语素意识的分类目前还存在一些争议。

由于语素意识是元语言意识的一种，在日常教学中，我们并不会像专业的语言学家一样意识到这些规则的存在。通常情况下来说，教学中我们区分词语常常借助词语的定义知识（definitional knowledge）和语境知识（contextual knowledge）。当谈论什么是"认识一个词"时，我们首先想到的往往是词的定义知识。定义知识指的是一个词与其他词之间的关系，例如一个词在词典中的定义就是词的定义知识。通过定义可以将一个词纳

---

[1] 关于汉语的字和词的数量的宏观估计 _ 中国语文报刊协会 规范汉字书写专业委员会 (gfhz.org)

入语义网络中，定义是词汇知识的重要组成部分。但一个词不只有它的"词典意义"，在任何自然语言中词汇的使用都是有语境的，在听说读写中一个词总是和其他词组合在一起出现，因此，词语知识不仅包括"词的定义"，而且包括词的时空线索、语法线索等语境知识。

词的识别和运用有两种情况，一种是自动快速提取词义，例如在阅读时有经验的读者理解一个多义词在句子中的意义，常常是一个自动化的无意识过程。在说话时人们常常很自信地使用某个词，而不是有意识地注意该词的词典定义，这时词的意义往往是自动激活的。另一种是对词的信息进行有意识的搜索。例如通过语境猜测一个新词的意义。这时可以利用两种线索，一种是外部语境线索，又称词外线索（例如一个词出现的上下文）；另一种是词法线索，又称词内线索（例如词缀）。利用这两种线索猜测词的意义，这是对词的信息进行有意识搜索的过程。

"语"是长度相当于词组或句子，但意义和用法都相对固定的语言片段，即"熟语"或"固定短语"。例："穿小鞋""虚怀若谷""跑得了和尚跑不了庙"。儿童词语初学过程中依次为表示人和事物、行为、修饰、意愿，与生活密切相关。汉语最早表达的 50 个词分别为人物名称、物品名称、动物名称及其他。随着年龄的增长，我们的语文课标中也提出要注重"积累成语"。这些内容在后面会构成我们基于学校课程的干预内容体系的支撑。

四、词语的习得

词语习得的途径主要有两个，一个是直接的词语教学，学生对词语进行直接的有意学习；另一个是从语境中偶然习得，这是一种无意学习。研究发现，学生在学校学习期间词语量的增长速度是非常快的。

Nagy，Anderson 和 Herman（1987）估计，美国学生从小学三年级至中学毕业这段时间，他们的阅读词语每年增长 3 千个，到中学毕业时学生的词语量平均达 4 万个。学生这样大的词语量主要是依靠什么途径习得呢？研究发现，在校期间学生所增加的词语量中只有很小的部分归功于直接的词语教学。既然学生的大部分词语不是通过直接词语教学的途径习得，那么他们是通过什么途径习得的呢？最具说服力的解释是，学生的大部分词语是从语境中偶然学到的，这些语境包括阅读、对话和写作，其中最主要的是阅读。研究发现，大多数学生每年增加的词语中有三分之一以上是从阅读中学来的。

通过语境这种途径习得词语是一个缓慢的、渐进的过程。与某个词只接触一次，获得的信息量很小，只有通过多次接触才可能完全理解一个词的意义及其使用的语境。Nagy 和他的同事设计了一系列研究来考察从语境中学习词语的过程（Nagy & Herman 1987），他们发现在正常阅读中确实会偶然学到词语的意义，但获得的信息量是很小的；在阅读中只见过某词一次就能够获得该词的关键知识，这种概率不超过 10%。这种一点一点增加的词语知识是非常重要的。

但是，对于有阅读困难的学生而言，词语的直接教学仍旧是增加词汇量，认识词语意思的重要来源。同时语境学习的路径也提示，即使是阅读有困难的学生，词语直接教学设计中，也同样需要注重语境的创设。

第二节　字词识别的干预

通过上一节的内容，我们可以了解个体习得字词，容易受到语音意识、字形正字结构意识、语素意识以及语汇、语义等能力的影响。因此在字词识别困难干预内容的选择上，是在遵循一定的科学、规范的原则基础上而形成的，参照了语言学关于字词训练要素。主要包括语音、语汇、语法、语义、文字和流畅性等。

一、字词识别困难的干预原则

基于学校课程的阅读理解评估工具是基于小学新课标、新教材中阅读理解能力的要求及对学生阅读理解教学目标的解读而制定的阅读理解评估工具。

（一）基于语言学理论原则

字词作为阅读的基石，在干预中要基于语言的本体研究，弄清语言本身的基本规律，在内容上需要注重与"语音、语法、词语、语义、语用"等语言规律和特点的结合。

（二）基于课标本位原则

新修订的《义务教育语文课程标准（2022版）》，进一步强化了课程育人导向，优化了课程内容结构，研制了学业质量标准。新课标强调立足学生核心素养发展，注重阅读与鉴赏、表达与交流等语文实践活动。课程目标分为识字与写字、阅读与鉴赏、表达与交流和梳理与探究四个板块，其中在"识字与写字"和"梳理与探究"板块中都强调了独立识字能力的重要性，要感受汉字构字组词的特点，发现汉字音、形、义特点，体会汉字蕴含的智慧。

（三）元认知策略原则

元认知（meta-cognition）是对认知的认知，即学习者以自身的认知系统为认知对象，对认知过程的自我意识、自我控制、自我评价和调节。如在字词识别训练中，语音意识、快速命名能力、正字法意识和形态意识都会涉及元认知能力的参与。

干预中要注重学生自主学习能力的培养，将教师的主导作用与学生的主体作用相结合，把元认知知识和策略有效地融入课堂教学中，成为学生自主学习的引导者。

（四）多感官参与原则

字词识别困难的核心原因也可能包括视听通道信息处理的特异性，比如有些儿童更擅长视觉通道信息处理，有些儿童则比较擅长听觉通道信息处理。也有部分儿童可能伴随基础认知加工能力的不足，如工作记忆、执行功能等。因此，干预可以结合视觉、听觉、动觉和触觉等多种学习方式，去建立联系和学习概念。

学习者同时使用多种感官，他们的大脑就会被多种方式刺激。多感官活动可以是阅读、聆听、观察、触碰物品、空间上的物理动作或者做手势的组合，从而帮助理解和识记字词结构。

二、字词识别困难的干预内容

字词识别困难的干预核心要素包括语音、汉字、语汇、语法、语义。见图 4.1，而流畅性指标是反映这些要素加工能力水平的重要指标，可以采用速度、准确性以及韵律感等指标来进行监测。

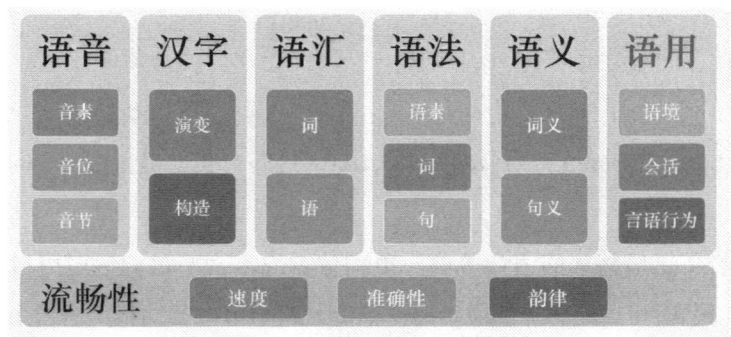

图 4.4　字词识别困难干预核心要素

（一）语音

我们了解了汉语拼音系统的来源，是为了和国际音标体系对标生成的。那么汉语拼音系统可以算是我们的汉语语音基础之一。语音是语言的物质载体，由音素构成。音素是最小的语音单位。例如：元音"a、o、e"和辅音"b、p、n"。可参考汉语拼音字母表（见表4.1），这张表对于大多数人来说并不陌生。汉语拼音字母表由23个声母，24个韵母以及16个整体认读音节构成。

表4.1　汉语拼音字母表

除了拼音字母表以外，汉语的语音也受音位、音节的影响。音位是指最小的具有辨义功能的语音单位。例："高（gāo）""该（gāi）""巴（bā）"，实际读音为[ɑ]、[a]、[A]，这些音素都是音位"a"的音位变体。

音节是最基本的语音单位，更细致地说，音节是说话时可自然分解和听话时可自然感知的最小语音单位。音节可以帮助我们语音上的停顿、分割等能力。例："lǎo rén jiā（老人家）"。音节分为单音素音节［一个音节由一个音素组成，例如阿（a）]、多音素音节［由几个音素合成，例如交（jiao）]两类。

很多人误以为汉语母语者不会存在汉语语音意识困难，但是事实上，很多低龄段儿童在学习拼音语音系统时候，仍旧会面临很多挑战，最常见的有：

1. 对声母掌握不准确

在学习声母时常常会出现：部分学生分不清 b 和 d，n 和 l，p 和 q，f 和 t 的区别，而平舌音和翘舌音也很容易混淆。这是典型的字词识别障碍患者常见的表现。

2. 对韵母掌握不准确

部分学生对韵母 ui 和 iu，ie 和 ei，un 和 ün 区分不清楚，前鼻音和后鼻音也很容易混淆读错，特别是后鼻音容易读成前鼻音，如朋友的朋，蜻蜓的蜻等等。

3. 对声调掌握不好

声调的问题主要体现在四声区分不清，特别是二声和三声容易混淆，声调位置不明确，没有牢记标调规则。这些现象会进一步导致阅读流畅性受损。

4. 在整体认读音节学习中存在的问题

整体认读音节只有 16 个，学生容易把 yan，you，wo，ya，er 等误认为整体认读音节。

5. ü 的使用掌握不牢固

ü 只能和 j，q，x，n，l 相拼，而 j，q，x 和 ü 相拼时，ü 上两点要去掉，如 ju，qu，xu，jue，que 中的都是去掉两点的，不是 u。在这些音节中要写成 u，分开时要记住写成 ü。

虽然这些在语文课堂上呈现的是儿童拼音认读或书写上的错误，背后更深层次的可能是儿童语音意识错误，或语音系统自动化加工不足造成的。尤其是字词识别困难学生，我们需要尽可能了解其阅读过程中的困难及其背后的原因所在。此外，由于语音加工常常与个体的听觉信息处理能力息息相关，所以有一些个案，我们可能也需要考虑个体听处理能力的相关性，相关的个案研究在第六章中会有一些参考性的意见。

（二）文字

对于儿童阅读发展的路径研究表明，流利阅读最主要借助的是词汇，个体有可能并不需要认识每个汉字，但是期间他可能掌握很多关于汉语文字的构词规则。很多时候大脑会自动化进行文字推理，自动划分词汇等。对于小学阶段的学生而言，认识文字，会认会读会写仍旧是其学会阅读的重要基础。根据现行课标的要求，小学毕业生的识字量大约2500个到3000字，汉语常用字大约3500个，因此可以看出小学阶段基本完成了常用汉字的认识。同时我们也知道，认识汉字并不仅仅依靠直接教学每个汉字，更多的是依赖汉字的特点进行教学。而字词识别困难的儿童，在汉字认读和书写过程中常常存在对汉字的音、形、义之间的关系转换的困难，表现出：1.记不住字，或者记字效果特别差；2.书写速度慢；3.组词困难；4.默写成绩差。

这些过程和个体对汉字的规则意识较差有关，以及和课堂集体教学速度相对这些个体过快，与他们自身学习速度不能匹配。因此，我们在对字词识别困难学生，在增加其识字量的课程学习活动设计上，应该更关注如何让学生掌握字的音、形、义。其中关于汉字的字形学习中，可以引导学生对核心汉字演变的观察和学习，更加直观地了解汉字的演变过程。在字词理解困难干预训练中，针对核心字词的理解和训练可借助说文解字中的内容，并借助"六书"的造字和用字方法，帮助他们了解核心字词的演变和释义，有利于更好的识记该汉字。如"代"字，是一个会意字（见图 4.5）。

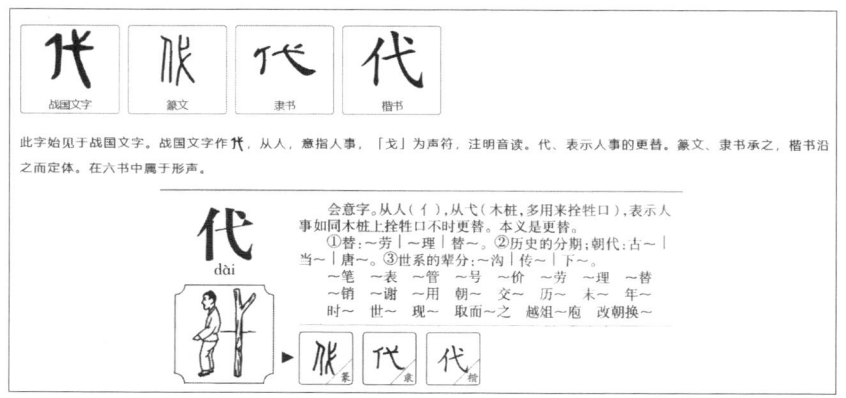

图 4.5　核心字词字形理解识记示例

采用这种多感官参与的学习方式，可以促进字词识别困难儿童对核心字词字形的理解和识记。除了汉字本身字形的辨识之外，在干预过程中，帮助构建字词网络也非常重要，我们可以设计偏旁部首替换、寻找相同部首的字等活动，加强学生正字结构意识的发展。此外，在汉字辨识的过程中，儿童视知觉系统加工的参与度是非常高的，所以对于一些字词解码能力缺陷的儿童，我们需要考虑儿童视知觉加工能力，适当的时候可能需要一些转介评量，类似的案例在本书第六章的个案研究中有介绍。

（三）语汇

语汇是语言里所使用词语的总称，是语言的建筑材料。语汇可以分为"词"和"语"两大类。

"词"是最小的有意义的能独立使用的语言单位。例："打""花朵""了"。词是由语素构成的，语素是最小的有意义的语言单位。比如"书""葡萄""巧克力"。语素的主要作用是构词，充当词的构成成分，帮助我们更好地理解、记忆词语，以及更好地理解和运用语法规则。

"语"长度相当于词组或句子，是意义和用法都相对固定的语言片段，即"熟语"或"固定短语"。例："穿小鞋""虚怀若谷""跑得了和尚跑不了庙"。

汉语中的词语大多是通过语素复合而成的，汉语普通话中超过 65% 都是双语素的复合词，还有 10% 的三语素复合词（Sun et al. 1996）[1]。

前面提到语素意识对词语识别、拼写及阅读理解起着重要作用。在词语学习过程中，语素意识主要包括辨识中心语素的能力和结合一些新的语素产生新复合词的能力。学会辨识中心语素可以帮助学生从一个由相同的中心语素合成的复合名词中提取出该名词的意思。这种意识在汉语中尤为重要，因为大量的词都拥有同一个相同的中心语素。例如："肉"可以被合成为多个复合词，包括"牛肉""猪肉""羊肉"等等。如果一个学生了解"肉"的意思，上述这些复合词对他来说就很容易被掌握的。与辨识中心语素相比，合成一个新的复合词需要对构词结构以及语素意义有更深刻的理解[2]。

语素构词意识与儿童汉语词汇的发展有着密切关系。目前的研究表

［1］Sun, H.L., Huang, J.P., Sun, D.J., Li, D.J. and Xing, H.B. (1997) Introduction to Language Corpus System of Modern Chinese Study. In: Hu, M.Y., Ed., Paper Collection for the Fifth World Chinese Teaching Symposium, Peking University Publisher, Beijing, 459－466.

［2］詹勇，刘悦，董理．语素意识与汉语读写能力关系研究［J］．现代语言学，2022，10(9)：1843－1850.

明，在汉语儿童中，构词意识与词汇能力的发展有重要联系。这种关联在本质上是双向的，词汇知识为了解语素和了解抽象的构词规则提供了基础。根据 Gombert（1992）的元语言发展框架，假设构词意识的发展分为三个阶段：儿童首先在丰富的语用环境中学会对语言的控制，例如 Clark 的研究表明一个两岁的儿童能够创造一个新的复合词去表达他的意思，比如他会说"crayoner"，意思是使用 crayon（蜡笔）的人，但实际上英语中并没有 crayoner 这个词，只是"-er"这个后缀加在名词词组后面表示"** 的人"。这种意识可以进化成具有现实意义的意识。儿童可以利用这种意识去思考抽象的语素合成规则，最终达到一个自觉意识的阶段。在此之后他们可以有意地操纵语素去形成复合词。因为当儿童的语言和文化技能进一步发展之后，对语素意义和构词过程的了解会促进词汇的获得。这时，构词意识和词汇之间相互促进的关系会变得越来越紧密[1]。

因此语素意识不佳对个体字词识别以及阅读能力都会产生很大的影响：如影响儿童识字和对字词理解；影响儿童错误断字、断句（见图 4.6），影响儿童句数意识，不理解段落中句子的组合和数量；导致儿童连词能力弱，进而影响了语篇朗读流畅性，影响对篇章内容的理解。

> 错误断句：清郑 / 板桥 / 擅长画 / 兰竹。
>
> 正确断句：清 / 郑板桥 / 擅长 / 画兰竹。

图 4.6 断句错误示例

[1] Gombert, J.E. (1992) Metalinguistic Development. University of Chicago Press, Chicago.

（四）语法

人们日常说话往往脱口而出，即使在某些特殊场合需要斟字酌句，主要也是考虑表达的内容和挑选表达更恰当的词语，一般不会在说话前考虑说出的话是否合乎某种规则。那么是不是只要知道了词语的发音和意思，就可以流畅地说出一句句话呢？当然不是。就像下棋时棋子的走法虽然可以千变万化，但必须有一定的规则一样，人们说话的时候也必须遵守一些公认的习惯和规则。按规则行棋双方才能游戏，同样，符合习惯和规则的话才是语言中具有交际功能的话，才能被理解和接受。语法就是语言的习惯和规则，或者说组词造句的规则。

虽然语法是组词造句的规则，它应该是只管词的构成、变化与词构成词组和句子的规则，但实际上语言现象是一个整体，语音、语汇等和语法互相都有联系。因此，语法规则一方面不同于语音、语汇等规则，但另一方而也不能完全不考虑语法与其他语言现象的联系。

人们说话时的长度各不相同，短的只有一个词，长的就有一句话或一段话，这些可以总称为"语言片段"。这些大大小小的语言片段之间存在联系，因为大的语言片段可以分解成更小的语言片段。比如"我粉刷了房子"是由"我"和"粉刷了房子"构成的，"粉刷了房子"是由"粉刷了"和"房子"构成的，"房子"又是由更小的"房"和"子"构成的。可见一个语言片段中可以包含另一些语言片段。这些大大小小的语言片段之间也是有区别的，因为不同的语言片段在性质和作用上各不相同。因此，必须把上面这些大小不同或性质不同的语言片段分成不同的单位，这就是"语法单位"。有了语法单位，才便于描写和说明各种语言片段的类型和关系。

语法单位通常分成四种，即"语素、词、词组、句子"。但如果与词的组合形式"词组"类同，再增加语素的组合"语素组"和句子的组合

"句组"，那么一共有六种语法单位。

1. 不同语法单位的定义

（1）语素：最小的有意义的语言单位。例："粉"和"刷"。

（2）语素组：多个语素组成的有意义的不能独立使用的语言单位。例："明信""舶来"。

（3）词：最小的有意义的能独立使用的语言单位。例："粉刷"。

（4）词组：有意义的能独立使用的语言单位。例："粉刷房子"。

（5）句子：由若干词或词组按照一定的规则组成的，能表达相对完整意义，前后有较大的停顿并带有一定的语气和句调的语言单位。例："我粉刷了房子"。

（6）句组：由多个句子组合而成，表达相互关联比较复杂的意义，书面上表现为一组句子，一个段落或一篇文章的语言单位。

2. 不同语法单位的关系

语法共分为三个阶段：构词、造句和表达（见图4.7）。同级语法单位之间的差别是数量性的，彼此有不同的长度：第一级中语素组是由语素组成的，第二级中词组是由词组成的，第三级中句组是由句子组成的。不同级语法单位之间的差别是功能性的，即各自有不同的作用：第一级语素和语素组的功能是用来"构词"，第二级词和词组的功能是用来"造句"，第三级句子和句组的功能是用来"表达"。同级语法单位之间的量变关系也可以叫"组成关系"（用单箭头表示），"组成"指的是大单位由小单位组合而成，如语素组一定包含多个语素，词组一定包含多个词，句组一定包含多个句子。不同级语法单位之间的质变关系也可以叫"形成关系"（用双箭头表示），"形成"指的就是下一级单位获得上一级单位的功能，如语素和语素组获得造句功能就成为词，词和词组获得表达功能就成为句子。因此语言中某个语言片段到底属于哪种语法单位，既要看它们的长度，又要看它们的功能。

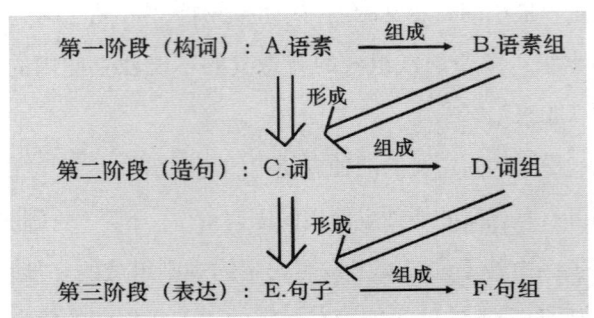

图 4.7　不同语法单位关系示意图

3. 不同语法单位训练内容

掌握不同语法单位，可以帮助我们识记理解字词、短语，分析句子，进而理解段落和整个篇章的内容和结构。在训练过程中，我们是围绕核心字词展开的，可先进行相似语素的练习，对不同的核心字词添加、替换部首，寻找音近字、形近字，过渡到词组内容，再拓展到句子的理解与表达练习。这样逐渐扩展字词，递增句子长度，可巩固强化学生对核心字词的理解（见图 4.8）。

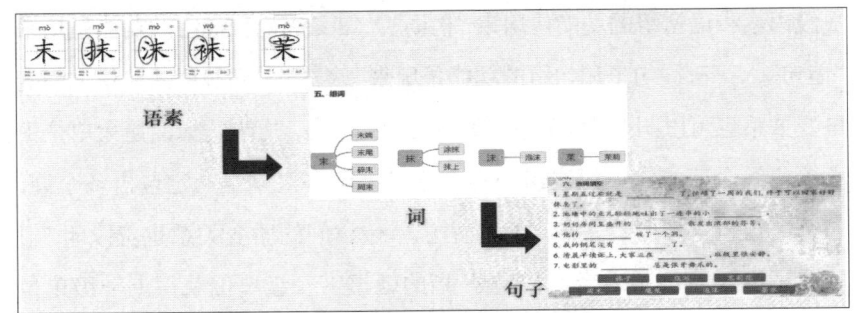

图 4.8　语法训练内容举例

（五）语义

人们在运用语言进行交际过程中一定离不开意义的表达。语素、词语、词组和句子等语言单位的定义中，都说明必须具有一定的意义；语音、语汇和语法这三个语言要素也都离不开意义。因此，意义在语言表达中无疑具有极其重要的作用。"语义"本身比较抽象，它不像语音、语汇、语法那样有看得见的、比较直观的表达形式，因此不太容易定义。但是人们在运用语言进行交际的时候离不开意义的表达，或者说语言交际的目的就是传情达意，而且在一个特定的社会里，人们对意义的理解也大致相同。因此，虽然语义看不见也摸不着，但也可以大致上把"语义"定义为"语言的意义"，即"人们使用语言所要表达的意思"。

语义作为语言形式所表达的意义，有自己的性质和特点，主要表现为语义所具有的概括性、模糊性和民族性。

1. 概括性

概括性是语义的重要属性。从具体事物中抽象概括出一类事物区别于其他类事物的特征，同时舍弃同类事物之间的各种差别。如"船来了"这一表述中的"船"，在具体运用中可以指渡轮、帆船、游艇等各种类型的船，但"船"的词义却是"水上运输和交通的工具"。

2. 模糊性

词义所反映的对象只是一个大致的范围，而没有明确的界限；如：大、款、高。词义的模糊性并不会给交际带来不便，只是确定一个大致的范围。

3. 民族性

不同的民族由于生活环境、历史文化等各不相同，对事物的认识也会有所不同，对事物的概括和分类也会存在差异，因而语言也会有不同，运用语言所表达的语义也会有所差异。

那么语义包括哪些内容呢?

首先,语义既包括"语汇意义",也包括"语法意义"。语汇意义是指实词和固定短语所表达的语义,语法意义是指结构、语序、虚词、形态、重音、句调等所表达的语义。

其次,语义既包括"言内之意",也包括"言外之意"。言内之意是指一般的、稳定的意义,言外之意是指个别的、临时的意义。比如"你"是一个人称代词,是说话人用来指称听话人的,这是一般的、稳定的意义,即言内之意;而在不同的交际场合中,"你"的具体所指也会有所不同,也就是说"你"到底指谁,要根据特定的上下文或特定的语言环境才能确定,这种个别的、临时的意义就是言外之意(又叫"语用意义")。

再次,语义既包括"理性意义",也包括"非理性意义"。理性意义可以表达人们对主客观世界的事物和现象的认识,是语义的基本要素。比如在词典里面列出的词语意义大多属于与概念相关的理性意义。而非理性意义表达的是人们的主观情感、态度及语体风格等,是附着在特定的理性意义之上的,是语义的连带要素。比如词语有褒义和贬义之分,这就属于词语附带的感情色彩,是非理性意义(见表4.2)。

表4.2　语义内容表

内　容	含　义	举　例
语汇意义	实词和固定短语所表达的语义。	"猫"捉"老鼠"表达词语意义。
语法意义	结构、语序、虚词、形态重音、句调等所表达的语义。	"吃了""吃吗""吃呢"虚词意义。
言内之义	一般的、稳定的意义。	"今天天气很热"表示"今天气温很高"。
言外之意	个别的、临时的意义。	"今天天气很热"可以提示"让人把空调打开或提醒别人注意防暑降温"。
理性意义	表达人们对主客观世界的事物和现象的认识。	词语的概念相关的理性意义。"你傻样"表示厌恶态度。
非理性意义	表达人们的主观情感、态度及语体风格等。	词语的褒义和贬义。女孩子对男孩子的撒娇。

语义的正确理解在儿童阅读理解中起至关重要的作用。正确理解词义和句义，可以帮助我们理解篇章内容和重要信息，对于字词识别困难学生来说，在字词理解训练中，语义的训练内容主要体现在词义（字义）中，重点了解核心字词的不同意义，以及在不同语境中词语的意义的差别，可以通过视频、动画、故事等多种形式，让学生理解词语语义，加强学生对字词的理解和掌握（见图4.9）。

图 4.9　语义训练内容举例

（六）流畅性

以上的内容，围绕由字到词的基本要素，在整个康复训练过程中，我们可以借助儿童识字量和阅读流畅性两个指标，来检查儿童字词识别能力。其中阅读流畅性指的是"个体阅读句子和文章时，能够以较快的速度、适当的韵律表达进行准确阅读的能力"。

阅读理解是一项需要多种认知能力同时参与、共同协调才能完成的复杂活动。根据阅读的自动化理论（LaBerge & Samuels，1974）和词汇质量假说（Perfetti，1992），个体的认知资源总量有限，当读者在字词识别上消耗的认知资源过多，则意义建构所需要的认知资源需求就有可能得不到满足，使得意义理解过程受限；反之，高效的自动化字词识别则可以减轻工作记忆的负荷，释放出更多的认知资源用于高层次的意义加工，从而顺利完成意义理解。因此，准确、快速、有韵律地朗读文章，也是影响阅读理解的一个重要因素。

常见的流畅性评估材料可以基于儿童校内课程读物，通过测量学生朗读完一段材料（或一组字词），在一分钟内正确朗读的字数进行评估。同时主观记录个体的韵律表达情况。因为韵律表示一种富有感情的朗读，评定者观察被试朗读时是否能够依句子的意思做出音调的高低起伏、重音、变调、转调及适时的使用停顿等，这些因素也在一定程度上影响个体对文本内容的理解。

针对字词识别困难学生的朗读流畅性训练，可以将每节课学过的字词进行整理创作，形成篇章短文，让学生进行多种形式的朗读练习，逐渐提高阅读速度、准确度和韵律。

三、字词识别困难训练核心字的选择

常用字词数量庞多，如何对字词识别困难学生进行有效训练，我们抽丝剥茧，选择核心字词开展训练。那么这些核心字词是如何来的？是基于学校课程本位的原则，所选择的核心训练词语均来自现行部编语文教材中必备掌握的生字词。在筛选核心字词时，我们邀请了 30 位 3-5 年级具有丰富教学经验的语文教师，对语文教材课后生字词进行问卷星筛查，主要以五级评分（非常不容易、不太容易、一般、容易、非常容易）的方式对每一个字词进行难易程度打分，然后筛选出难理解、难识记的字词，最后将这些字词进一步分析整理，让具有丰富教学经验的一线语文教师填写出它们的易错误类型，如在音、形、义方面的错误走向

（表 4.3），方便后续训练的针对性干预。最终筛选出了 200 个易错字作为字词识别困难训练的核心字词，将它整理成训练内容素材《3—5 年级易错字汇总表》，见表 4.4。

表 4.3　3-5 年级语文生字易错字错误类型调查示例

音	形	义
形声字（容易想当然）	特殊笔画（易加易漏）	重要、特殊含义字词
生活误读	同音字	近义词、反义词
多音字	形近字	
变音字		
音近字		
易读错（平翘舌、前后鼻音）		

表 4.4　3-5 年级易错字汇总表

三年级上册 47	四年级上册 54	五年级上册 17
摔荒假裳圈练戒厉残橙橘喇蟋蜂振卷焰喷缩拆嚼吞舔毅豫聚暴默鹬耍抹未饶瑰武载凳融膝旋喧唧黎凝瞬或粱	薄鼎卵穗霸昧豌僵预即荧赖避檐暮缘均慎搜骤劈缓隆恕茉嗅拯攀辫拳捶顽吁襟膊囊殷撒誉藕秦惑延戎竞豹凿溉磕拜侯髓沫俱	嫌箩享璧御袍赢陷誓衰矛哼纫誉励祥眼
三年级下册 35	四年级下册 41	五年级下册 6
崇凑援缚缭贷耕释冀谦虚滔遵尊貌概隙末搏惯薄颤巍巅耀歉暸幻承衬嚷脊妻诚辩	疏冠谐藉琥拭澎湃隧捷宛廷予朦疙哼嚣镶簇臀漆蜿蜒恭勤焉卒迷嚓蹬祈裸酗械遭敞慨撑拽瘦啸	督裳矜裆爵祸

第三节　字词识别困难的干预策略

字词识别困难学生的干预训练要遵循一定的语言学、认知心理学原则，系统架构干预训练，包括语音意识、正字法意识、语素意识和词汇语境意识。

一、干预系统的构架

（一）语音意识

语音意识是指人们对声音、语音及其相互关系的认知和理解。语音意识是拼音的基础，因为学生需要能够听到词语的读音是由较小的声音单位组成的，而这些较小的声音单位就是字母的发音，才能够从词语的读音想起组成这个词语的字母，也就是它的拼写法。让学生学拼音是训练他们从词的串法拼出词的读音，所以语音意识是拼音的基础。在许多语言中语音意识的发展对后来的拼写和阅读有重要的影响。例如大多数的研究发现语音意识对阅读或拼写有较大的预测力。

常见的语音意识干预策略由音位删除、音位计数和音位替代。

音位删除：让学生删除指定的读音中的某一个音位然后读出新的读音。例如：将 xiang 中的 g 删除，让被试说出新的读音 xian。

音位计数：让学生说出听到的拼音的组成个数。例如：mao=m+ao。

音位替代：让学生用指定音位代替给定读音中的原有音位，然后读出新的读音。例如：将 da 中用 m 代替 d 得到新读音 ma。

（二）正字法意识

正字法，是关于文字使用的规范性法则，是确定正规使用、书写和语法符合相关规范的文字。正字法意识是指在学习和实践中形成并运用于文字书写规则知识的能力。

1. 汉字结构意识

汉字的结构主要分为八种，包括独体、品字形、上下、上中下、左右、左中右、半包围和全包围结构（详见表 4.5）。这是比较传统和常见的分类方式。汉字的结构分类有多种方式，具体分类取决于分类

的目的和使用场景。但无论采用哪种分类方式，都是为了更好地理解
和分析汉字的结构特点。强化汉字结构意识，有助于学生识记和书写
汉字。

表 4.5　汉字结构汇总表

结构方式	例字	间架比例
独体结构	米、日	方正
品字形结构	品、森	各部分相等
上下结构	思、华	上下相等
	霜、花	上小下大
	基、想	上大下小
上中下结构	意	上中下相等
	褒、裹	上中下不等
左右结构	村、联	左右相等
	伟、搞	左窄右宽
	刚、郭	左宽右窄
左中右结构	街、坳	左中右相等
	滩、傲	左中右不等
全包围结构	圆、国	全包围
半包围结构	医、匚	左包右
	庆、尾	左上包右下
	勻、句	右上包左下
	遍、建	左下包右上

2. 部首意识

　　汉字的独特之处在于它是通过组合不同的部首来构字的，强化部首
意识可以帮助我们更好地识别和理解汉字的含义。常见的部首训练内容
如下图 4.10 所示：

2. 部件意识评估材料示例

　　a.小朋友，方框中是汉字的部分，它可能会出现在某些汉字当中，请你判断这部分一般出现在汉字的什么位置。请你在四个选项中选一个打"√"。

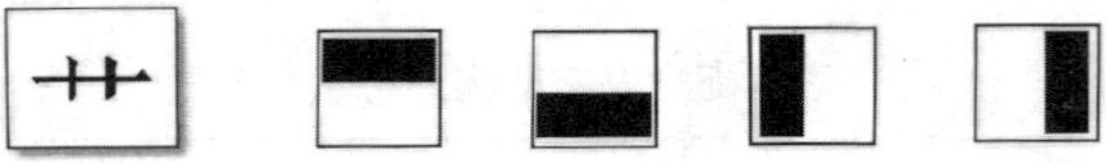

（　）　　　　　（　）　　　　　（　）　　　　　（　）

　　b.请将下面给出的汉字部件分别组合成正确的汉字。

此　＋　木　＝

禾　＋　火　＋　心　＝

图 4.10　汉字部首意识训练

3. 形旁意识

　　形声字是汉字的主体，在汉字识别中，形旁对字义的提取有重要影响。形旁意识指的是学习者自动利用形旁知识来推理整个形声字的含义（见图 4.11），形旁意识的发展有助于学习者更好更快地掌握形声字。

氵	洗	河	江
钅	铁	铜	银
疒	病	疼	疗
火（灬）	烧	灯	灶
木	树	樟	桂

图 4.11　形旁意识举例

4. 声旁意识

　　声旁指形声字结构中表示读音的部分，与形旁相对而言。声旁意识指的是学习者自动利用声旁知识来推理整个形声字的读音，见图 4.12。

童	瞳	潼
同	铜	桐
黄	磺	簧
代	代	贷
羊	样	洋

图 4.12　声旁意识举例

（三）语素意识

语素的主要作用是构词，充当词的构成成分，帮助我们更好地理解、记忆词语，以及更好地理解和运用语法规则。我们在帮助孩子积累词汇网络的时候，可以借助语素意识在词汇积累中的作用。

汉语中常见的语素包括：

1. 形旁语素意识（Radical Awareness）：是指对形旁含义及功能的认识理解和运用，如"湖"字中"氵"的作用和意义。

2. 同形语素意识（Homograph Awareness）：是指意识到同一字形在不同的语境中可能有不同含义，如"服务"和"服装"中的"服"，字形和语音完全相同，但意义却有所不同。

3. 词素意识（Morpheme Awareness）：是指对词内部结构的意识，即利用汉字正确组词。具体结构包含主谓（蝉鸣）、动宾（关门）、偏正（红花）、动补（翻过）以及并列结构（关闭）。

4. 同音语素意识（Homophone Awareness）：是指对同音字的区分意识，如"东西"和"冬天"中的【dong】，发音相同，但字形和意义却不相同。

（四）词汇语境意识

词语的实际运用都是在一定的语境中发生的，脱离了语境，语言交际就无从谈起，语言的实际运用也就不会发生。因此语境对语言运用最直接的作用就是解释词语的具体指向。比如"把桌子上的书给我"

这句话中，"桌子"指哪张桌子，"书"指哪本书；再如"我已通知他明天去那儿"这句话中，"我、他"指谁，"明天"指什么时间，"那儿"指什么地方。这些与具体的人或事物联系的指向意义又并不是词语本身所负载的，只有在一定语境中才能确定和解释。这些词语的指向关系通过一般词义分析或句义分析都难以准确解释，所以才最早成为语用学研究的对象。上面说的所指意义又包括两种情况：一类叫做"指示"，另一类叫做"指称"。

1. 指示词语和指示意义

"指示（deixis）"主要是指示词语的所指问题。语言中有指示作用的词语，包括人称代词（我、你、他）、指示代词（这、那）、时间代词（现在、今天、去年、刚才）、地点代词（这里、那里），以及有些语言中的定冠词（如英语 the）等。指示词语与一般名词的区别主要有两点：一是这类词语的意义是随着语境的变化而变化的。比如"他"可以表示说话人或听话人以外的某个人，也可在不同上下文或交际场合中具体指称张三或李四，这种指示意义脱离了特定语境就不复存在。二是这类词语的意义主要是以说话人为中心确定的。说话人是"我"，才有"你、他"，说话的时间是"今天"，才有"昨天、明天"，说话的地点是"这里"，才有"那里"等，这种指示意义一旦脱离了特定的参照点也就不复存在。所以，可以这样定义指示词语的指示意义："指示"是以一个言语活动的各个要素（说话者、说话时间、说话地点）为参照，才能确定的某些词语所指意义。

根据指示词语类别，指示意义主要包括"人称指示""时间指示""地点指示"。比如一位体育教师上课时对学生说："你们现在休息一会儿，十分钟后再到这里集合。"其中"你们、十分钟后、这里"就表示人称、时间和地点的指示意义。

指示是语言运用中的一个重要现象，这一现象说明了语言的使用和语境之间的密切关系，是时间、空间、进程、表达双方的交往关系等与语境相关的语言信息在表达中的具体体现。

2. 一般名词的指示意义

"指称"主要是一般名词的所指问题，语言中任何词语的意义都是抽象和概括的。比如"书"在词典里的意义是"成本的著作"，但并不与具体哪本书联系，只有"书"与语境中特定对象发生联系时，才会有具体所指的是哪本书或哪些书。

指称意义又可以分为几种不同的类别。首先要区分名词指称中的"有指"和"无指"。"有指"时名词有指称性，"无指"是名词没有指称性。如"这个苹果跟西瓜差不多大"，其中"苹果"是有指的，可以具体到"这个"，"西瓜"是无指的，是西瓜这个水果的类别，但不具体指哪个西瓜。其次，还要区分名词有指称中的"任指、全指"和"定指、不定指"。如"借书看"和"我喜欢书"，前一个"书"并不确定哪一本书，所以是任指，后一个"书"是指所有的书，是全指。如"客人来了"和"来客人了"，前一个"客人"是说话人和听话人都知道的，所以是定指，后一个"客人"，至少听话人不知道是谁，所以是不定指。

二、常见的干预策略与方法

以上内容是字词识别困难指干预的维度，在正式干预课程设计中，我们可以包括以下具体策略方法（见表 4.6）。

（一）识字策略

识字策略是指教师或家长在教授儿童识字时的具体方法和手段。常用的识字策略主要有以下几个：

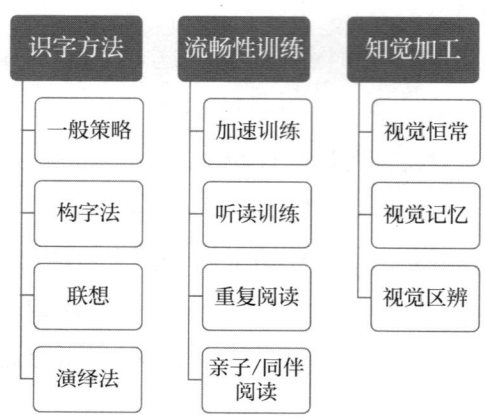

表4.6　字词识别困难干预策略汇总表

一般识字策略：分析生字的结构；记住生字的部首；认清生字的其他笔画；书空，用手指比划几遍；练习书写。

意义化识字策略：利用汉字本身可能的意义线，使文字变得有意义，帮助学生识记。如："瞎"。

形声字识字策略：利用声旁和形旁来帮助记忆。如："荷"字的读音就和它的声旁"何"相一致，形旁草字头与"荷"字的意思有关。

基本字识字策略：把一组汉字中相同的部分称为基本字，如"挂、桂、闺、鲜"其中的"圭"字就是基本字。

联想策略：让学生充分发挥自己的想象来分析生字，或者将一些相似的汉字编成儿歌、顺口溜等来帮助快速记忆汉字。如："寻"可以解释为"把山都翻过来，还要一寸一寸地找"来帮助记忆。

演绎法：从起源认识汉字——每个汉字都有深刻的文化内涵和演化传承，很多汉字背后都藏着一个个美丽的故事。可以从甲骨文入手，借助儿童喜闻乐见的动画、游戏等形式，将汉字的来龙去脉、前世今身一一呈现。这种有别于传统的识字观念和方法，将兴趣的种子深耕于儿童心中，也传承了亘古千年的中华文明。

（二）流畅性干预策略

1. 阅读加速干预

在计算机上以编程形式用不同速度呈现汉字或词语，以个体的自定阅读速度为基础，逐步加快阅读材料的呈现速度。这种结合多媒体的方式，增强了视知觉水平上视听模式之间的融合以及字形和音素之间的对应。

2. 听读训练

老师和学生同时朗读课文，老师读的同时，学生通过听觉进行模仿，也可使用预先录制的段落，通过神经印象学或示范来提高流畅性。

3. 重复阅读

老师可以准备一个 50 到 200 个单词的段落，根据学习者的年级水平和阅读水平建立灵活的阅读速度。学生向老师口头阅读该段落时，老师可以记录下学生阅读的时间、阅读速度和读错的单词。学生重复阅读，追踪重复次数，直到达到教师规定的阅读速度为止。

4. 亲子 / 同伴阅读

父母或同伴可以和孩子共同阅读感兴趣的故事和短文，相互比赛，逐渐熟练，缩短朗读时长，同时相互纠错，找找朗读过程中的不当地方，并及时纠正，提高阅读水平。

（三）知觉加工策略

在字词理解干预训练中，我们常常会用到知觉加工的策略。主要体现在视觉加工策略方面，如视觉恒常、视觉记忆、视觉区辨等（见图 4.13）。

视觉恒常：当客观条件在一定范围内改变时，我们的视觉映象在相当程度上却保持着它的稳定性，即视觉恒常性。恒常性的种类：形状恒常性，大小恒常性（例如远处的一个人向你走近时，他在你视网膜中的图像会越来越大，但你感知到他的身材却没有什么变化），明度（或视亮度）恒常性，颜色恒常性（例如绿色的东西无论在红光条件下还是绿光条件下或者白光条件下，你眼中的它都是绿色的）。

视觉记忆：个体对视觉经验的识记、保持、再现能力。训练中可对重点字词进行排列组合，锻炼学生字词识记能力。

视觉区辨：区别环境中的人、物、线条、文字的辨别能力。在字词识别训练中可重点进行形近字的区辨练习，让学生观察找出其中的不同之处。

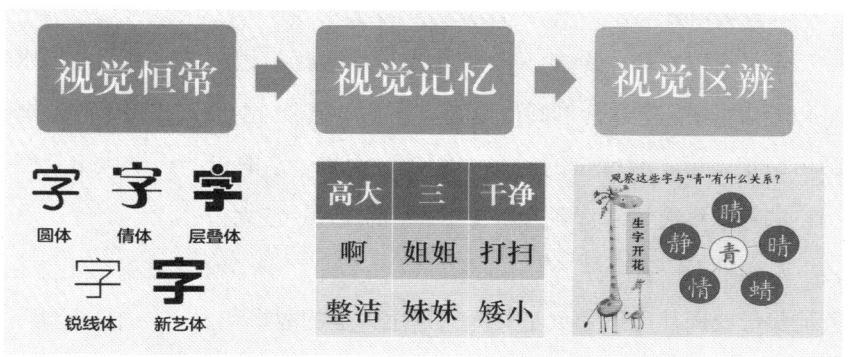

图 4.13 视觉加工策略举例

三、常见的活动设计

（一）汉字拼拼乐

将汉字的不同偏旁和部件组合在一起，变成新的汉字（见图 4.14）。

图 4.14　汉字拼拼乐

（二）魔法汉字猜猜猜

　　将汉字的不同偏旁和部件拆分，然后打乱翻转，随意翻动汉字卡牌，说出可以组成汉字的正确读音，（见图 4.15 ）。

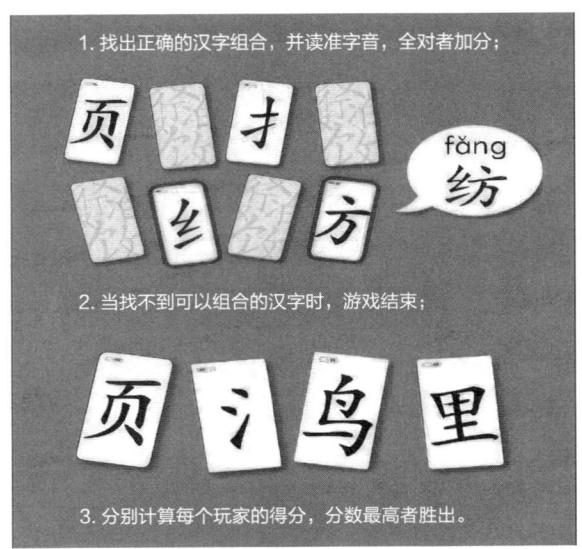

图 4.15　魔法汉字游戏

（三）汉字口诀记忆法

将容易混淆的形近字进行整理罗列，借助口诀、儿歌方式来记忆和区辨这些形近字（见图4.16）。

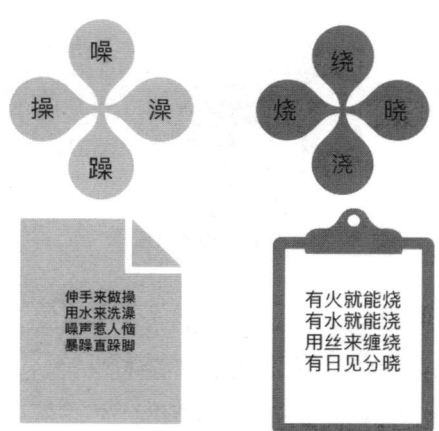

图 4.16　汉字口诀记忆法举例

（四）形声字识字法

依据声旁表音、形旁表义的原则，来认读和识记相关联的汉字（见图4.17）。

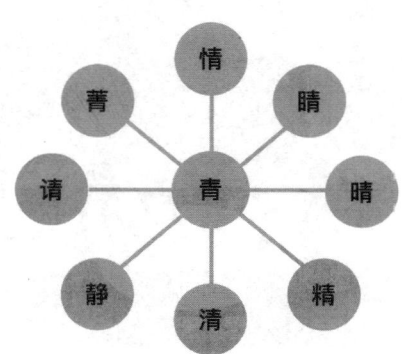

图 4.17　形声字识字法举例

（五）会意字识字法

通过组合两个或多个象形或指事字来表示一个新意义的字（见图4.18）。

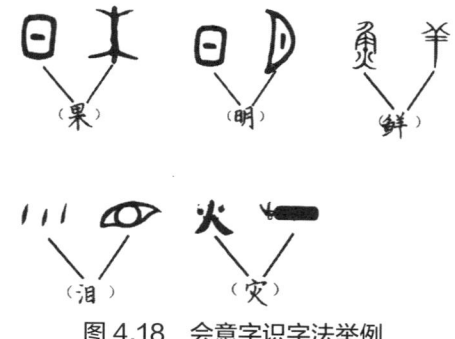

图 4.18　会意字识字法举例

第四节　字词识别困难的干预案例

通过之前研究大样本筛查，在 1026 名被试中共检测出 127 名阅读困难学生，检出率为 12.38%，其中单词识别困难学生最多，有 53 人，占比 5.17%，对于单词识别困难学生的干预迫在眉睫。基于前面讲到的字词识别困难的干预原则、策略和内容，我们根据实际情况有的放矢地进行选择，然后在实践中来检验干预训练效果。

一、训练对象

本轮训练对象共有 7 人，3 男 4 女，分别来自 2 所学校，均为三年级学生，根据学校课程的阅读理解评估工具《语篇阅读理解评估量表》和《语篇听力理解评估量表》测评，这 7 名学生均属于字词识别困难学生（见表 4.7），在字词的理解与识别方面存在一定困难。在训练之前，对学生已学过字词进行具体考察，具体情况见图 4.19。经过综合评估将这些学生分为 2 组开展小组阅读理解训练，每周 2 节课，为期 1 学期。

表 4.7　字词识别困难学生信息表

学校	班级	姓名	性别	阅读理解	听力理解	瑞文	困难类型
小学 1	三（4）	张××	男	14	17	53 中上	字词识别困难
小学 1	三（4）	潘××	女	14	17	44 中下	字词识别困难
小学 2	三（5）	吴××	男	14	20	46 中下	字词识别困难
小学 2	三（5）	朱××	女	13	15	43 中下	字词识别困难
小学 2	三（5）	任××	女	12	15	43 中下	字词识别困难
小学 2	三（五）	李××	男	12	20	50 中等	字词识别困难
小学 2	三（五）	张××	女	8	15	12 低能以下	字词识别困难

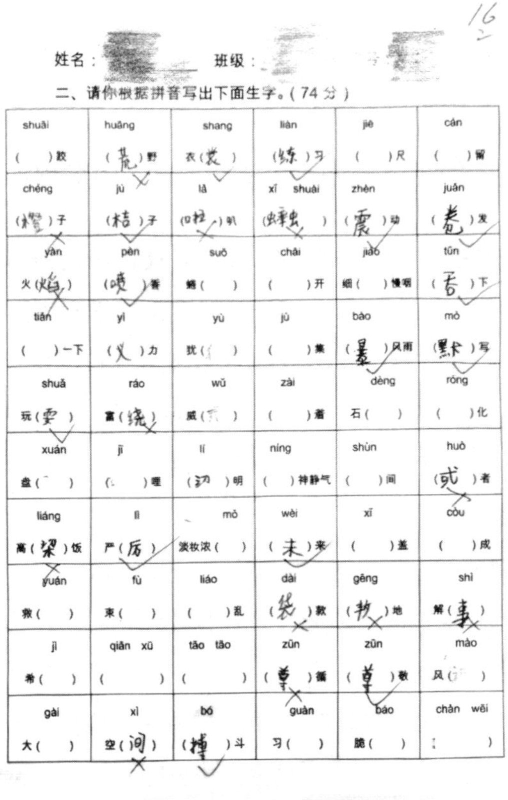

图 4.19　字词识别困难学生汉字考察情况示例

二、训练内容

训练对象为三年级学生，因此训练内容选择现行部编语文教材三年级课后生字词作为主要训练素材，参考之前筛选整理的三年级易错字汇总表（见表4.8），并将这些易错字进一步梳理，分为核心字词和关联字词开展训练，具体学期训练安排表见表4.9。

表 4.8　三年级易错字汇总表

三年级上册 47	三年级下册 35
摔 荒 假 裳 圈 练 戒 厉 残 橙 橘 喇 蟋 蟀 振 卷 焰 喷 缩 拆 嚼 吞 舔 毂 豫 聚 暴 默 鹬 耍 抹 未 饶 瑰 武 载 凳 融 膝 旋 喧 唧 黎 凝 瞬 或 粱	崇 凑 援 缚 缭 贷 耕 释 冀 谦 虚 滔 遵 尊 貌 概 隙 末 搏 惯 薄 颤 巍 巅 耀 歉 瞭 幻 承 衬 嚷 脊 妻 诚 辩

表 4.9　字词识别学期训练计划表

周　次	课　时	核心字词	关联字词
第一周	1	率	摔、蟀、衰、帅、甩
	2	登	橙、凳、澄、蹬、瞪、灯、等
第二周	3	卷	圈、倦、蜷、捐、娟、鹃
	4	鬼	瑰、愧、溃、巍、魔、魅、魂、槐
第三周	5	末	抹、沫、袜、茉、墨、摸、默
	6	未	味、妹、昧、寐、位、微、威
第四周	7	练	练、炼、连、链、涟、脸、怜、恋
	8	斥	斤、诉、拆、赤、齿、吃、池
第五周	9	尧	浇、饶、绕、晓、烧、翘、艿、腰、要、药
	10	象	像、豫、橡、香、翔、想、祥、易
第六周	11	忝	舔、添、填、天、甜、恬
	12	宗	崇、棕、粽、综、踪、总、纵、宋、宁
第七周	13	代	贷、袋、岱、货、侁、呆、逮、伐
	14	舀	滔、稻、蹈、韬、腰、耀、遥
第八周	15	尊	蹲、遵、樽
	16	専	缚、傅、薄、搏、博、福、府

续表

周　次	课　时	核心字词	关联字词
第九周	17	既	概、溉、慨、即、几、机、集
	18	爱	受、授、援、暖、缓、暖、媛
第十周	19	戒	诫、械、谢、写、谐、戎、戍、戌、戊
	20	辛	辣、辞、辩、辫、瓣、辨
第十一周	21	瞭	撩、僚、嘹、燎、镣、睬
	22	翼	冀、骥、易、姨、椅、漪
第十二周	23	兼	歉、谦、廉、赚、嫌、建、剪
	24	颠	巅、癫、领、额、殿、顺

三、训练准备

课时教案、ppt或希沃媒体、教学具（字词卡片、田字格、部首卡）。

四、训练实施

字词识别训练遵循"雷达辐射"三级训练模式，重点是核心词的训练，其次拓展到关联词的训练，最后进行流畅性表达的练习（见图4.20）。具体可参照"六步法"训练流程，依次为复习导入、核心字词学习、关联字词学习、综合练习、流畅性表达和回顾总结六个环节，见图4.21。

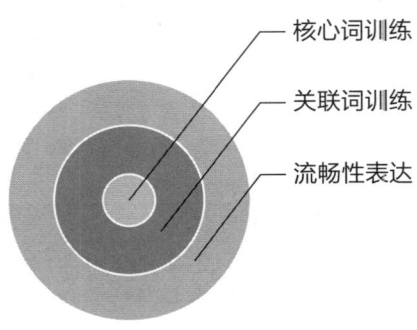

核心词训练

关联词训练

流畅性表达

图4.20　三级"雷达辐射"训练模式

图 4.21　字词识别干预流程图

1. 复习导入：复习上节课的内容，通过猜谜、游戏等形式导入新课。

2. 核心字词：通过对核心字词音、形、义的学习，掌握核心字词的概念。

3. 关联字词：通过加部首，找音近字、同音字和找形近字等方法拓展习得更多的字词。

4. 综合练习：通过字音配对、看图猜词、组词、填词成句等多种形式进行巩固练习。

5. 流畅表达：将本节课所学字词融合在小短文中，通过朗读提高学生朗读速度、准确度和韵律。

6. 回顾总结：回顾总结本节课学习内容，核心字词再次强化。

五、训练举例

以第 6 周第 12 课时"宗"为例：

训练重点：核心词的训练、关联词的训练和流畅性表达的练习。

核心字词训练主要是围绕"宗"字，学习、了解"宗"字的字音、字形和字义。这个过程要强化语音意识、正字法意识和语素意识（见图4.22）。

关联字词训练：通过加部首、找形近字、找音近字等方法学习与"宗"相关的字词综、棕、踪、粽、宗、纵、总、重、种、宁、宋等。这个过程重点启发学生运用关联字词学习方法进行延伸学习（见图4.23）。

一、字音

z-ong——zōng

二、字形

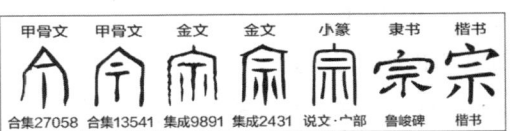

　　"宗"字的甲骨文字形正是由"宀"和"示"会合成意的会意字，它的外部轮廓表示房屋，内部构件即象征神主的"示"，有的由一横一竖构成，共同表示供奉神主的供桌，有的在供桌的桌面上又增加一横，表示供品或者神主牌位。"宗"字的金文字形跟甲骨文一脉相承，只是在下部增加了左右两条竖线，有可能是表示尊敬神主之人的双臂动作，这样就构成了后来的"示"字。小篆字形进一步线条化，隶变与楷化之后的现代汉字进一步规范，于是就形成了现代汉字的"宗"字。

三、字义

[zōng]
1.家族的上辈，民族的祖先：祖～。
2.家族：同～。～族。
3.派别：～派。
4.主要的目的和意图：～旨。
5.在学术或文艺上效法：他的唱功～是梅派。
6.为众人所师法的人物：一代～师。
7.件或批：一～心事。
8.姓。

图 4.22 核心字词训练举例

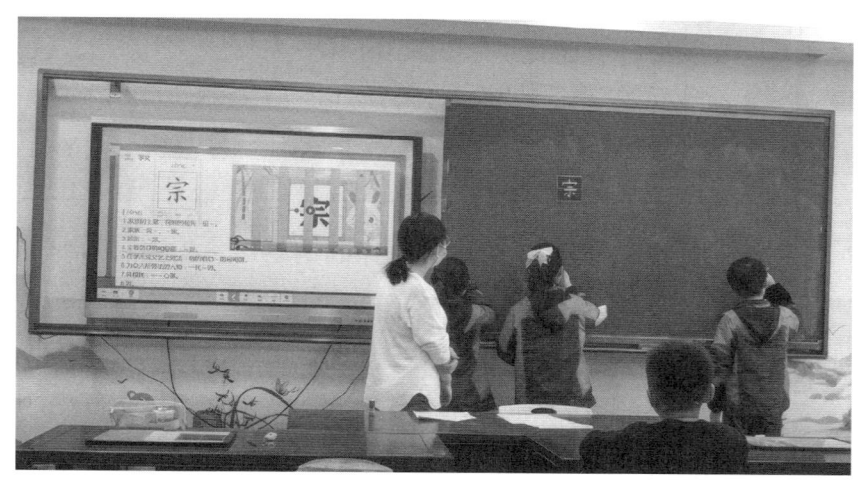

图 4.23　关联字词训练举例

　　流畅性表达训练：主要将本节课所学习所有核心字词和关联字词融入自编短文中，让学生自主朗读到熟练的过程，可采用计时器、互相监督等方法提高朗读效率和准确性。参见自编短文《端午节》。

端午节

　　端午节是中国传统的重要日子，历史悠久、崇高庄严。这一天离不开一道传承文化的美食佳肴——粽子。近年来，各地的粽子的品种也变得越来越综合，丰富了人们的味觉体验。每年的这个时候，处处是粽香，沿着踪迹寻找，总能看到人们在忙碌地包制。棕树下的小摊前，也总有人驻足品尝美食。有些传统文化，经过悠久的历史传承，能嵌入人们的生活中，流传不衰，成为人们生活的一部分。粽子也正是如此，成了中国传统文化中的重要元素，让我们感受着文化之美，传承着文化之脉搏。

六、教案举例

慧阅读—揭秘字词"代"
——小学语文阅读困难小组课

（一）学情分析

姓名	评估结果	学习特点	学习支持
张×× 男 四年级	瑞文智力测试：53 中上 阅读理解测试： 阅读—14 听力—17 属于字词识别困难类型。 语文学业成绩：班级后 10%	1. 学生字词识记困难，书写困难，短时记忆存储量小，需要不断巩固复习。 2. 学生知识面广，课堂纪律良好。 3. 爱好记笔记。	1. 采用多感官、多样化的学习呈现方式帮助学生识记字词。 2. 及时提问强化，巩固学习。 3. 课后辅导班巩固作业。
潘×× 女 四年级	瑞文智力测试：44 中下 阅读理解测试： 阅读—14 听力—17 属于字词识别困难类型。 语文学业成绩：班级后 10%	1. 学生字词识记困难，思维灵活拓展性较弱，属于接受型学习者。 2. 注意力集中，课堂记录良好。	1. 采用多感官、多样化的学习呈现方式帮助学生识记字词。 2. 积极鼓励表扬，调动学生积极性。

（二）教材分析

　　课堂训练字词选自基于现行部编教材《语文》三年级课后生字词表，通过一线教师和专家的筛选，共有 82 个易读错、写错字，并将这些字词进行分类整理，共设计 24 课时，每周 2 次，为期 4 个月的训练内容。本课《揭秘字词"代"》为第 13 课时，主要是围绕核心字"代"的音形义，让学生采用关联字词学习方法拓展习得关于"代"字的关联字词，如"贷、袋、岱、货、伐、逮、带、歹"等字词，从而实现由 1 到 n 的字词迁移。

（三）教学目标

　　1. 能在多感官的练习中掌握核心字词"代"的音、形、义。

　　2. 能采用关联字词学习方法拓展习得关于"代"字的关联字词。

3.喜欢学习汉字，知道汉字是音形义的结合体，有主动识字的
愿望。

（四）教学重难点

教学重点：能在多感官的练习中掌握核心字词"代"的音、形、义。

教学难点：能采用关联字词学习方法拓展习得关于"代"字的关联字词。

（五）教学准备

PPT，写字板，奖励章

（六）教学过程

教学 环节	教师活动	学生活动	设计意图
复习 导入	师：同学们，上节课主要学习了哪个字？我们一起来读一读词语复习一下。 师：今天我们来学习认识新的汉字,老师准备了个谜语,请大家来猜一猜？ 师：接下来我们一起来认识汉字"代"吧。	学生能够正确朗读上节课学习的字词。 学生通过谜语来猜出今天学习的汉字。	复习上节课的内容。 猜谜的方式导入今天学习内容。
新授	**字音** 师："代"字的读音怎么拼读？声母是什么？韵母是什么？声调是几声？ **字形** 师："代"字是如何演变？它是什么结构？部首是什么？笔画如何书写？一共有几笔？ **字义** 师："代"字有哪些意义？请大家联系词语来说一说？ 下面我们通过小视频来了解下"代"字的意思有哪些。	学生能正确掌握"代"的字音,并能在写字板上正确书写。 学生能在教师引导下了解汉字演变,并能正确书写汉字。	字音入手,搭配智能课件,巩固拼音读写。 通过说文解字帮助学生了解汉字特点,从而更好识记汉字。

续表

教学环节	教师活动	学生活动	设计意图
新授	***关联字词学习** 师：同学们结合之前学习关联字词的方法，请大家在笔记本上写一写与"代"字有关的字词。	学生认真观看视频，在教师引导下总结归纳字义。学生结合之前的三种关联字词学习法（加部首、找音近和找形近）拓展相关字词。	结合视频教学，形象生动地让学生理解字义。培养学生主动学习拓展字词的能力，激活学生字词储备。
练习	***字音匹配** 师：接下来我们进行游戏练习，请同学们依次将汉字与拼音进行配对。	学生能把对应汉字和拼音进行配对。	字音配对练习巩固并区辨本节课关联字词。
	*看图猜词 师：同学们，我们来玩开火车游戏，轮到的同学看图猜猜它代表哪个字词？	学生能正确看图猜词。	通过具象图片让学生巩固字词
	*选词填空 师：接下来我们来做一个选词填空游戏，请大家把合适的词语填入句中，并大声地朗读出来。每人 2 题。	学生根据语境选择恰当的词语填入句中。	考查学生能结合语境对字词意思的准确把握。
	*流畅性朗读 师：最后我们来进行篇章的流畅性朗读练习，这篇文章里包含了今天所学字词，请同学们认真默读短文，计时 1 分钟，读完的同学可以分享展示，其他同学做观察员，认真听听他读得是否流畅？是否有错误或者不当的地方？	学生能认真朗读短文，并积极主动进行展示交流。	考查学生篇章朗读流畅性的能力，培养学生认真聆听、自信展示的能力。
总结	师：今天我们主要围绕"代"字进行相关拓展字词的练习，下面请大家跟老师一起复习今天学习的字词。	学生能正确朗读学习的字词，并进行组词练习。	总结复习今天学习的字词，并进行巩固练习。

续表

教学环节	教师活动	学生活动	设计意图
作业设计	学校：_____ 班级：_____ 姓名：_____ 学号：_____ 慧阅读——揭秘字词"代"作业单 一、为下列字注音。 代　袋　贷　岱　逮　埭　伐　带　贳 二、组词。 代（　）（　）　袋（　）（　）　岱（　）（　）　贷（　）（　） 三、造句。 代替：_____ 口袋：_____ 岱山：_____ 贷款：_____ 伐木：_____ 四、流利朗读短文。 偷吃的小熊 小熊　住在　边的森林里，他每天都去小动物家里偷吃食物来　劳动。小动物们都叫他游手好闲的　。有一天，饥肠辘辘的　偷偷跑到小兔子家里，他看到　大苹果，他高兴极了，把这一大　苹果全吃完了。只见他的肚子撑地像大皮球一样，走也走不动，只能坐在地上。　工小河狸看到了赶紧跑去告诉小兔子一家，他们回来把　了，用　把他绑起来，说："你这个偷吃的　，今天一定要把你抓起来，　。"这时贪吃的　后悔也没有了。		
板书设计	慧阅读—揭秘字词"代" dài 代　dài 袋　dài 贷　dài 岱		

（七）练习设计

为了巩固所学内容，设计了每堂课作业单和阶段单元练习，其中每堂课作业单是当天上完课的课后作业，阶段单元练习是每三次课后进行一次当堂练习，考查学生阶段学习掌握情况。

1. 每堂课作业单

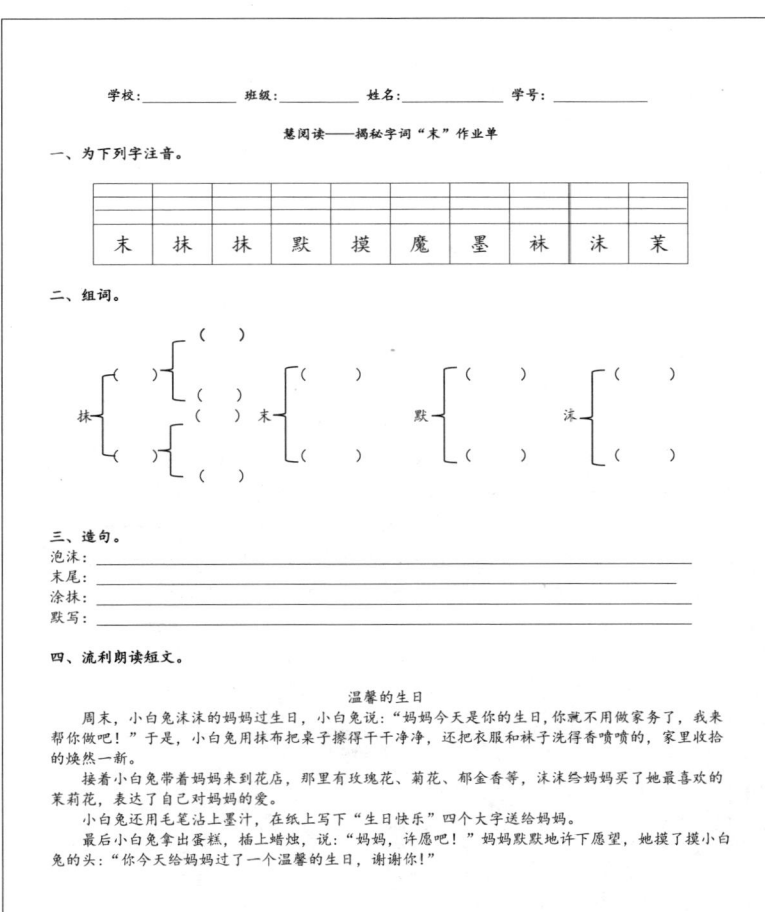

2. 阶段单元练习

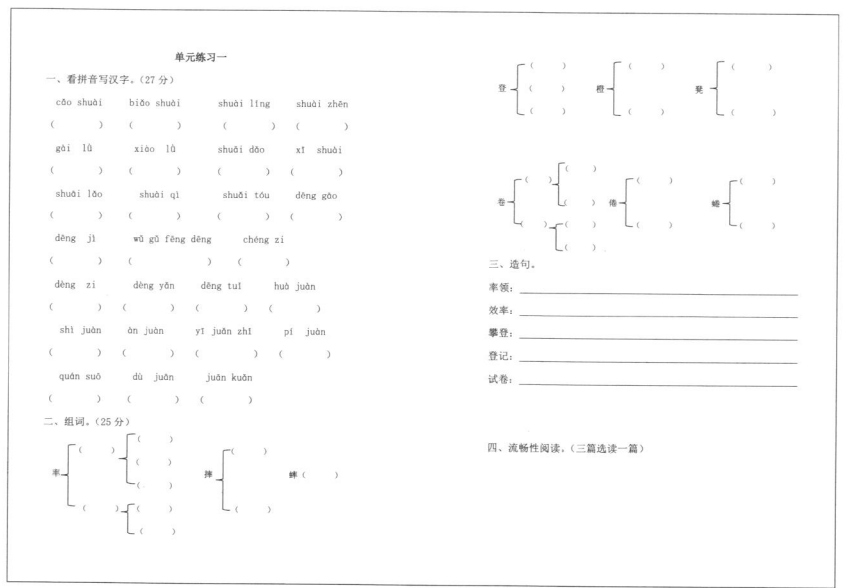

七、干预效果

经过了 1 学期的字词识别理解干预训练，7 名学生都在各自的基础上有了跨越式的进步。首先通过学期末《语篇阅读理解评估量表》和《语篇听力理解评估量表》评估量表测评显示，7 名学生中有 6 名学生阅读理解能力已经达到正常范围，另外 1 名学生受智力影响，虽仍属于字词识别困难，但成绩也有大幅提升，几乎接近正常水平。其次分析其评估量表中字词理解板块得分，干预前后比较，均有不同程度的提升（见表4.10）。此外，经过和班主任及语文课任老师沟通了解，受训学生期末语文成绩都有大幅度提升，由原来及格水平提升到优良水平，学生们非常喜欢小组阅读理解训练兴趣课，课堂上也能够积极回答问题，性格较原来更加活泼开朗，更愿意表达自己感受和想法。让我们看到了干预训练让学生变得更自信、更优秀！

表4.10 字词识别困难学生训练前后对照表

序号		1	2	3	4	5	6	7
学校		小学1	小学1	小学1	小学2	小学2	小学2	小学2
年级		四（三）	四（三）	四（三）	四（三）	四（三）	四（三）	四（三）
学生		张××	潘××	吴××	朱××	任××	李××	张××
性别		男	女	男	女	女	男	女
语文		53	44	46	43	43	50	12
困难类型	前	字词识别困难	字词识别困难	字词识别困难	字词识别困难	字词识别困难	字词识别困难	字词识别困难
	后	——	正常	正常	正常	正常	正常	字词识别困难
阅读成绩（35）23.35±5.50	前	14	14	14	13	12	12	8
	后	——	26	21	27	20	22	17
听力成绩（29）18.91±3.73	前	17	17	20	15	15	20	15
	后	11	22	18	20	20	17	20
词语理解板块（阅读）13	前	4	6	4	5	6	5	3
	后	——	11	6	8	7	5	8
词语理解板块（听力）11	前	4	3	6	8	7	8	6
	后	7	7	7	5	7	9	9

第5章
基于学校课程的阅读理解困难的干预

　　洋洋一直是家里人公认的聪明孩子，学什么会什么。上小学之前，口述较复杂的数学应用题都会做了。但上三年级之后，学习就慢慢吃力起来了。语文考试中虽然听写、组词、造句等题分数都很高，但阅读成绩很差。数学应用题根本做不了，做了的题也错误百出。洋洋妈妈帮他改错题时把所有题给他读了一遍，发现他都能懂，也能做对。洋洋妈妈很疑惑：洋洋这是怎么了？

　　洋洋表现出的行为是阅读理解障碍的典型症状。洋洋在阅读理解上存在特殊的困难，妨碍了他对书面作业或试卷的理解，如果不加以干预，在今后的学习中，这种缺陷可能会更明显。

　　那么，是否有方法干预这样阅读理解困难的学生，让他们和普通学生一样呢？要解答这些问题，我们要先从阅读理解的过程和阅读理解困难的成因开始。

第一节　阅读理解的过程

　　现代社会，阅读不仅是一项极为重要的学习能力，而且也成为日常最基本的活动之一，是个体从外界获得信息的主要方式。阅读是学习的基础，个体能否在学习、生活和工作中取得成就，很大程度上都和自身阅读能力有关系。因此，在教育中阅读能力培养成为基础教育阶段的重要任务之一。阅读能力不仅仅是在语言课程中的基本能力，而且也是影响数学、物理等理工科的重要辅助能力。

上一章我们介绍了阅读中的基础字词识别的过程。当儿童经过字词识别以后，还要经过阅读理解过程，才能达到阅读的要求。我们先来了解一下字词识别在阅读理解中的作用。

一、阅读理解与字词识别

根据国外对于评估印刷体字词识别与口语理解过程关系的研究（Gough，1986；Vellutino，1996），字词识别有困难的儿童，阅读理解的精确性和流畅性也较差，而且即使有足够语言理解技能的儿童也出现了同样的情况。另外一个同时出现的现象是，阅读理解困难儿童通常都存在字词识别困难。这表明了字词识别困难是导致阅读理解困难的重要原因。豪沃（Hoover，1990）的研究更是表明，在阅读新手或者低技能者的成绩中，字词识别技能对阅读理解测验的成绩贡献高于语言理解技能。但是在高技能阅读者的成绩中，语言理解技能的贡献率高于字词识别。

二、阅读理解的层级

井世洁（2004）将阅读理解能力定义为在阅读过程中，理解材料所反映对象（事物或者现象等）的内在与外在结构，进而认识材料本质的能力；强调的是读者通过阅读获取意义的能力。这是一种一般性的、在所有阅读活动中都同样起作用的能力。在这个综合的复杂过程中，包含了很多子过程且受各种因素的影响。阅读的最终目标，是将阅读材料的字词综合起来理解，在工作记忆的限制内完成文本意义的建构，并且将阅读材料中的句子综合起来帮助理解更为广阔的概念或这些句子所代表的观点。或者将文中的句子联系起来，结合自己的背景知识理解作者想要表达的内容、观点及情绪，对语篇整体进行构建和评价。由此可知，阅读理解有很多层次，一般包含以下几个：

1. 词语理解：在词汇识别以后，儿童已经理解了词语的一般含义。理解词语的意义是达到阅读理解的第一步，只有达成了对词语的理解，阅读才能进一步进行，否则会出现虽然眼睛在扫视阅读材料，但完全没有领会其中意思的情况。在文章中，有些词语并不是先前知道的意义，但成熟的读者可以结合语境和实际生活经验推理得出这些词语在文章中的意义。

2. 句子理解：在文章阅读理解中，比词汇更大的语义单位是句子。影响句子理解的因素很多，需要在字词理解的基础上，通过对组成句子的各成分进行句法分析和语义分析，才能获得句子的意义。

3. 信息获取和记忆：阅读材料包含了丰富的信息，阅读就是一个信息获取的过程。信息的获取也是一个有技巧的过程，找出信息内部的关联，将信息与读者的过去经验和兴趣联系起来，是将信息有机组合为信息块或信息系统，以达到快速准确再认和提取的两个主要技巧。在获取和记忆信息时，阅读者还需要对信息的重要性进行判断和筛选。重点记忆对理解文章有用的信息，次要的信息模糊记忆或者直接从信息系统中筛选出去，是提高理解速度和准确性的必要技巧。

4. 推理：推理的作用是根据线索得到文章中未明确表达的信息。狭义的推理是指为了达到文章语境理解和连贯性而进行的局部信息推理，包括语法指代和因果关系等推理形式。广义的推理指对文章中作者没有明确表达的所有信息的推理，包括局部信息、作者意图等推理形式。在阅读材料中，作者通常没有也不需要将所有信息完全表达出来，而成熟的读者会根据阅读材料中明确阐述的信息和自己头脑中已有的一般知识，得到阅读材料中没有明确阐述而作者实际上想要表达的信息。推理的准确性和流畅性通常与读者是否拥有适当的图式有关。图式是指一组信息在头脑中最一般的排列或预期的排列方式。一般来说，听到或看到的故事都是按照故事图式组织起来的，通常包括事件发生的背景、主题、情节和结局等内容。背景介绍了故事发生的时间、地点和人物；主题提出了主人公试图达到的目标；情节是指达到目标的一系列活动；结局是故事的最后结果。当读者拥有适当的图式时，就能顺利地推理出作者在文章中未表达完全的信息，并能较快地理解一般故事的发展情况。

5. 文章整体把握：从广义上讲，文章整体把握也属于推理的一种，是指从整体上把握文章形式和内容的能力。这个层次的阅读理解需要在充分理解文章各部分内容的前提下，将文章的各个部分进行关联和总结，得到文章的整体脉络，一般又分为文章整体内容的理解、文章体裁的判断、文章结构层次的判定等。文章整体把握依赖于儿童的课堂学习。文章整体内容的理解是指对文章主要内容和中心思想的掌握。文章体裁判断要求儿童能准确判断文章是否属于记叙文、说明文、议论文或散文等体裁。文章结构层次的判定要求儿童能够整体掌握文章段落间的关系，并分析出其总分关系。

6. 文章内容的迁移：文章内容的迁移是基于对文章中内容的有意义联想和领悟，并将其迁移到其他阅读或情境中。要达到迁移，必须对文章进行精细理解，并与自己的知识体系融合，使其成为更一般的知识或能力。

7. 评价：阅读理解的最高层次，不仅能够理解作者表达的意思、行文的意图，将文章中的知识与自己的知识体系整合并进行迁移，还要对文章的写作意图、社会现实性等方面进行评价[1]。

---

[1] 刘翔平. 学习障碍儿童的心理与教育[M]. 中国轻工业出版社,2010：81—82。

第二节　阅读理解困难

阅读理解困难会在童年期开始慢慢显现,那时候的儿童在学校还没开始接触大量的文字,所以家长通常察觉不出孩子的异状。小学三年级是家长发现孩子在读写方面有困难的一个高峰期,因为学校的语文课在三年级这个阶段文字量开始大幅提升, 孩子们从 "学着去阅读" 变成 "阅读来学习",这个巨大的转变使得阅读理解困难的孩子们在学习与生活方面产生了许多困扰。

越早发现, 大脑的可塑性越高, 就能大幅降低阅读与理解方面的问题。如何早期发现与鉴别呢? 下面就是我们要讨论的内容。

一、阅读理解困难的定义

Aaron 提出的 "阅读困难的成分模型" 基于阅读成分理论, 该理论由 Gough & Tunmer（1986）和 Hoover & Gough（1990）提出, 被称为简单阅读观。简单阅读观认为阅读包括两个独立成分: 字词识别和阅读理解。字词识别是识别字词书面表征的能力;阅读理解是指个体理解书面和口语语言的能力。Stanovich（1991）指出, 如果儿童能够阅读文本, 那么他们就能理解所听到的内容和阅读文本内容;如果阅读理解和听力理解能力表现不一致, 则表明可能存在阅读困难。

阅读理解困难指的是儿童虽然能正常识别字词、拥有正常词汇量,但在语篇理解上严重落后, 而这种落后不是由于智力落后、器质性损伤或情绪问题导致的。此类儿童除了语文成绩受影响外, 通常在写作和数学成绩上也会有困难。写作困难是因为无法从阅读中获取有效的语篇经验来提高写作水平;数学困难则是因为应用题的理解要求高, 阅读理解困难导致无法有效进行数理加工。

二、阅读理解困难的成因

(一)解码速度

　　小明写作业的时候很认真，不会为别的事情分心，安安静静地一直写。做题速度很慢，特别是语文作业。别的孩子只需要半个小时就能完成的小短文，他要一个半小时才能写好。所以每天晚上，小明都要近11点才能睡觉。作业中组词造句正确率还可以，一旦做较长的篇章阅读，成绩就差了。这个问题在学校写课堂作业和考试时就更加突出，总是写不完，即使已经做的全对也没有办法将成绩提高到班上的中上水平。

　　小明这样的情况在学校里并不少见。他们词汇量往往正常，但只要参加限定时间的阅读理解测验，分数都很低。这和情况发生的原因就是解码速度慢。解码推动的是个体将口语与书面语配对形成稳固的联合，能够帮助儿童通过看到的视觉词汇，将其感知为词汇联合，对其进行辨认。解码速度指将视觉词汇转化为语音和意义过程的速度，测量影响到儿童阅读的解码速度，通常用的指标是反应时。最常见的范式是字词命名速度，即呈现一个汉字或词语，要求儿童尽量快且准确地将其读出来，就是命名反应时。记录从汉字（词语）出现到儿童正确读出该汉字的时间间隔，这段时间间隔就是命名反应时。

　　解码速度对阅读理解水平可能的作用在以下几个方面：

　　1. 增加记忆负荷。解码速度慢的儿童阅读同样长短的篇章会花费更多时间，增加了记忆负荷。前面的记忆内容遗忘后，无法对后面的内容进行准确理解。

　　2. 耗费认知资源。解码速度慢的儿童解码没有自动化，在阅读时，儿童需要耗费更多的认知资源进行解码。根据注意的资源理论

（Kahneman，1973；Best，2001），完整识别刺激，需要认知资源。认知资源是有限的，刺激复杂，需要的认知资源就多。如果同时呈现几种复杂的刺激，资源会很快耗尽，就无法对新异刺激进行加工。所以在阅读活动中，儿童耗费在解码上的认知资源越多，用来理解文章意义的资源就越少，导致了低成就。

所以，提高儿童的解码速度，是提高儿童阅读理解水平的根本环节。

（二）词义

语言是通过心理词典（mental lexicon）保存在大脑中的。心理词典是人们假定在脑中的类似词典的词汇组织。其中储存了大量的词条，每个词条又包括词的字形、语音以及词义等各种知识。词条按照层次网络的形式组织起来，具有相关语义的词语组成一个网络，网络中每个词语占据一个结点，有关这个词的所有知识都储存在网络的这个结点上，人们提取词义时就是在网络中进行搜寻的过程。要理解阅读材料，词义加工是一个基本环节，其掌握情况直接影响儿童的阅读水平。

汤艳莹（2007）研究指出，当儿童词义掌握准确、词汇掌握多时，即便在语篇中碰到了生词，也能够根据生词的上下文中其他信息来帮助判断。例如同位语、下定义、解释、举例、同义词、反义词、上下义词以及标点符号（如破折号、冒号都表示解释和说明）等。

儿童对词义的掌握情况，体现在以下几个方面：

1. 词义激活速度

词义激活速度是看到该词汇到通达其词义的时间间隔，体现的是心理词典搜寻自动化程度。可以通过真假词判断得到儿童词义激活速度，即电脑出现一个目标词，让儿童通过按键判断目标词是不是真实有意义的词语。

从目标词出现到儿童做出正确判断的时间就表示了词义激活速度。阅读障碍儿童的词义激活速度低于正常儿童，这可能导致其工作记忆负荷增大，影响句义整合。

2. 词义激活准确性

中文中时常出现一词多义现象，同一个词也有可能因为作者的意图或者用法习惯不同而获得与一般含义不同的意思，有可能有借代、借喻等用法出现。在阅读后，需要快速确定词语的准确意思，因此，根据课文的语境，快速推理和判断词汇的意义，对于阅读理解必不可少。

3. 词汇间联结程度

词汇间联结程度直接影响了词义联想程度和速度。儿童掌握的词汇之间联系越紧密，意味着从一个词汇联想到相关词汇的速度和准确性越高，词汇加工水平就越高。词汇间联结程度可以从同义词、反义词及词语接龙练习成绩中得到。

（三）句法知识

句子的理解比词汇理解更为复杂。理解字词只是理解句子的基础，然后要通过对句子各成分进行句法分析和语义分析才能获得句子语义，这就涉及句法知识。在口语交流中，为了让听者能够即时理解自己所要表达的意思，谈话者往往会自觉或不自觉地调整自己的语序。而书面语可能使用相对复杂的语法。同时，表达者需要用精确的词句、正确的语法和严密的逻辑进行陈述，还要用结构手段向读者提供语境线索。

句子的类型通常会影响句子理解。常见的句子类型有肯定句、否定句、被动句、被动否定句几种类型。对否定句的理解一般难于对肯定句的理解。这在拼音文字（英语）和表意文字（汉语）的研究中都发现了同样的效应。对此现象的解释多是否定句在句法上比肯定句复杂；否定句的加工阶段多于肯定句的加工阶段，否定句较肯定句可能有更多的含义，且含义不明确等原因导致的。

在句法分析中，我们还常常使用一些策略：

1. 分解。个体通常在一个短语或一个从句的结尾停顿，将句子分解成有意义的各个部分（如短语、从句等），然后逐个分析，提取它们的含义。根据这些部分，个体一般会快速、自动将前后短语的意思联系起来，并用这种方式建构理解。

2. 词序。词序是表达词的语法词义的手段，个体从中提取线索或标记。不同语言中，词序是不一样的。例如，英语（主－谓－宾结构）、爱尔兰语（主－谓－宾结构，但形容词通常放在名词之后）、日语（主－宾－谓结构，且经常省略主语）、德语（主－谓－宾结构，但动词位置可能变化以强调不同的成分）。每种语言都有其独特的句法规则和词序偏好，这些规则定义了如何组织词汇来传达特定的意义。在学习新语言时，了解该语言的标准词序是非常重要的一步。另一方面，同样的意义可以通过不同的词序表达出来。例如，"我喜欢吃苹果"和"苹果是我喜欢吃的"，这两句话的意思是相同的，只是词序不同。

3. 语境。在模糊的句子中，个体靠语境（或上下文）和心理定势（mental set）来理解句子。在阅读或对话中，当遇到不明确的表达时，人们会利用上下文信息来推断含义。例如，对于"他很高兴，因为……"这句话，即使后面的内容缺失，人们也可能根据前面的内容推测出"他"高兴的原因。对于"他去了医院"这句话，不同的人可能根据各自固有的经验和社会角色（如医生、病人、访客）来解读这个动作背后的含义。

除此之外，标点和词缀都可以帮助个体达到句子理解。要注意的是，正常儿童能够自动使用这些过程或者策略，而阅读困难儿童更可能出现句法知识的缺失和错误使用。常见的错误都是源自错误使用句法分析策略。一般有：

1. 标准句策略。"名词-动词-名词"是常见的句子结构。但在很多时候句子结构并不是严格按照该序列排列的。阅读困难儿童会在句子理解时过度依赖某些固定的词序模式，尤其是他们最初学习的那些模式。这种倾向会导致他们在遇到不同词序或更复杂结构的句子时出现理解错误。

以下一些例子，展示了阅读困难儿童如何可能错误地应用简单的主-谓-宾结构来理解句子：

（1）错误理解被动句：

- 句子："苹果被吃掉了。"（正确理解应该是"苹果"是宾语，"被吃掉"是谓语动作发生在苹果上。）

- 阅读困难儿童的错误理解：第一个名词"苹果"是主语，因此他们可能会理解为"苹果"做了吃的动作。

（2）错误理解带有修饰语的复杂句子：

- 句子："把老师的书放在桌子上。"（正确理解应该是"书"是主语，"在桌子上"描述书的位置。）

- 阅读困难儿童的错误理解：将第一个名词"老师"理解为主语，导致误解为是老师在桌子上。

（3）错误理解含有介词短语的句子：

- 句子："男孩在公园里玩球。"（正确理解应该是"男孩"是主语，"玩球"是谓语，"在公园里"是介词短语描述地点。）

- 阅读困难儿童的错误理解：谓语混淆，导致误解男孩在公园里，或者男孩在玩等。

（4）错误理解包含从句的复合句：

- 句子："我知道那个男人是谁。"（正确理解应该是"我"是主语，"知道"是谓语，"那个男人是谁"是从句作为宾语。）

- 阅读困难儿童的错误理解：将第一个名词"男人"理解为主语，导致误解为是男人知道什么事情。

这些例子说明了阅读困难儿童在面对与他们熟悉的标准词序不同的语法结构时，可能会遇到的挑战。这就需要教育者和家长提供额外的支持和练习，帮助他们适应语言的多样性，提高他们的阅读理解能力。

2. 最小依附策略。在理解句子，特别是长句子时，人们往往倾向于采用简单的句子结构来理解句子，如把动词后面的名词或名词短语看成是其直接宾语。阅读困难儿童往往机械地使用这样的策略，就会导致一系列的错误，如在句子"董事长解雇了李经理十分信任的一个工人"中，阅读困难儿童可能会将"李经理"理解成为董事长解雇的对象，这就导致了句子的错误理解。

（四）推理

在阅读的材料中，作者一般不会也不需要将所要表达的所有信息完全表达出来。成熟的阅读者在阅读时，会根据材料中明确阐述的信息和自己头脑中已有的知识，得到阅读材料中并没有明确阐述而作者实际上想要表达的信息。这时，读者就需要在阅读中进行推理（inference）。推理能力是阅读理解能力中的核心能力（李毓秋，2001）。阅读材料在阅读者头脑中的保存不纯粹是记忆问题，而直接与阅读者的理解模式有关。推理的发展水平直接制约着阅读理解能力能否达到较高的水平。有很多阅读困难儿童的推理能力都有缺陷。张辉（2002）指出阅读者认知结构中的"图式"对阅读理解起着重要作用。任何语言材料，无论是口头的，还是书面的，本身毫无意义。它只指导听者或读者如何根据自己原有的知识图式，在所接受到的语言材料信息的刺激作用下，将储存在大脑知识图式的意义复现出来；或者激活大脑中所储备的相关材料的知识图式，演绎出新的意义（王继兵，2006）。这个过程就是推理。推理是个体在阅读过程中将获得的信息与记忆中的知识经验之间建立联系，使阅读能够顺利进行下去，并形成语篇连贯心理表征的加工活动。只有推理的参与，文本各部分及文本与读者的图式之间才能建立起联系。

推理是以知识为基础的，背景知识对推理过程的作用非常重要。在提取背景信息时，成熟的阅读者是主动的、有策略的。对他们而言，阅读过程就是一个随着文章的内容结合自己背景知识，不断形成文章情景模式的过程，是随着阅读过程不断发生的主动、策略性的推理过程。其中，主动性是最重要的，是指读者在阅读过程中总是努力自主地寻找能解释文章中事件、行为、目标等一般及特定的信息源。

而阅读理解困难儿童在阅读时，大部分精力都耗费在字面意义的理解，不能主动提取背景信息，更无法将背景知识和字词含义结合起来，对文章的理解显得片面而肤浅。但不同的阅读困难儿童，在推理类型上的不同表现，可能预示着不同的推理类型所需的认知加工活动存在着较大差异。有趣的是，有一类脑损伤的儿童——脑积水（hydrocephalus）儿童，在阅读上表现特点与阅读理解困难儿童非常的相似，他们都是在解码水平上没有问题，但遇到课文理解时却表现出严重的落后。脑积水儿童在信息推理上表现出一定程度的缺陷，这种缺陷可能起源于神经异常，即胼胝体异常，导致左右脑信息转换受阻，左脑和右脑难以协同合作。研究发现，右脑半球对于推理是必要的，胼胝体受损的脑积水儿童，很难利用右脑进行推理。

（五）记忆能力

阅读材料包含了丰富的信息，阅读就是一个信息获取的过程。在阅读时，我们需要把先获取到的信息保存在大脑中，再阅读后面的内容。如果阅读中遇到困难，就需要重新提取先前的内容。可见，阅读过程包含了工作记忆，而阅读信息主要是以语音性质保存的，因此，语音的工作记忆活动就成为阅读理解的一个基础要素。

信息的获取也是一个有技巧的过程。阅读理解能力良好的儿童能够准确获取语篇中的信息，并且将它们有机组合为有关联的信息块或者信息系统，在再认和提取活动中也能够准确快速通达目标信息。而阅读理解能力有缺陷的儿童只能获取零散的信息，无法达成信息内部的关联，也无法将信息和自身图式联系起来，从而导致获取的信息无意义而破碎，容易丢失，在需要时没有办法准确通达。

在这个过程中，如果语音工作记忆容量过小，阅读时就会遗失必要的信息，从而导致阅读理解困难。研究表明（赵微，2004），工作记忆容量能够预测阅读理解水平，年龄较小的被试更加依赖于工作记忆容量（井世洁，2003）。另外，阅读中的推理活动是一种语言推理，它需要不断提取储存在工作记忆中的内容，直接受到语音工作记忆容量的制约。

不仅仅是工作记忆，阅读困难儿童的短时记忆的准确性也比普通儿童差（刘翔平，2004），给儿童的刺激越复杂、出现时间越短，此差异越明显。王斌等（2006）进一步研究得出，阅读困难儿童在复杂视觉材料的长时记忆上也落后于普通儿童。

（六）元认知理解

元认知，就是对认知的认知。董奇（1989）指出，元认知包括三个方面内容：一是元认知知识，即个体关于自己或他人的认识活动、过程、结果以及与之有关的知识；二是元认知体验，即伴随认知活动而产生的认知体验或情感体验；三是元认知监控，即个体在认知活动进行的过程中，对自己的认知活动积极进行监控，并相应地对其进行调节，以达到预定的目标。学习困难儿童在阅读过程中，此三者相互联系、相互影响和相互制约，是指导和调节对阅读过程的自我意识和自我控制。读者的阅读过程，也是选择有效认知策略的控制执行过程。其实质是同阅读中的工作记忆困难一样，元认知困难也是预测阅读困难的有效指标。与正常儿童相比，阅读困难儿童在阅读过程中元认知监控存在明显落后，具体表现为：

1. 元认知监控出现偏差，他们没有意识到阅读理解的核心是理解，在他们眼中，阅读理解就是把文章流畅地读出来。所以阅读困难儿童多进行浅层的解码加工，不重视进行深层次的意义加工和推理理解。

2. 阅读困难儿童阅读时，对于局部意义及解码的监控正常，但对于整体意义的监控存在落后，也就是说，他们不关心自己对全文是否理解，而仅仅关注自己对文章中的部分句子或段落是否理解了。这就导致他们局部推理较好，整体推理较差。

3. 阅读困难儿童对于自己理解水平的监控不准确，倾向于高估自己的阅读理解水平。问他们"理解得怎么样"时，他们总认为理解得很好，但实际上他们理解得并不好。

三、阅读理解困难的鉴别

研究表明，在阅读发展初期，字词识别是低年级儿童学习阅读的重要技能，也是其阅读能力发展的最佳预测指标；在阅读发展后期，阅读理解能力是高年级儿童学习阅读的重要技能。Gough 和 Tunmer（1986）

用数学公式对阅读过程中两个成分的性质进行了描述，字词识别和阅读理解任何一个成分存在缺陷或两个成分同时存在缺陷都会导致三种阅读困难亚类型的发生："字词识别困难亚类型"，表现为字词识别能力差而阅读理解能力好；"阅读理解困难亚类型"，表现为字词识别能力发展充分而阅读理解能力存在缺陷；"普通认知缺陷亚类型"，表现为字词识别和阅读理解两方面都存在困难。

"成分模型"检测及亚类型鉴定程序如下：首先，实施标准化阅读理解测验和听力理解测验，然后对阅读理解和听力理解两个变量进行相关性检验；如果阅读理解和听力理解两个变量之间存在显著相关，则表明听力理解成绩可以预测阅读理解成绩。其次，将听力理解和阅读理解测验数据转换成标准分（Z 分数），然后推导出听力理解对阅读理解的线性回归方程，并根据回归方程计算出听力理解所预期的阅读理解成绩。再者，根据听力理解所预期的阅读理解成绩和儿童实际阅读理解成绩之间的"差异"，进行阅读困难亚类型的鉴定。最后，对已鉴定出的阅读困难亚类型进行范畴归类：第一类，"字词识别困难亚类型"；第二类，"阅读理解困难亚类型"；第三类，"普通认知困难亚类型"。

"成分模型"检测及亚类型鉴定标准如下：1. 如果儿童阅读理解成绩低于所在年级平均分以下 1 个标准差的临界值，听力理解成绩达到或超过所在年级平均分以下 1 个标准差的临界值，实际阅读理解成绩低于听力理解所预期的阅读理解成绩（"差异"达到或超过 1 个标准差以上），那么该儿童可被鉴定为"字词识别困难亚类型"。2. 如果儿童阅读理解成绩低于所在年级平均分以下 1 个标准差的临界值，听力理解成绩低于所在年级平均分以下 1 个标准差的临界值，实际阅读理解成绩与听力理解所预期的阅读理解成绩分值基本一致或"差异"未达到 1 个标准差，那么该儿童可被鉴定为"阅读理解困难亚类型"。3.如果儿童阅读理解成绩低于所在年级平均分以下1个标准差的临界值，听力理解成绩低于所在年级平均分以下1个标准差的临界值，实际阅读理解成绩低于听力理解所预期的阅读理解成绩（"差异"达到或超过1个标准差以上），那么该儿童可被鉴定为"普通认知缺陷亚类型"[1]。

举例：

> 四年级学生小杨智力正常，学习认真，但语文学习水平与智力水平不相符，语文学习成绩很差。根据老师日常观察，小杨识字量尚可，在阅读一篇新文章时，每个字都认识，但是读完之后，小杨在做阅读理解题目时答题正确率却很低，不能深入理解文章意思。首先，利用智力测试工具，测得小杨智力水平为正常。然后，利用阅读困难评估工具评估小杨的阅读理解、听力理解能力，分析测试结果（表5.2）：小杨的阅读理解能力得分10分，低于四年级学生平均值1个标准差以下临界值（23.35-5.50=17.85）；小杨的听力理解能力得分10分，低于四年级学生平均值1个标准差以下临界值（18.91-3.73=15.18）；根据回归方程（表5.1），小杨听力理解成绩10所预测的阅读理解成绩为15.414（Y=0.891*X+6.504），小杨的实际阅读理解成绩为10，未超过1个标准差（5.50）。由此可以鉴定小杨为阅读理解困难。相比于普通学生，小杨在阅读理解的各分项中原始成绩都是远远落后于平均分，阅读理解五个部分都要干预。再将原始分转换为Z分数和T分数，也就是标准分数，将阅读理解的各分项成绩

---

[1] 白丽茹. 阅读障碍的"成分模型"检测及亚类型鉴定原理和应用[J]. 中国特殊教育，2008（9）：44—51.

进行比较，会发现小杨事实理解能力较好，接近普通学生平均水平（图 5.1）。事实理解可不作为干预训练的重点，其他四项需要加强。

表 5.1   听力理解预测阅读理解回归方程

年级	听力理解回归方程预期的阅读理解
三年级	$Y=0.978*X+4.643$
四年级	$Y=0.891*X+6.504$
五年级	$Y=0.978*X+8.734$

表 5.2   小杨的阅读困难评估结果

姓名	性别	阅读理解 （四年级 M±SD23.35±5.50）	听力理解 （四年级 M±SD18.91±3.73）	IQ
杨××	男	10	10	正常

	词语应用	句子理解	事实理解	推论理时	政体理解
普通学生	8.06±1.61	2.59±1.03	2.05±0.85	2.95±0.85	4.38±1.28
小杨	4	1	2	2	1
Z 分数	−2.52	−1.54	−0.06	−1.12	−2.64
T 分数	248	346	494	388	236

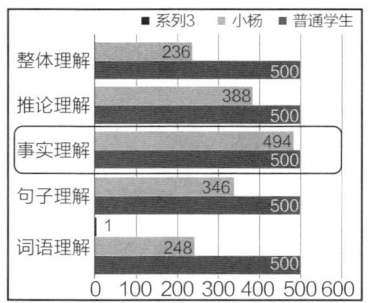

图 5.1   学生阅读理解各分项成绩

第三节   阅读理解困难的干预内容

阅读理解能够使读者从书面语言中获得意义，良好的阅读理解能力能帮助读者获取信息与知识，是学习的基石。但是研究表明，大约 7%～10% 的学生存在阅读理解困难。这些学生身处阅读困境中，通常被误解为懒惰、学习不认真等，得不到家长老师的理解，身心承受了巨大的压力。阅读理解困难究其原因，并非由智力、听力或视力问题引起，而是大脑中处理语言区域出现个体差异造成的。大多数有阅读理解困难的学生可以通过辅导或专项训练在阅读理解甚至学业方面取得进步。

阅读中具体的句子、篇章数量是无限的，而阅读中句子、篇章的格式却是有限的，掌握有限的语言知识，就能够举一反三，更好地阅读。儿童从出生就开始了语言习得的过程，虽然对语言习得的研究尚未形成定论，但大量的实践材料和研究结果表明，儿童通过自然语言使用而获得语言规则，这是一种内化、自发的过程。虽然儿童在语言习得的过程中获得了对语言丰富的感性知识，但这些感性知识并不完全可靠，所以他们也会说出不合规则的语句，而书面表达中的出错率更高。因此，应该根据学生现有的语言能力和语言储备，循序渐进地丰富积累、拓展知识，并引导学生逐渐由感性认知上升到理性分析，在遵循语言习得规律的基础上提高阅读能力。

根据夏尔的阅读能力发展六个阶段理论，小学阶段的儿童正经历初始阅读和编码阶段、巩固熟练阶段以及阅读学习新知识阶段，这些阶段与课标中第一学段（1-2年级）、第二学段（3-4年级）、第三学段（5-6年级）的阅读要求密切相关，如表5.3所示。我们进一步分析不同学段的要求，发现这些阶段儿童的阅读能力与教学系统高度融合。从语言层面分析，阅读理解离不开词、句、篇的理解。本研究阅读理解困难的干预内容，根据学生阅读能力发展及现行义务教育语文课程标准，构建为"词语理解－句子理解－篇章理解"三个层次干预（如图5.2）。

表 5.3　儿童阅读阶段与现行语文课标间的联系

Chill 的阅读发展理论		
6–7 岁	8–9 岁	10–12 岁
初始阅读和编码阶段	巩固熟练阶段	阅读学习新知识阶段
《义务教育语文课程标准（2022 版）》——阅读理解能力		
1–2 年级	3–4 年级	5–6 年级
儿童以字词学习能力为核心	儿童以句段学习能力为核心	儿童以篇章学习为核心
结合上下文和生活实际了解课文中词句的意思,在阅读中积累词语,认识课文中出现的常用标点符号,在阅读中体会句号、问号,感叹号所表达的不同语气。借助读物中的图画阅读。	1. 用普通话正确,流利,有感情地朗读课文,初步学会默读,做到不出声,不指读,学习略读。理解文章大意。 2. 能联系上下文。理解词句的意思,体会课文中关键词句表达意情的作用。能借助字典,词典和生活积累,理解生词的意义,在理解语句的过程中,体会句号与逗号的不同用法,了解冒号,引号的一般用法。	1. 熟练地用普通话正确、流利、有感情地朗读课文。默读有一定的速度,默读一般读物每分钟不少于 300 字。学习浏览,扩大知识面,根据需要搜集信息。 2. 能联系上下文和自己的积累,推想课文中有关词句的意思,辨别词语的感情色彩,体会其表达效果。在理解课文的过程中体会顿号与逗号、分号与句号的不同用法。3. 在阅读中了解文章的表达顺序,体会作者的思想感情,初步领悟文章的基本表达方法,在交流和讨论中,敢于提出看法,作出自己的判断。
干预内容的参考		
字词：能掌握常见的字词。 句段：能够初步学习标点符号,理解句子与段落的意思。 篇章：能够朗读短篇,复述熟悉的故事。	字词：能利用习得的字扩展更多的字词。 句段：能够熟练掌握标点符号等语言知识,熟悉掌握复杂句式。理解句子与段落的层次。 篇章：能够理解文章结构,抽取文本信息,能够找出文章的关键句。	字词：能根据语境(上下文)等策略推理不认识字词的意思。 句段：能够将自然段划分大段,概况大段意思。 篇章：能根据文章内容做简单推论；根据题目、重点句等把握文章主旨、作者思想感情。

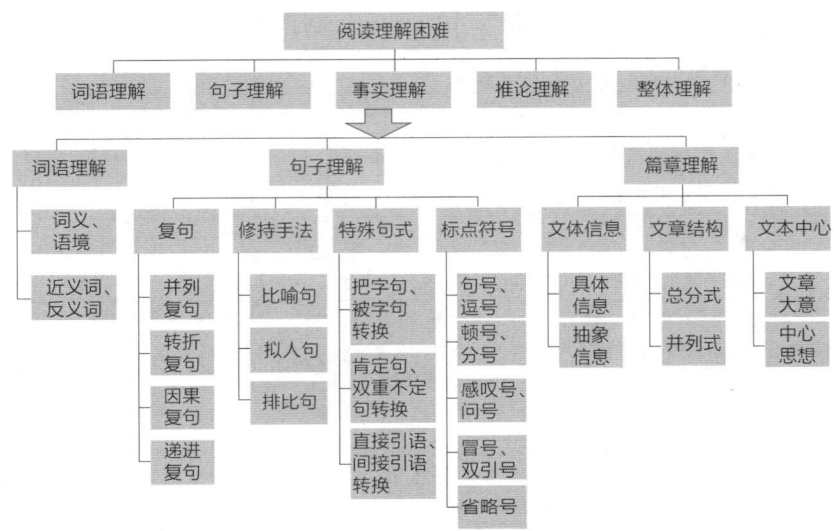

图 5.2　阅读理解干预模块

一、词语理解

　　阅读理解最基本的是对词语的理解。词语是构成语言的基本元素。研究表明，阅读困难学生比普通学生词汇量要少。词语储备太少，读一篇文章时处处是生词，则不可能顺利读懂。

　　从理论上来讲，每个词语的意思都在一定的语义网络中进行了编码，并且能够从网络中提取出来。在一定的语境中，语义加工与对词语的提取相关。例如，要想轻松地知道一个词语的意思，必须找到在语义网络上它与其他词语的联系。研究者发现，随着阅读技巧的发展，语义因素在阅读中占据越来越重要的位置。

　　许多研究表明，阅读困难学生在阅读单个词语时，比对句子进行语义加工更容易犯语义上的错误，尤其是在阅读那些没有任何背景线索下出现的单个词。为此，词语理解在帮助阅读困难学生积累词语，扩大词汇量的同时，更应该让学生掌握基本的词语理解策略。

阅读困难学生在理解词语上面临着诸多方面的挑战。首先，他们可能会遇到词汇量不足的问题。这可能是因为他们在语言发展过程中遇到了困难，或者由于阅读经验不足导致的词汇知识匮乏。其次，阅读困难学生可能会受到词语多义性的影响。同一个词语在不同的语境中可能具有不同的意思，对于这些学生来说，理解一个词语的确切含义可能会遇到困难。此外，一些学生可能由于认知能力的限制而难以理解抽象或复杂的词语。他们可能需要更多的解释和示例，来帮助他们理解这些概念。

另一个常见的问题是词语的连接和组合。阅读困难学生可能会发现理解词语之间的关系，以及它们如何组合成句子的方式具有挑战性。例如，他们可能会遇到理解词语之间的同义词、反义词或逻辑关系的困难。此外，对于一些学生来说，理解词语的隐含含义或象征性意义可能会更加困难。

除了以上提到的问题外，阅读困难学生还可能受到文化差异的影响。他们可能对于特定文化背景下的词语使用和惯例不够熟悉，这会导致对文本理解的困难。此外，一些学生可能由于学习环境或经验的限制，缺乏对特定词语的实际应用和语境的了解，这也会影响他们的阅读理解能力。

针对这些问题，我们可以采取多种策略，来帮助阅读困难学生提高词语理解能力。首先，提供大量的词汇教学和语境学习机会，帮助学生扩展词汇量，并理解词语的不同含义和用法。其次，可以使用各种教学方法和策略，例如词义联想、情境推断和词语解析等，帮助学生理解词语之间的关系。此外，提供多样化的阅读材料，并结合讨论和解释，帮助学生更好地理解词语的使用和意义。最后，提供个性化的支持和指导，根据学生的个别化需求和能力水平调整教学内容和方法，是提高阅读困难学生词语理解能力的关键。

根据现有的研究，我们知道词汇发展是阅读理解的一个重要组成部分。在小学后期及以后，成熟的阅读者会在看到各类文字时学习新单词的含义。通常情况下，年幼的孩子并不会像学习如何读字词那样学习字词的含义。实际上，他们利用的是已经建立的接受性语言词汇来表达他们的意思。因此，当一年级的孩子学习阅读"狗"这个词时，他通常已经对"狗"这一动物形象在心理上有了一个概念。教师意识到了这些学生在这些常见的基本单词上的潜能，但也认识到有必要专门教学其他字词的含义。什么是需要教学的"其他字词"，是一个重要的问题。

现行义务教育语文课程标准也提示，学校应该采用各种方法来提高学生的词汇量。第一个概念就是将词汇分为三个层次。三个层次的定义如下：

• 词汇的第一层级

第一层级是基本的常用词，它们通常有一个具体的物理形态参照物，它们的意义是最容易教授的。老师通常会认为常用词的意义孩子们已经知道。一级词汇的示例包括"学校""马路""男孩""散步"或一些常见的词句搭配表达方式。

• 词汇的第二层级

这些有助于丰富书籍阅读和对话交流的高频词有时被称为实用词。除非有明确的需求，否则这些单词大多缺乏明确的说明。这些词没有那么具体，但学生经常被要求通过日常生活接触了解词中的含义。第二级词汇包括"简单""因为""例如""估计""情节"和"国家"等等。

掌握第二级词汇对理解教科书和日常阅读材料很重要。因为上课时间有限，教师无法教完构成第二级的所有词汇，因此必须有选择性。第二级词汇也被称为成熟语言者级别：这不仅指成人，还包含所有已经超越了基本简单句子和基本具象词汇的个人。

•词汇的第三层级

这些是关于特定主题内容的书中的低频词。这些词是孩子们在高年级之前可能不会遇到的。这些词汇需要有意识地学习或直接教授，因为它们在普通交流或媒体交流中并不常见。三级词汇的例子包括："同位素""串联""印象派"和"文艺复兴时期"等等。

为此，我们选取 3-5 年级现行部编版语文教科书附录的词语表，通过问卷调查形式，结合所要测试的内容设计相应题目，让参与调查的老师评定词语习得的难易度。具体要求为，在每一个词语的评定上，按照五度量表的方式将选项分为"非常简单——简单——一般——有点难——非常难"五个等级，分别设置为 1 到 5 分。词语难度越高，词语评定的分值越高（表 5.4）。通过这种方式，筛查出学生在学习过程中有难度的词语，并制定学期训练安排表（表 5.5）。

表 5.4　请在词语相应的难度等级上打"√"。

词语	难度等级				
	非常简单	简单	一般	有点难	非常难
早晨					
穿戴					
鲜艳					
服装					
打扮					
敬爱					
国旗					

词语	难度等级				
	非常简单	简单	一般	有点难	非常难
敬礼					
安静					
树枝					
好奇					

表5.5 词语理解学期训练安排表

周次	训练重点词语
第一周	荒野 满载 气焰 井然
第二周	平展 穿戴 雾蒙蒙 成群结队
第三周	苍翠 留意 哪怕 演奏
第四周	沉思 合拢 勇敢 规则
第五周	趣味 招引 加紧 交错
第六周	激动 精神 无穷 明朗
第七周	墙壁 堆积 海滨 一本正经
第八周	合奏 沉重 阵地 激烈
第九周	饱胀 吹拂 懦弱 通情达理
第十周	粘胶 聚拢 莫非 反推力
第十一周	破裂 创举 镇静 匀称
第十二周	别致 威武 形式 阻力
第十三周	呈现 莲蓬 谦虚 争奇斗艳
第十四周	比划 圆润 何必 灼伤
第十五周	展示 辨认 沿途 丁零
第十六周	诱人 倒映 变幻 价值

结合小学语文阅读中有关词语的知识内容，对词语理解的干预内容，可以分为语义与语境、近义词与反义词两部分。

（一）语义与语境

语义是指语言中的每一个词都有一定意义。有的词只有一个意义，称为单义词，如"池塘""地球"等。汉语中很多的词有两个以上的意义，称为多义词。多义词的几个意义中，有的是最初的或常用的意义，叫基本义；有的是从基本义引申出来的意义，叫引申义；有的是通过用基本义比喻另外的事物而固定下来的意义，叫比喻义。

语境是指在实际语言运用中，词总是出现文章的语言环境中，有一定的上下文可以联系，我们称其为语境。语境对于词的意义起限制作用，阅读时要根据上下文确定多义词在文中的具体意义。

举例：

"海"是多义词，包括基本义为大洋靠近陆地的部分；引申义为大的，如"海量""海碗"；比喻义为比喻连成一大片的很多同类事物，如"人海""花海"。

生日宴上，明军拿起一瓶红酒一饮而尽，有人开玩笑地说："你真是海量！居然能够一口气喝这么多酒！"明军笑着回答："哈哈，我只是想活跃一下氛围。"

结合上下文，"海"用的是"大的"义项。

（二）近义词与反义词

近义词是指词汇意义相近的词语，比如"美好"和"美妙"。在辨析近义词时，我们可以从以下几个方面来进行：范围大小、适用对象、搭配习惯、感情色彩、文体风格的不同等。使用近义词时，要明确了解词语间的差异，这样才能准确运用。反义词是指词汇意义相反的词语，比如"真"与"假"。找反义词时要注意一组反义词属于同一个意义范畴，例如"长"和"短"都是指长度。一个词语不能与其否定形式构成反义词，例如"复杂"和"不复杂"。

近义词和反义词在儿童的词义理解中扮演着重要角色，它们帮助孩子们在语言学习过程中建立更丰富和更精确的词汇知识。通过比较近义词之间的微妙差别，儿童能够学会如何辨别和选择最恰当的词语来表达特定的意义。同时，了解一个词的近义词可以帮助儿童更深入地理解这个词的含义，因为这需要他们识别相似但不完全一样的概念。掌握多个近义词，可以让儿童在不同语境中更准确地表达自己的想法，使他们的语言更加丰富和精确。在阅读时，遇到不熟悉的词汇，儿童可以通过上下文中的近义词或反义词来推测词义。总而言之，近义词和反义词的学习，不仅有助于儿童理解单个词汇的意义，还能够促进他们整体语言能力的发展。教师和家长可以通过各种教学活动，如卡片游戏、填空练习、角色扮演等，帮助儿童理解这些词汇的关系，并在语言实际使用中加以应用。

二、句子理解

句子理解是指在字词理解的基础上，通过对组成句子各成分的句法分析和语义分析，获得句子意义的过程。

阅读困难学生在理解句子方面可能面临着诸多挑战，这些挑战可能源自多种因素，包括语言发展、认知能力、学习环境等。以下将详细探讨这些问题，并提出针对性的解决策略。

首先，语言障碍可能是阅读困难学生在句子理解方面面临的主要问题之一。其可能表现为词汇量不足、语法结构不清晰、语言表达能力有限等。由于这些语言障碍，他们可能难以理解句子中词语的含义、语法关系以及逻辑连接，从而影响整体句子的理解能力。

其次，句子复杂度可能对阅读困难学生造成困扰。复杂的句子结构、长难句以及语言的隐含含义，可能超出了他们的理解能力范围。例如，包含多重从句、修饰语过多、逻辑关系复杂的句子，可能会使他们感到困惑和无法把握。这种复杂性，还可能导致他们无法准确把握句子的主题、论点和逻辑结构。

此外，阅读困难学生可能会受到词语之间的逻辑关系和语义连接的影响。他们难以理解词语之间的同义关系、反义关系、因果关系等，导致在理解句子时出现混淆或误解。此外，句子中的比喻、隐喻、象征性语言等，可能会超出他们的理解范围，使他们无法准确把握句子的含义和意图。

除了语言方面的问题外，认知能力的限制也可能影响阅读困难学生对句子的理解。他们由于记忆力、注意力、逻辑推理能力等方面的限制，而难以理解复杂的句子结构和语言表达。此外，一些学生可能由于学习经历和环境的不同，对于特定文化背景下的句子结构和表达方式不够熟悉，从而影响他们的句子理解能力。

文章中的一些长句、难句往往是学生阅读中的拦路虎。有研究者（葛秀霞，2008）根据外语学习的规律总结出，指导学生分析句子结构，找出句子的主、从句，主要的词组构成，可以帮助学生更明晰地掌握句意。结合小学语文阅读中有关句子的学习内容，将句子理解的干预内容解构为复句（关联词）、修辞手法、特殊句式、标点符号四大部分。

（一）复句

把两个或两个以上在意义上有密切联系的句子组合在一起的，叫复句，也叫关联句。复句通常用一些关联词语来连接。关联词一般分为转折关系、假设关系、条件关系等。

并列复句：两个或两个以上的分句分别陈述几种事物，或者几件事情，或一种事物的几个方面，分句之间没有主次之分，是平行相对的并列关系。如：他一边穿着衣服，一边望着辽阔的星空。

转折复句：后一个分句和前一个分句表达的意思相反或相对，两个分句之间就有明显的转折关系。如：虽然下雨了，但是我还是坚持去上课。

因果复句：前后分句间有原因和结果的关系。如：因为我看了语文老师的视频，所以学会了很多语文的知识。

递进复句：后一个分句比前一个分句更进一层。如：诚实不仅是做人的准则，也是我们的事业胜利前进的保证。

（二）修辞

修辞手法是为提高表达效果，运用多种表现方式，使语言表达更准确、鲜明、生动，比如比喻、拟人等。

比喻句又叫打比方，用浅显、具体、生动的事物来代替抽象、难理解的事物。比喻句的基本结构分为三部分：本体（被比喻的事物）、喻词（表示比喻关系的词语）、喻体（打比方的事物）。如：月亮慢慢地从江心升起来了，圆圆的、亮晶晶的，好像一个银盘。

拟人句是把物（包括事物、动物、思想或抽象概念）拟作人，使其具有人的外表、个性或情感的修辞手段。如：波浪一边歌唱，一边冲向高空去迎接那雷声。

排比句是把三个或以上意义相关或相近、结构相同或相似、语气相同的词组或句子并排在一起组成的句子。排比来叙事写景，能使层次清楚、描写细腻、形象生动。如：母亲，你是一本书，你是一片海，你是一棵树，你是一盏灯。

（三）特殊句式

特殊句式是指句子的结构与平常的结构组成，存在着区别和不同，比如被字句、把字句等。把字句基本格式为(甲)把(乙)怎么样了。甲是主动者，乙是被动接受者。被字句基本格式为(乙)被(甲)怎么样了。甲是主动者，乙是被动接受者。如：小红把地扫干净了(把字句)。地被小红扫干净了(被字句)。

（四）标点符号

标点符号是书面语中用于标明句读和语气的符号，比如句号、逗号等。

名称	符号	用法	举例
句号	。	用于陈述句的末尾。	我看见妈妈走了过来。
问号	？	用于疑问句或反问句的末尾。	小猫躲到哪里去了？
感叹号	！	用于感叹句的末尾。	公园里的花真美呀！
逗号	，	用于一句话中间的停顿。	下雨了，我们撑起花花绿绿的小伞。
顿号	、	用于句子内部并列词语之间的停顿。	大熊猫最爱吃新鲜的竹叶、竹笋。
冒号	：	用于句子中表示提示、总结之后的停顿。	小鸡想：整个世界都是黄色的呀！
引号	双引号""单引号''	表示文中的引用部分。一般情况下，单独使用引号用双引，而引用的话中还需要用引号时，外面用双引号，里面用单引号。	小燕子说："春雨是绿色的。你们瞧，春雨下到草地上，草地绿了。"
省略号	……	表示文中省略的部分或意思没有说完的部分。	讲信用，守纪律，讲卫生……这些事情可不容易做好。
书名号	《》	用于书名、篇名、报纸名、刊物名等。	今天，我学习了《有趣的汉字》这篇课文。
分号	；	用于分句与分句之间的停顿。	爷爷说："开始，人们只会用图画出事物。像大山，当时就画一座山；像羊，当时就画个羊头，后来慢慢写成了'山'和'羊'。"
破折号	——	用于解释说明、意思的传递或转折，声音的中断或延续等。	叽叽，叽叽，小鸡在说："世界多美呀——蓝湛湛的，绿茵茵的，碧澄澄的。"

三、篇章理解

篇章理解是读者使用语言信息，通过各种各样的推理，建构较高水平心理表征的过程。篇章理解中，既要有阅读材料的输入，又要有背景知识的参与，这样才能形成连贯的心理表征。

阅读困难学生在篇章理解方面可能会遇到多种挑战，这些挑战涉及语言理解、认知能力、注意力等多个方面。以下将详细探讨这些问题，并提出相应的解决策略。

首先，篇章结构的复杂性可能是阅读困难学生面临的主要问题之一。篇章通常由多个段落组成，每个段落又由多个句子构成，其中包含着丰富的信息和逻辑关系。对于阅读困难学生来说，理解篇章的整体结构以及各个部分之间的逻辑关系，可能会带来困难。他们难以准确把握篇章的主题、中心思想以及各个段落之间的联系，导致对篇章内容的整体理解能力受到影响。

其次，篇章表述方法的多样性可能影响阅读困难学生的篇章理解能力。篇章中可能包含大量的专业术语、复杂句子结构、隐喻、比喻等，对于词汇量较少、语法理解能力较弱的学生来说，可能会造成理解上的困难。此外，篇章中的文化背景知识、历史背景等因素也可能超出他们的理解范围，导致对篇章内容的整体理解受到限制。

另外，认知能力的限制也可能影响阅读困难学生的篇章理解。篇章中可能存在着复杂的逻辑关系、推理过程、因果关系等，需要学生具备一定的思维能力和推理能力才能理解。由于认知能力的限制，一些学生可能难以理解篇章中的抽象概念、逻辑关系以及作者的隐含意图，从而影响对篇章的整体理解。

除此之外，阅读困难学生还可能会面临注意力不集中的问题。由于篇章长度较长、内容复杂，以及个体注意力水平的不同，一些学生可能难以保持长时间的专注，导致阅读效率低下和理解能力受限。

针对这些问题，我们可以采取多种策略来帮助阅读困难学生提高篇章理解能力。首先，提供适合学生水平的阅读材料，包括篇章长度、语言难度、文化背景等方面的考量，循序渐进以逐步提高学生的篇章理解能力。其次，可以使用多种教学方法和策略，例如预测、提问、总结等，来帮助学生理解篇章的整体结构和内容。我们还可以提供大量的阅读机会，并结合讨论和解释，帮助学生更好地理解篇章的意义和目的。最后，个性化支持和指导也是提高阅读困难学生篇章理解能力的关键，根据学生的具体需求和能力水平调整教学内容和方法，帮助他们克服自身困难，提高篇章理解能力。

儿童在使用语言进行交际、理解篇章时，会根据自己的文化知识和背景知识给篇章加上许多内容，并根据所建立的意义表征做适当的解释、推论与运用。结合现行部编版小学语文教材中有关篇章的学习内容，我们将篇章理解的干预内容解构为文本信息、文章结构、文本中心三部分。

（一）文本信息

文本中所蕴含的信息。具体文本信息是读者从文本中直接获得的信息。抽象文本信息是读者对文本进行归纳、概括、推断得出的信息。

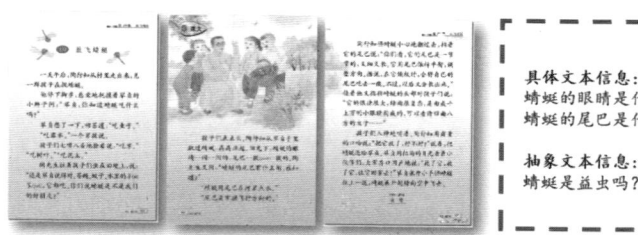

（二）文章结构

文章各部分结构的组织与安排，体现了作者行文时的思路与逻辑。小学常见的文章结构为总分式、并列式等。

1.总分式结构：

（1）总分结构：先提出一个总的观点或主题，然后通过几个分点来具体阐述这个观点。例如，写一篇关于小猫的文章，可以先提出"小猫非常可爱"这一总述，然后从外貌、声音、陪你玩耍等几个方面展开具体描述。

（2）总分总结构：在总分结构的基础上，最后再加上一个总结，强调主题。以《家乡的变化真大呀》为题，可以从家乡的道路、建筑、环境等方面描写变化，最后再次强调家乡变化给居民生活带来的积极影响。

（3）分总结构：先列举几个具体的事例或方面，最后给出一个总结性的观点。例如，描述一天中的不同活动，然后总结说"今天是非常充实的一天"。

2.并列式结构：将几个相同性质的事物或观点并列起来，每个事物或观点都独立成段，共同支持文章的中心思想。例如，写一篇关于四季变换的文章，可以分别描写春夏秋冬四个季节的特点，每个季节作为一个独立的部分并行排列。

（三）文本中心

作者在文章中要表达贯穿全文的核心。简单地说，文本中心就是作者要告诉我们的道理和内涵。

阅读理解是一个多层次的认知过程，需要对词汇、句子和篇章都有良好的理解和分析能力。通过学习，学生可以提高自己的阅读理解水平，更好地理解和评价各种文本材料。

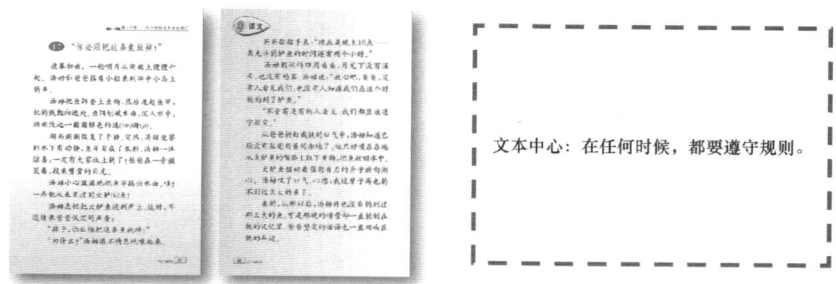

文本中心：在任何时候，都要遵守规则。

第四节　阅读理解困难的干预策略

阅读理解困难的干预策略可以从词语理解、句子理解、篇章理解等方面入手，以帮助提高阅读理解能力。针对各模块的干预策略，可以有针对性地帮助学生在不同层面上提高阅读理解能力。教师和家长可以根据学生的具体情况选择合适的策略，并结合实际情况进行调整、优化和组合。

一、词语理解的干预方法

词是语义最基本的单位，因此词汇量越丰富，阅读的表现自然越得心应手。相对来说，词的理解与应用必须在语境中实现，才能有效习得。词汇量的学习与扩展，既不能孤立进行，也无法仅以查字典的方式帮助学生扩充词汇。因此，扩词活动需要适当的引导，是很重要的语文学习活动。本教学由近义词的联想与扩充活动作为扩词的一种形式，再进一步学习字词扩展的其他方式。

（一）扩展词汇量

有效的字词扩展学习，必须包含理解与应用两个方面，学习活动重点在有趣化与多元性，形式上借助生动的形象比喻、具体的教具操作及简易的方法说明。如果学生能因此掌握语词扩充的策略，不仅能自行延伸学习，也能提高字词学习的兴趣，进而提升效率，有助于提升学生的读写能力。

本教学首先设计"我们来帮生字开花"活动，学习由字造词的思路途径，引导学生练习由字扩词的方式。其次，开展"做做词语伸展操"活动，学习由词扩词的方式。

《生字开花》教学片段

一、找找带"花"的词语

1. 教师请学生念一念课文。

2. 学生分两组，第一组先念课文，第二组听到花的语词时，要拍手。接着交换，由第二组念课文，第一组拍手。

3. 活动后，请学生圈出课文中"花"的词语。

二、想想"花"家族

1. 教师引导：从文章中，我们圈出了花的词语，这些"花"家族可以写成"生字花"喔！请小朋友想一想、说一说这些词语的意思。

2. 让学生轮流说一说词语的意思，说不清楚时，教师加以协助。老师也可以说出词语的意思，请学生猜出词语，例如：插花的瓶子是"花瓶"。

3. 学生两人一组轮流，一个说出词语意思，一个说出词语。

4. 可以请学生画一画"生字花"，将"花"的词语写在花瓣中。鼓励学生想一想、查一查字典，找出更多"花"的词语。透过生字花的图像，让扩充词语的学习变得有趣味。词语愈多，花瓣愈多，生字花就愈大朵。

三、收集其他词语家族

教师鼓励学生找一找课文中还有哪些词语可以做生字开花。

妈妈在阳台上放了一些花盆，要和我一起种花。我们天天浇水，希望花苗快快长大。花苗长高了，长出了一个个的花苞。花瓣打开了，开出一朵朵的花，有红有白也有黄，真是美丽！我家的阳台真是一个小小的花园，欢迎大家来赏花！

"词语伸展操"教学片段

1.教师引导：我们一起做做"词语伸展操"。请你先念一念盒子上出现的词语"飞舞"。（教师拿出词语伸展的盒子，揭示词语"飞舞"。现在"飞舞"要做伸展操了！请你念一念盒子上出现的内容，教师打开盒子，展示"飞翔跳舞"，所以"飞舞"就是飞翔和跳舞。）

2.教师备好"守护""危急"的盒子，让学生轮流上台操作盒子，其他学生念出现的词语与词语的意思。

3.请学生想一想，说一说"新奇"的意思："新"是"新鲜"，"奇"是"奇特"，所以"新奇"就是新鲜和奇特。

4.教师鼓励学生找一找课文中还有哪些词语可以做伸展操。

（二）理解词语策略

本部分以学习各种词语理解策略为主，词语为辅，让学生试着揣摩词义，并说出自己的理解。就词语理解策略而言，最常见的"图示法"

有具体的图画示意、动作示意、表演示意，到较为抽象的举例示意、连结前后文、代换词语，都可以帮助学生理解词义和解释词义的方法。目标是培养学生有意识地知道自己不懂的词语有哪些，并利用学过的词语理解策略，揣摩词语的意思，提升文章阅读理解。

教学片段：

一、导入

1.学生默读课文，一边读，一边把自己不会或看不懂的词语圈出来。

2.教师引导学生想一想：猜一猜，这些"不懂的词语"可能是什么意思？说一说，自己用哪些方法猜测？

二、新授词语理解的策略

1.增字解释词语的方法

学生只要扩增恰当，教师都应予以鼓励。如：沉迷，"沉"扩成"沉醉""沉入"，"迷"扩成"迷恋""着迷"。

2.举例

以"原谅"为例，教师引导学生想一想，可以用什么方式理解词语。生活中什么时候会用到"原谅"这个词语。请学生上台，说一说生活中用到"原谅"这个词语的例子。

二、句子理解的干预方法

（一）复句

复句句型，是句子理解教学的重要一环，对阅读困难儿童而言，教学上不宜直接指导语法知识。在教学中由具体意象建立句型概念，增进学生句义理解和运用句子表达想法的能力，是更有效的做法。

复句学习包括因果复句(《玩拼图找因果》)、递进复句(《句子爬楼梯》)、假设复句(《如果吹泡泡》)这几个内容。这一系列主要在引导学生阅读句子时，能了解复句中的关联词，并与教师设计的图像联结，进而认识不同复句中各关联词与句义的关系。由此，增进学生理解句义与运用句子表达的能力，从而提升阅读的技能。

1. 因果复句

《拼图学因果复句》教学设计有三个主轴：一是将因果关系比喻为"玩拼图"，以具体意象建立学生句型的概念。二是以活动化的方式引导学生认识连接语词是形成句型的关键，理解"因为……，所以……"表达"原因与结果"的关系，就像图片的拼合，需找出图片间的关联性。三是情境引导和聆听活动，帮助学生进一步熟悉句型与句义的关系，进而能精确掌握句义与运用句型表达想法。

教学设计透过"拼图"的具体图像，让学生了解因果复句的性质为"原因与结果的关系"，并经由多种阅读与写作的练习形式，巩固学生对因果复句的掌握。这三个设计的主轴，有别于常规练习中以"照样子造句"的方式教学，容易流于"替换语词"的形式操作，教师未能提供有效引导学生理解句型与句义关系的策略，以致造成学生在解读句义及运用句子上的困难。

《拼图学因果复句》教学片段

一、导入

1. 怎么拼

(1)请学生分享玩拼图的经验，说出自己如何找到吻合缺口的图片。例如：可以看图片的颜色、图案，或者形状。如果是形状，往内凹的缺口图片，就会找一片往外凸出的图片，也可以比一比图案的大小……

（2）教师整理学生的发言，例如：颜色、图案、形状、大小、方向，了解找到相关图片拼合的思考方向。

2.找出拼图的线索

（1）请学生观察图片，从缺口的形状，找出可拼合的图片，连起来。

（2）教师引导学生观察图片的内容，想想连起来的两张图片之间的关系。

二、新授

1.教师请学生根据图片，用"因为……，所以……"依序说出每一组的内容。说的过程中，教师应引导学生要根据图片说出合理的因果关系。

2.学生阅读文章，找出因果关系的句子。说一说哪个是原因，哪个是结果。

三、练习

学生根据图片，用"因为……，所以……"造句。

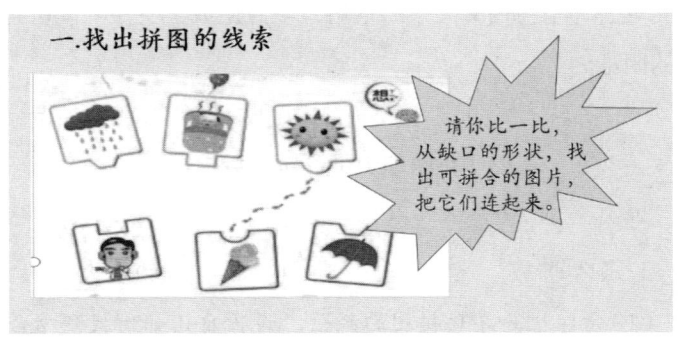

2. 递进复句

《句子爬楼梯》教学设计有三个主轴：一是将递进关系比喻为"爬楼梯"，以具体意象建立学生句型的概念。二是以活动化的方式引导学生认识关联词是形成句型的关键，理解"不但……，还……"表达"更进一步"的意思。三是以多种阅读和写作活动，帮助学生进一步熟悉句型与句义的关系，进而能精确掌握句义与运用句型表达想法。

本练习通过"楼梯"的具体图像，让学生了解这类复句中逻辑关系为"递进"；并经过多种阅读与写作的练习形式，巩固学生对递进复句的掌握。这三个设计的主轴，有别于常规语文教学中"模仿造句"的教学方式，容易流于"替换词语"的形式操作，教师未能提供有效引导学生理解句型与句义关系的策略。

《句子爬楼梯》教学片段

一、导入

1. 大家来开车

（1）引导学生观察图片，找出小光和猴子他们的车子相同及不同之处，提示学生从他们的对话中找线索。

（2）请学生读一读小光和猴子的对话，从中找出线索，再次确认两部车子的异同之处。

2. 谁的车子比较特别？

（1）引导学生观察图片，提问："想一想，小光车子的位置为什么比猴子的高？"

（2）请学生读出挂在楼梯面的词卡"不但""还"，再从小光、猴子旁边立牌里的句子，圈出这两个词语。最后，读一读小光旁边立牌里的句子。

（3）引导思考：谁的车子比较厉害？为什么？

二、新授

1. 教师请学生根据图片，用"不但……，还……"依序说出每一组的内容。说的过程中，教师引导。学生要根据图片说出合理的递进关系。

2. 学生阅读文章，找出递进关系的句子。说一说哪件事要放在"还"的后面。

三、练习

学生根据图片，用"不但……，还……"造句。

3. 假设复句

《如果吹泡泡》教学设计也有三个主轴：一是将假设关系比喻为"吹泡泡"，以具体意象建立学生句型的概念。二是以活动化的方式引导学生认识关联词是形成句型的关键，理解"如果……，就……"表达"假设在某种情况下会产生的结果"，由"如果"设定某种情况，用"就"推论出后续结果。三是以情境引导和聆听活动，帮助学生熟悉假设句型与句义的关系，进而更能精确掌握句义与表达想法。

教学设计透过"泡泡"的具体图像，让学生了解复句中讯息的性质为"不是真的"或"是没发生的事"；并经由多种阅读与写作的练习形式，巩固学生对假设复句的掌握。

《如果吹泡泡》教学片段

一、导入

1. 引导学生先观察图片，了解小月和小光都在吹泡泡，而且泡泡都破了。再引导学生想一想："泡泡为什么会破？"

2. 教师揭示词卡"如果"，进行整理：

小月和小光都用"如果"吹泡泡，说出了想法，但是最后泡泡都破了。

小月"不可能"是灰姑娘，小光"现在还不是"工程师，他们说的话都是没有发生的事，用"如果"吹的泡泡就破了。

二、新授

1. 小游戏：

学生喝下"神奇药水"，就可以变成故事里的人物，用"如果……就……"来说出变身后的结果。

学生喝下"神奇药水"，就可以回到过去，用"如果……就……"来说说内容。

2. 比较"假设复句"和"因果复句"的不同。

三、练习

（二）标点符号

1. 逗号和句号

阅读困难学生常常因为缺乏断词能力，导致无法有效地进行阅读理解，也影响了朗读流畅度。朗读时，若能适当停顿，表示学生已理解语意，这也是保证阅读流畅的基础。学生通过朗读，可以链接字音与字形，为阅读理解打下基础。逗号表示句子的停顿，读到逗号要略微停顿；句号则表示句子结束，朗读时要做稍长的停顿。

标点符号的学习，若只是停留在符号功能的记忆，不仅会形成学习负担，也不利于学生的学习迁移。本设计指导学生由聆听教师范读，到自己思考读法，再尝试标记的引导，让学生了解标点符号与朗读停顿之间的关联，增进学生阅读的理解。

《圆点贴纸做标记》教学片段

一、新授

1. 认识停顿

（1）学生一边聆听教师朗读，一边用圆点贴纸（图5.3）标记停顿处。

（2）学生依照自己的标记，朗读句子给同学听。

2. 认识句号

（1）教师下发大圆点贴纸，说明大圆点贴纸也是标记在停顿的地方。

（2）学生聆听教师朗读，用大圆点贴纸标记停顿处。

（3）引导学生思考：大圆点贴纸和圆点贴纸一样吗?

（4）教师总结：一句话写完，要找"大圆点贴纸"来帮忙，就画个像甜甜圈的"句号"。读完的时候，记得拍一下手，让大家知道我说完一句话了。

一句话有点长，还没说完，又要停一下的时候，可以找"小圆点贴纸"来帮忙。它叫"逗号"，样子像小蝌蚪，读到它的时候，就点一下头。

二、练习

教师出示句子，学生朗读，并根据语气标注逗号还是句号。

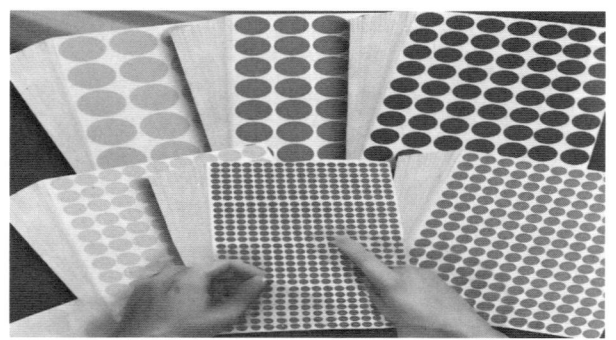

图 5.3　圆点标记卡

2. 问号和感叹号

标点符号的学习，不能只停留在符号功能的记忆。比如,《问号与感叹号》教学设计先唤起学生对逗号、句号的旧经验，让学生产生标点符号的需求感。其次，通过儿歌介绍问号与惊叹号的功能，增加趣味性。整个设计结合朗读活动，从分类过的句子找出字词与标点符号的关系，帮助有感情地朗读。

《玩贴纸学标点》教学片段

一、导入

  1.我会用

  （1）教师揭示教材中的短文，提醒学生朗读前先想一想，贴纸真好用！想一想，我们以前用它帮助自己做了什么？

  （2）学生自行在短文上标注逗号或句号。

  （3）旧概念整理：回忆逗号、句号的用法

二、新授

  1.我会学

  （1）引导学生说说自己的想法：贴纸还有别的样子吗？为什么？

  （2）认识标点符号

  教师为问号、惊叹号进行介绍。

      学习标点并不难，形状用法要记牢。

      （？）好像耳朵样，表示一句话问完。

      （！）像个小炸弹，表示惊喜等情感。

      学标点，并不难，多看多用才熟练。

  2.我会读

  （1）教师引导学生读问句，对问句语气给予指导，并把问号前面的"吗"圈出来，并提问：问号很容易和哪个字一起出现？

（2）教师引导学生读感叹句，对感叹句语气给予指导，并把感叹号前面的"啊"圈出来，并提问：感叹号很容易和哪个字一起出现？

（3）教师帮助学生整理：问号很容易和"呢""吗"一起出现。感叹号很容易和"啊"一起出现。

三、练习

教师出示句子，学生朗读，教师给予指导，引导学生标出问号或者感叹号。

三、篇章理解的干预方法

（一）文本信息

"文本信息"的教学，引导运用合适的摘要策略以掌握大意。低年级利用图像、故事结构，协助学生理解文本和重述内容，掌握故事大概。中高年级采用两种方式，一是由上而下的策略，由篇名了解文章概要，用篇名形式的多样化，增进对文章大意的理解。二是合并自然段成为意义段，并说出意义段的大致意思，最后说出文章大意。

本课"篇章说什么"，首先学会说出自然段意思，再进一步学习如何连接自然段的意思，最后说出篇章大意。教学活动设计，引导学生连接自然段的意思之后，需要经过修改，才能通顺又清楚。修改要点在于避免重复的词语或语句，理顺衔接用的连接词，或者换句话说以概括意思。最后，引导学生通过由"篇名找大意"过渡到"文体找大意"的方式，找出另一种概括大意内容的方式，提供比较。学生经过比较，了解篇章大意的概括方式不止一种，但都能涵盖篇章的主要内容。

《篇章说什么》教学设计

一、新授

1. 找出大段意思

（1）教师出示文章《乡下人家》，学生读文章，并标上自然段序号。

（2）教师引导学生回顾如何整理大段的意思。

① 哪些自然段可以"手牵手"？

② 自然段手牵手后，文章一共有几个大段？

③ 怎么整理大段的意思？

　　找出重点句。

　　先概括每个自然段的意思，再合并成为大段的意思。

④ 说出大段的意思

2. 大段意思连一连

（1）引导学生写出大段意思。

（2）将四个意义段的意思连起来，读一读，检查一下句子是不是通顺？不通顺的地方进行修改。

（3）教师总结：把大段段意连起来，稍加整理，就是这篇文章的主要内容。

二、练习

　　教师出示一篇文章，学生按总结出的概括方法说说篇章的大意。

（1-4）	春季房前屋后景色佳。
（5-6）	夏季乡村人景相协。
（7）	乡下人家每时每刻风景皆宜。

（二）文章结构

1. 时间顺序

理解文本信息需要透过学习各种阅读理解策略，深入理解文章意思，提升阅读能力。因此，阅读指导从基本的提取信息，到推理及掌握主要人物和事件，协助学生了解信息间的关联，串联语句脉络，从而学会推论与诠释，促进思考与理解能力。

按"时间顺序"来理解文章的结构，适合时间线索清晰的文章。"时间顺序"的相关教学设计引导学生按时间线索认识文章的组成，可以帮助阅读困难学生掌握文章重点，进一步说出大意。缺乏阅读技巧的学生，多数把文章看成是由很多字组成，并不知道它是有脉络的，像叶子的纹路一样。因此，无论是找重点或说大意，会有不知从何处下手的茫然感觉。本教学活动设计，引导学生掌握按时间线索厘清文章的脉络，就是依据时间线索整理文章内容，并提供给学生可视化的操作步骤为：读一读，圈出表示时间的词语；说一说，每个时间点作者做什么？有什么见闻和感受？画一画，将找到的讯息整理成表格。

时间线索多出现在记叙文，在段落或重点的开端。文章中的时间线索如：特定的年月日、时间、星期、季节、节日，或者是某个时段、时间标示语、描述时间的句子，如：早上、中午、下午、黄昏、晚上；太阳下山了、夜晚、深夜；吃过早餐后、午饭后、放学后；首先、然后、接着等等。

教学片段举例：

一、导入

1. 教师提问：动物园里有白鲸表演、黑熊表演、马戏团表演，大家知道表演顺序吗?

2. 出示表演节目单,找一找表示时间的语词在哪里(上午、下午、晚上、上午八点…)

野生动物园节目单	
时间	节目
上午八点	白鲸表演
下午四点	黑熊表演
晚上八点	快乐马戏团

3. 说一说时间词语有什么作用(可以让我们知道时间,作为找到顺序的线索)。

二、新授

1. 引导学生读文章《新春游园》,把时间和发生的事连一连。

2. 教师小结:经过刚刚的练习,小朋友可以发现,这篇文章是按照时间的先后顺序组合起来。所以,找到时间的线索,就可以掌握文章的条理(文章的组成)。

3. 引导学生画思维导图,提问:

(1)这个表格的内容,跟文章的文字相比,有什么不一样?(字数比较少。重点比较清楚)

(2)这个表格分成几层?每一层都写什么?(三层。第一层是题目,第二层是时间,第三层是时间对应的内容)

三、练习

1. 出示文章《葫芦池》,学生朗读文章。

2. 学生找出文章中的时间词语。

3. 学生说一说时间词语对应的内容。

4. 学生画思维导图。

葫芦池

葫芦池一年四季景色秀美。

春天，池边翠绿色的柳条在春风里摇曳。红艳艳的桃花把葫芦池镀上了一层瑰夏天丽的色彩。夏天，池里铺满荷叶，一阵风吹过，像翻动着一层绿色的波浪。含苞欲放的荷花清香四溢。秋天，阳光照满大地，池边菊花盛开，千姿百态，美不胜收。寒冬，葫芦池结冰了，孩子们的欢声笑语在池边回荡。

2. 空间顺序

文章的"空间顺序"是按照事物的方位来组织文章内容。"空间顺序"的教学设计引导学生认识按"空间顺序"组织的文章，可以帮助阅读困难学生按"空间顺序"厘清文章的脉络，进一步说出大意。本教学活动设计，引导学生认识找到"空间顺序"是厘清文章脉络的方法之一，就是依据空间线索整理文章内容，并提供给学生可视化的操作步骤：读一读，圈出表示空间的词语；说一说，每个地点发生了什么事？或有什么东西？画一画，将找到的信息整理成思维导图。

空间线索多出现在记叙文，在段落或重点句子的开头。空间线索如：特定的场所、地名、城市、国家和描述地点的字词。如：书房、客厅、厨房；学校附近、池塘、森林、草地、车站；欧洲、印度、美国、地球的南极、太空等等。

教学片段举例：

一、介绍校园活动

1. 想一想，我们的校园里有哪些设施、场所？有哪些比较特殊、值得参观认识的地方？

2. 引导学生看自己学校的校园地图。找找看，学校有特色的空间是哪里呢？请在校园地图上圈出来。

3. 按照自己圈出的校园空间，想一想，怎么向客人介绍自己的学校呢？

4. 引导学生说说看，怎么介绍学校的特色空间？（先选择三个空间"操场、图书室和音乐教室"。接着，按照路线图的顺序，说出每个空间的特色。）

5. 想一想，说一说：自己要介绍哪些空间？要按什么顺序介绍？每个空间有什么特色？

二、寻找文章中的空间线索

1. 引导学生读文章《记金华双龙洞》，找出作者从哪些空间介绍双龙洞，把它圈起来。

2. 教师下发双龙洞的导览地图，引导学生圈出这些空间的位置，并按照介绍顺序标出数字。

3. 按照空间线索说一说。

三、画思维导图

（三）文本中心

文本中心的教学，可说是寻找文章灵魂的教学。文本中心就是文章的主旨，主旨是作者通过文章想要说的道理、要表达的感情。作者通过写作，传达自身的领悟和感触给予读者。因此，阅读理解教学引导学生推知作者写作的目的，帮助学生深刻融入阅读内容，与作者交流。从读写合一的角度看，不仅增进阅读理解，也能触发学生写作时"立意"的能力与方向。

学生在已经掌握自然段组织的"简单结构"，及摘取篇章大意的能力基础上，进一步推理作者写作的用意，以达作者与读者相互交流的效果，从中领略阅读的乐趣。

本教学设计先从"巩固"篇章大意的摘要能力入手，触发学生思考了解文章大意的目的。接着，再运用"流程图"，引导学生从篇名、篇章大意等进一步练习有效的提问与思考，推知文章主旨所在。最后，整理习得的方法，鼓励学生应用在对其他课文主旨的理解。

教学片段举例：

一、导入

1. 教师出示一篇"第一人称"叙述的文章，学生根据之前的学习，练习说出篇章大意。

2. 教师揭示课题：大家都会说篇章大意了。想一想，作者想告诉我们什么？

二、新授

1. 说一说什么是作者？

教师总结：有时候，作者会变成课文里的"我"，"我"说的话，很可能就是作者想要告诉我们的话!

2.教师提问:文章中的"我"是谁?你是怎么知道的?

3.学生自己整理文章中关于"我"的信息,并介绍"我"。

4.教师指导学生找出有"我"的句子,标记下来并朗读,想一想作者告诉我们什么?为什么作者要这样说?

5.教师总结:找到"作者想说什么"的方法为:第一,说出篇章大意;第二,找出文章中的"我"在说什么;第三,想想"我"为什么这么说;第四,体会总结文章的主旨。

三、练习

教师出示一篇文章,学生按照学习的方法,说一说文章主旨。

四、学习活动设计建议

阅读理解需要从字词、句子到篇章各个层面上的理解和分析文本内容。以下是一些建议,用于设计学习活动:

(一)词语理解干预的活动设计

词语理解干预可以采用以下几种活动:

1.接龙训练。要求学生将给出词语的尾字作为首字组词,并一直接龙下去。如:夏天,天下,下车,车子,子女,女孩……要求略降的接龙训练可以接受接龙的字音同形不同。如：夏天，添加，加法，砝码，码头，头脑……在这里，"夏天"的尾字"天"与儿童组词的"添加"的"添"音同字不同，也算正确。

2. 词义联想。给学生一个目标词，要求尽量多地想出与该词相关的词语来。儿童写出来的词语可以是语音相关（如从"晴天"联想到"情谊"），可以是语义相关，如同义词（如从"高兴"联想到"快乐"）或反义词（如从"黑"联想到"白"），也可以是概念相关（如从"香蕉"联想到"苹果""水果"等）。判断联想能力的标准是儿童联想的词语数量。

3. 按概念结构教授。此种训练就是按照心理词典的结构，直接将整个概念体系或者命题系统教给学生，促使其能够有规律地接受所传授的知识，能够按照规则的词典网络顺利查找到需要的词条。例如，在教授植物的部分时，可以根据植物的纲目科顺序进行教授，每个层次举出若干例子，让学生脑海中呈现清晰的概念层级图，方便今后提取。

（二）句子理解干预的活动设计

1. 句型变换：充分运用各种句型的变化来强化。设置相似、相近句型的材料，要求学生甄别，也可以给出一种句型，要求学生转换成意思不变的另一种句型。例如，让学生将"小东把小白兔抱了起来"这个"把字句"转换为"小白兔被小东抱了起来"的"被字句"。或是将"不劳动，连棵花也养不活，这难道不是真理吗？"的反问句，转换为"不劳动，连棵花也养不活，这就是真理。"的陈述句。

2. 句子成分提取：教授学生句子主干的辨认方法（汤艳莹，2007），如主语、谓语和宾语。这些词语担负着传达主要信息的功能，如表示人名，地名，机构名等专有名词。教学过程中，用问答、填词等方法让学生反复练习。

3.语序变换：汉语表达很灵活，可以通过和学生进行语序变换游戏，训练句法。在教学中，可以和儿童进行变换句子比赛以到练习目的，如一人说一个句子，要求对方不改变句子意思的前提下变换语序。例如，"吃饭了吗？"和"饭吃了吗？"

（三）篇章理解干预的活动设计

1.文章标记。文章标记是运用于文章的不同位置，不新增文章内容，采用高亮或划线的方法，强调文章结构或某一具体内容的词、短语、句子或特殊符号。

文章标记是一种有利于帮助阅读理解困难学生进行阅读理解的工具。因为这类学生在阅读文章时，不能很好地建构文章上层主题信息和句子内容的回忆，而利用文章标记等突出的外部线索，既提高了他们对主题信息的回忆，又提高了对句子细节的回忆，具有综合的促进作用。这样可以提高他们对文章表征信息认识的质量，从而促进理解水平。

比如，可以对关键词、重要事实或需要强调的内容进行高亮或下划线处理，凸显文本关键信息。在文章的边缘或空白处添加边注或脚注，提供额外的解释、例子。使用编号或项目符号列出步骤、论点或事件，帮助理解文章结构顺序。

需要提醒的是，在使用这些标记时，要根据文章的类型和目的选择合适的标记方式，并确保标记的使用不会干扰阅读体验。同时，也要注意不要过度使用标记，以免造成视觉上的混乱。

2.思维导图。当文章篇幅较长，涉及众多的人物关系和相关事件时，阅读理解困难儿童在阅读中很难对文章内容有整体的认识和把握。教师可以指导学生借助思维导图，将阅读中的文本转化为直观的图解方式，并借助生动的图片与文字对知识进行梳理与分析。

对一篇文章画思维导图的步骤大致为：（1）阅读文章：仔细阅读整篇文章，理解其主题、结构和主要观点。（2）确定中心思想：找出文章的核心主题或中心思想，这将是思维导图的中心节点。（3）划分段落大意：将文章划分为几个部分或段落，并为每个部分概括出一个主题或大意，这些将成为导图的主要分支。（4）提取关键信息：在每个段落中找出关键词、重要事实、观点或论据，这些将作为次要分支，添加到对应的主要分支上。（5）使用图像和符号：为了使导图更加直观易懂，可以添加图片、符号或不同颜色来区分不同的部分或强调重要的信息。（6）连接相关概念：如果文章中的某些点存在逻辑关系或相互联系，可以用线条将这些点连接起来，以显示它们之间的关系。（7）检查和修正：完成初稿后，检查思维导图是否准确反映了文章的内容和结构，必要时进行调整或补充。通过以上步骤，可以将一篇文章的内容以思维导图的形式清晰地呈现出来，有助于加深对文章的理解和记忆。

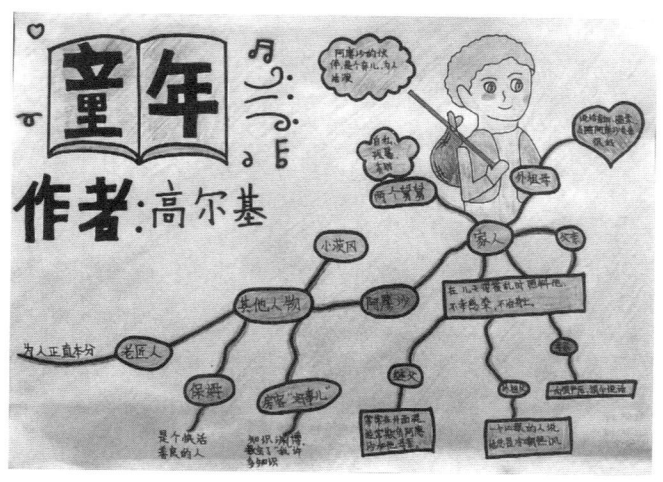

3. 激活背景知识。阅读时，读者会自动即时地利用背景知识，整合当前文章的信息内容。在干预时，教师引导学生尝试运用已有的背景知识，从不同角度吸收新知识，最后将新知识纳入自己的认知结构，变成自己的知识。阅读过程中的背景知识不仅涉及词汇、语法、语篇结构等语言形式的知识，还会涉及阅读材料本身的文化背景知识等，适时恰当地激活这些相关知识能更好地促进阅读理解。比如，在讨论一篇关于水资源的文章前，教师可以让学生进行头脑风暴，回忆和水相关的所有知识点，如水循环、水的形态等。这有助于学生在阅读时，更快地连接新旧信息。在阅读一篇关于历史事件的文章前，教师可以让学生根据已知的信息，创建一个时间线或事件地图，以帮助他们在阅读时跟踪事件的前后顺序和相互联系。在阅读一篇科学文章前，教师可以通过提问来引导学生思考，例如："你们知道植物是如何进行光合作用的吗？"这样可以激发学生的好奇心，并让他们在阅读时自主寻找答案。

4. 多感官支持。儿童因为个体身体、心理，对事物的认知方法及感知接受能力不同，存在视觉优势、听觉优势、动觉优势等。在阅读中，教师设计包含视觉、听觉、动觉等多感官在内的活动，比如提供图片让学生看，提供听力材料让学生听，设计各类竞赛或表演活动让学生参与，调动学生的多种优势学习感官去阅读，增加学生对文本信息的接收与理解。

第6章
共患阅读困难学生的干预案例

随着现代神经科学、心理学的发展，我们也逐渐意识到人类群体中有神经多样性的存在，如各种障碍类型的共患在接受教育时所面临的挑战，本章以案例的形式介绍了目前学校环境中出现的一些比较典型的共患阅读困难学生的干预案例。每个干预案例都通过具体的实例，展示了在特定情况下采取干预的过程和结果，呈现了我们一次次的实践探索，总结了一些有效的干预策略和方法。

第一节　注意力缺陷 / 多动共患阅读困难学生的案例

一、注意力缺陷 / 多动障碍的定义

注意力缺陷 / 多动障碍（Attention Deficit Hyperactivity Disorder，ADHD）是一种神经发育性精神障碍，通常在儿童时期开始，30%～50% 可持续到成年期。根据 DSM-5（《精神障碍诊断与统计手册》第五版）的分类，注意力缺陷 / 多动障碍分为三种类型：注意力缺陷型（Predominantly Inattentive Presentation）：主要特征是注意力不集中、易分心、做事粗心或马虎。这种类型的患者通常表现为不能持续关注、难以完成任务、经常忘记事情或物品，并且容易受到外界刺激的干扰。多动性型（Predominantly Hyperactive-Impulsive Presentation）：主要特征是

多动、过度活跃和冲动。这种类型的患者通常表现为不能保持静坐、不停地移动或摆动、过于喋喋不休、难以等待或插话。混合型（Combined Presentation）：混合型 ADHD 患者同时具有注意力缺陷和多动性症状，是上述两种类型的综合表现。

注意力缺陷 / 多动障碍是儿童期常见的神经发育障碍，患病率为 5—8% 左右，男孩明显多于女孩。超过 2/3 的注意力缺陷 / 多动障碍儿童存在至少一种共患病。

注意力缺陷 / 多动障碍病因和发病机制尚未完全明晰，目前认为，注意力缺陷 / 多动障碍是由多种生物学因素、心理因素及社会因素相互作用的一组临床综合征。

二、注意力缺陷 / 多动障碍的筛查与诊断

（一）注意力缺陷 / 多动障碍的筛查

现有许多评估儿童行为的量表和心理测验，成为筛查 ADHD 儿童的重要工具。常用的 ADHD 筛查工具（表 6.1）如下，这些量表都制订了中国常模，适合国内应用。

表 6.1　常用的 ADHD 筛查工具

筛查工具	主要内容
SNAP-IV 注意力缺陷多动障碍筛查量表	根据 DSM-5 标准而修订,常用的是 26 项版本和 90 项版本。适用于 6-18 岁儿童 ADHD 筛查或辅助诊断等。
Conners 简明症状问卷（ASQ）	包括 10 个条目,表示多动的常见症状,一般 ASQ 为泛指的多动指数。ASQ 可供儿童的父母和老师评估。
注意缺陷多动障碍诊断量表	基于美国精神病学会《精神障碍诊断和统计手册》第 4 版 ADHD 诊断标准 8 条症状编制的量表,包括父母版和教师版。
Achenbach 儿童行为量表	分为 8 个分量表:退缩、躯体主诉、焦虑 / 抑郁、社交问题、思维问题、注意问题、违纪行为、攻击性行为,得分越高表明问题越明显,高于划界分即为异常。用于多动症儿童时,其注意问题分量表得分高反映儿童存在注意力缺陷。

（二）注意力缺陷 / 多动障碍的诊断

由于注意力缺陷 / 多动障碍成因复杂，注意障碍、多动、冲动这些症状都是非特异性症状，不仅仅在儿童多动症出现，还可以见于精神分裂症、焦虑障碍、心境障碍、分离障碍等多种疾病，所以要综合诊断，以确定这些症状是由 ADHD 引起，而非其他病因导致。

综合诊断包括以下内容：参考所有了解儿童的人（如家长、老师、同伴）的看法；对儿童进行观察交谈，全面了解儿童的精神状况，排除其他精神障碍；检查身体状况，排除其他躯体疾病；使用父母、教师、自评量表，从不同方面获取信息；进行智力和学习能力评估及心理测验；加上必要的实验室检查等。在诊断时，必须综合上述信息全面考虑和分析，才能获得较确切的诊断。

通常诊断步骤为：1. 收集病史（家长、老师、儿童）：家庭和学校的行为表现、发育、环境等；2. 医生的观察：在医院的行为表现、交流、情绪、亲子关系等；3. 心理测验及评定量表：智力测验、注意力测验、Weiss 功能缺陷量表、Conners 评定量表等；4. 必要体检及其他辅助检查：血常规、脑电图，甲状腺功能等；5. 对照诊断标准判断。

根据 DSM-5 的诊断标准，注意力缺陷 / 多动障碍的诊断需要满足 5 条标准（见表 6.2、6.3）。

表 6.2　DSM-5 注意力缺陷 / 多动障碍诊断标准

诊断标准 A	满足注意缺陷或多动冲动症状表现（见表 6.3）6 条或以上，持续存在 6 个月。
诊断标准 B	若干注意障碍或多动 – 冲动症状在 12 岁前就已存在。
诊断标准 C	若干注意障碍或多动 – 冲动症状存在于两个或更多的场合（如：在家里，学校，工作中；与朋友或亲戚互动中；在其他活动中）
诊断标准 D	有明确的证据证明症状干扰或降低了社交、学业或职业功能的质量。
诊断标准 E	症状不能仅仅出现在精神分裂症或其他精神病性障碍的病程中，也不能用其他精神障碍来更好地解释（如心境障碍，焦虑障碍，分离障碍，人格障碍，物质中毒或戒断）。

表 6.3　注意缺陷或多动冲动症状表现

ADHD 注意缺陷的表现	ADHD 的多动与冲动表现
a. 经常难以在学习、工作或其他活动中集中注意或犯粗心大意的错误	a. 经常坐立不安，手脚不停地拍打、扭动
b. 经常在学习、工作或娱乐活动中难以保持注意力集中	b. 经常在应该坐着的时候离开座位
c. 经常在与他人谈话时显得心不在焉、似听非听	c. 经常在不适宜的场合中跑来跑去、爬上爬下
d. 经常不能按要求完成作业、家务及工作任务	d. 经常很难安静地参加游戏或课余活动
e. 经常难以有条理地安排任务和活动	e. 经常一刻不停地活动，犹如被马达驱动一样
f. 经常不愿或回避需要持续动脑筋的任务	f. 经常讲话过多、喋喋不休
g. 经常丢失学习和活动的必需品	g. 经常在问题尚未问完前就抢着回答
h. 经常因外界刺激而容易分心	h. 经常难以耐心等候
i. 经常在日常生活中健忘	i. 经常打断或侵扰别人

三、注意力缺陷 / 多动障碍干预的原则与常用方法

（一）干预原则

1. 个别化干预：根据每个学生的症状、严重程度和需求制定个性化的干预计划。

2. 综合干预：综合多种治疗方法，包括行为疗法、药物治疗、家庭支持等，以提供全面的支持和帮助。

3. 教育和培训：为学生、家人和教育者提供关于 ADHD 的教育和培训，增强他们对疾病的理解和管理能力。

4. 长期干预：ADHD 是一种长期的疾病，需要长期的干预和支持，以减轻症状并改善生活质量。

（二）干预方法

1. 行为管理：通过建立结构化的日常生活和学习环境，教导时间管理、组织技巧和自我控制能力，以减轻症状并改善功能。

2. 药物治疗：常用的药物包括刺激剂和非刺激剂，用于改善注意力、控制多动性和调节情绪。

3. 家庭支持：提供家庭支持和教育，帮助家庭成员理解和应对ADHD，以促进患者的社会和情感发展。

4. 教育介入：与学校合作，为学生提供个性化的学习计划和支持服务，帮助其在学校取得进步。

5. 父母培训：为父母提供技能和工具，帮助他们更好地管理ADHD的行为和情绪，以改善家庭关系和提高孩子的生活质量。

这些方法通常结合使用，以最大程度地减轻ADHD症状，提高学生的生活质量和功能水平。

四、注意力缺陷／多动障碍共患阅读困难的常见特征

注意力缺陷／多动障碍儿童常常伴有阅读困难，共患率约25%～40%，其常见的特征包括：

1. 注意力不集中：由于注意力难以集中，ADHD学生在阅读时容易分心，这会导致他们错过关键信息，从而影响对文章的理解。

2. 记忆力差：ADHD学生记忆方面存在困难，识字量少，这导致他们生字多而影响阅读，同时难以记住之前的内容，从而影响对文章的整体理解。

3. 阅读速度慢：ADHD学生在处理文本信息的速度较慢，这导致他们阅读速度慢。

4. 学习策略不足：ADHD学生很难采用有效的学习策略，如注释、

摘要或复习，以帮助他们更好地理解和记忆阅读材料。

5. 创造性思维：ADHD 学生倾向于以非传统的方式思考，他们在阅读时能够提出新颖的见解和理解。

五、注意力缺陷/多动障碍共患阅读困难案例分析

（一）案例背景

小陈，现就读于普通学校三年级，男生，学龄前就表现出过分喧闹和捣乱，惹人麻烦，明显的攻击行为，经常惹祸。进入小学，小陈表现出过度活跃、注意力不集中，常常难以完成课堂作业和阅读任务。尽管他智力水平正常，但他在学校各学科成绩很差，其中，语文识字、写字、阅读、写作能力远远落后于班级平均水平。

（二）观察与评估

收集小陈的相关资料并进行日常观察，初步判断小陈可能存在的问题。

1. 相关资料

相关资料主要包括：

（1）入学基本信息表；

（2）学生生长发育史；

（3）小学——三年级以来的重要考核节点的学业成就资料，保存在册的看图写话、作文、数学计算、英语默写单、语文默写单等；

（4）入学以来家校沟通档案，如家访情况等，医疗相关记录档案，长时间请假记录等。

（5）其他资料。

2. 日常观察：

结合学生资料，进行日常观察，判断学生的疑似困难类型。

表6.4　日常观察项目表

疑似困难类型	常见表现	个案与之相关的情况
注意力缺陷	a. 经常在学习、工作或其他活动中难以集中注意或犯粗心大意的错误； b. 经常难以在学习、工作或娱乐活动中保持注意力集中； c. 经常在与他人谈话时显得心不在焉、似听非听； d. 经常不能按要求完成作业、家务及工作任务； e. 经常难以有条理地安排任务和活动； f. 经常不愿或回避需要持续动脑筋的任务； g. 经常丢失学习和活动的必需品； h. 经常因外界刺激而分心； i. 经常在日常生活中健忘。	学生上课容易走神； 学生课桌凌乱，物品随便摆放； 学生经常忘记事情； 学生写作业拖拖拉拉； 总是丢三落四。
多动、冲动	a. 经常坐立不安，手脚不停地拍打、扭动； b. 经常在应该坐的时候离开座位； c. 经常在不适宜的场合中跑来跑去、爬上爬下； d. 经常很难安静地参加游戏或课余活动； e. 经常一刻不停地活动，犹如被马达驱动一样； f. 经常讲话过多、喋喋不休； g. 经常在问题尚未问完时就抢着回答； h. 经常难以耐心等候； i. 经常打断或侵扰别人。	学生经常和同学打架； 学生上课会离开座位； 学生下课后喜欢在走廊里跑来跑去； 学生不听老师指令，会和老师顶嘴； 学生上课时喜欢和同学聊天，发表自己的观点。
阅读困难	a. 在阅读时通常会比同龄人慢很多，需要更长的时间来理解和消化所读内容； b. 在阅读时容易出现错读和漏读的情况； c. 识字时会遇到困难； d. 写字时会出现错误； e. 难以理解文章的主旨、细节和推理； f. 难以组织思维、表达观点和完成写作任务。	学生识字量很少； 学生阅读时会读错字、跳行； 学生语文练习册几乎空白； 学生语文考试总是不及格。

3. 评估项目

为全面了解学生的学习困难和行为问题，我们在教育观察的基础上，采用标准化评估工具开展进一步的评估，为制定个性化的干预方案提供更精准的依据。

表 6.5　评估项目表

评估项目	主要内容
注意力和多动性评估	采用 SNAP-IV 注意力缺陷和多动障碍的临床评估量表,评估小陈的注意力和多动性症状严重程度。
阅读能力评估	采用《3—5 年级学习困难学生阅读理解能力评估工具》测试学生词语、句子、篇章理解等阅读能力,评估小陈的阅读困难亚类。
综合评估	1. 智力测验:评估学生智力水平,排除智力因素对阅读能力的影响。 2. 行为和情绪评估:评估学生的行为和情绪问题,如焦虑、抑郁等,确定是否存在心理因素影响阅读表现。 3. 家庭和教育环境评估: 　家庭情况评估:了解学生在家庭中的生活环境和家庭支持情况。 　学校环境评估:评估学生在学校中的学习环境和支持资源,包括教师配合度、课程设置等。 4. 学习风格评估:了解学习偏好,以制定更合适的教育教学策略。

（三）结果与分析

对评估结果进行解读，如表 6.6 所示。

表 6.6　评估结果与分析

测试项目	结果与分析
SNAP-IV 注意力缺陷多动障碍量表	小陈有注意力/多动障碍,且严重程度为中度。
阅读能力评估	阅读理解得分 10,听力理解得分 14 分,根据评估标准,小陈为字词识别困难。
智力测验	采用瑞文智力测试,学生测试得分 35 分,转化为智力标准分 IQ 正常。
行为和情绪评估	小陈不存在明显的情绪行为问题。
家庭和教育环境评估	小陈与父母同住,家庭氛围良好。母亲为小学语文教师,日常学业辅导一般由母亲承担。
学习风格评估	小陈为动觉学习者,偏好动作学习。

（四）干预内容与方法

1. 干预内容

小陈为字词识别困难，即无法正确识别字词，不能在汉字的音形义之间建立有效对应联系，从而造成阅读困难。为此，资源教师对学生进行字词识别干预。

首先，从训练内容素材《3-5 年级易错字汇总表》（表 6.7）中，选取三年级的易错字，采用"核心字带关联字"的方法，对这些易错字进行整合，并制定字词识别训练计划（见表 6.8），实施为期 8 周的训练。

表 6.8　三年级易错字汇总表

三年级上册 (47)	三年级下册 (35)
摔 荒 假 裳 圈 练 戒 厉 残 橙 橘 喇 蟋 蟀 振 卷 焰 喷 缩 拆 嚼 吞 舔 毂 豫 聚 暴 默 鹚 耍 抹 未 侥 瑰 武 载 凳 融 膝 旋 喳 唧 黎 凝 瞬 或 梁	崇 凑 援 缚 缭 贷 耕 释 冀 谦 虚 滔 遵 尊 貌 概 隙 末 搏 惯 薄 颤 巍 巅 耀 歉 瞭 幻 承 衬 嚷 眷 妻 诫 辩

表 6.9　字词识别训练计划

周次	课时	核心字	关联字
第 1 周	1	率	摔、蟀、衰、帅、甩、碎
	2	登	橙、凳、澄、蹬、瞪
第 2 周	3	卷	圈、倦、蜷
	4	鬼	瑰、愧、溃、巍、魏、魔魅、魂、槐
第 3 周	5	末	抹、沫、袜、茉
	6	未	味、妹、昧、寐
第 4 周	7	练	练、炼、连、链、涟
	8	斥	斥、诉、拆
……			

2. 干预方法

（1）有效提示

ADHD 学生需要有效的提示来提高学习效率。教师梳理需要完成的识字学习任务，制定识字任务清单，张贴在学生随时能看到的地方，比如座位旁边，时时提醒学生。完成每项任务，可以将它们从列表中划除，并让学生获得相应的奖励。同时，师生商议制定干预课课时安排表，明确课时的任务安排（比如，前 15 分钟识字，5 分钟休息），让学生了解时间安排，遵守时间表。通过任务清单和时间表的可视化支持，提高 ADHD 学生参与学习的专注度。

（2）视觉辅助

多动症学生往往对视觉刺激更为敏感，教师在教授生字时，可以出示色彩丰富的识字卡片辅助学习，提高学生专注力。比如教师出示字形卡片，教师让学生先观察汉字的字形特点，再根据字形线索了解字义，让学生将字形－字义联系起来记忆（图 6.1）。

   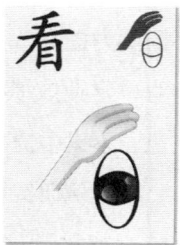

图 6.1　识字辅助卡片

（3）设计游戏

ADHD 学生往往喜欢游戏，教师改变口头讲授的单一授课方式，将学习任务转化为有趣的游戏帮助小陈识字。比如将生活游戏融入识字教学中，设计"跳房子"游戏：在房子格子中放入识字卡片，听词语，跳位置，并把词语读出来。这个游戏可以不断改变，可以按顺序挑、有规律跳，也可以打乱顺序跳。跳房子游戏还可以用到近义词、反义词的训练中。比如说"大"跳"小"、说"小"跳"大"。另外，还可以通过"身体写字"来帮助他记忆字形。比如，用头写字，用屁股写字，用脚写字，用大象鼻写字。这些生活游戏满足小陈的好动需求，提升学习成效。

（4）核心字词先行

在训练过程中，围绕核心字词展开，让学生先学习笔画简单的核心字（如末、宗等），再通过加部首、找音近字、找形近字的方法来学习关联字，启发学生理解汉字的形义关系、形音关系及义音关系，使学生能够有效联系字的"形、音、义"。

六、小结

注意力缺陷/多动共患阅读困难通过评估-干预，识字量增加，通过对汉字"音、形、义"之间联系的理解，学生习得更多的字词。随着字词能力提高，学生的阅读与写作能力有所进步，基本能完成语文家庭作业，学业成绩相应提升。小陈学业的进步带动了学习的积极性，上课注意力不集中情况有所改善。

在案例研究中，我们发现注意力缺陷/多动共患阅读困难的评估要质性观察与量化评估相结合，才能全面了解学生情况。阅读困难干预前，要注重借助阅读评估工具，找到阅读困难的核心问题所在。比如，对于小陈而言，日常观察发现，小陈在语言理解上表现较好，非常喜欢和别人沟通交流，喜欢发表自己的观点。但识字写字能力差，因而阅读与写作任务无法独立完成。初步判断学生存在阅读困难，再进一步进行阅读评估，结果为字词识别困难。所以，在干预内容的选择上侧重字词识别干预。在干预中，也需要根据注意力缺陷 / 多动学生的学习特质设计干预方法。比如，注意力缺陷 / 多动学生小陈认知能力较强，学习风格为动觉学习者，干预时可以多设计动态游戏，提升学生积极性，让干预更有成效。

第二节　高功能孤独症共患阅读困难学生的案例

一、高功能孤独症的定义

孤独症（Autism）一种复杂的神经发育障碍，主要表现为三大核心症状，即：社会交往障碍、交流障碍以及局限性的兴趣和重复刻板的行为模式。这一术语在 1943 年由 Kanner 首次提出并命名。2013 年，美国《精神疾病诊断与统计手册》第五版对 ASD 的诊断标准进行了修订和阐述。此次修订将原先的 "广泛性发育障碍"（Pervasive Development Disorders，PDD）更名为孤独症谱系障碍（Autism Spectrum Disorder，ASD），并将原先划为同一障碍类别的四种不同亚型：孤独症、阿斯伯格综合征、海尔综合征以及待分类的广泛性发育障碍，统一归类到孤独症谱系障碍中。这一改动反映了对于孤独症谱系障碍认识的深入和诊断标准的更新，强调了孤独症障碍的 "谱系" 理念[1]。

尽管在医学诊断中并未明确使用 "高功能孤独症" 这一术语，但由于孤独症儿童间的异质性显著，研究者、医生常常将那些在特定领域展现较高能力，却在社交互动和沟通方面有显著困难的 ASD 群

---

[1] 卜凡帅，徐胜 . 孤独症谱系障碍诊断标准：演变、影响与展望 [J] . 中国特殊教育，2015,（02）：40-45.

体，称为高功能孤独症（High-functioning autism，HFA）群体[1]。患有 HFA（高功能孤独症）的群体仍普遍表现出心理理论的缺失，即难以理解和推测他人的心理状态和意图。此外，这些个体可能表现出较弱的中央统合能力，重视局部而忽略整体，难以提取整体的形式和含义，但在局部和细节加工方面有特殊优势。同时，他们还可能面临执行功能障碍，表现为在执行计划活动时面临困难，组织能力差，易冲动，难以适应环境变化，自我调整能力不足，以及难以抑制无关信息的干扰。

二、孤独症谱系障碍（ASD）的筛查与诊断

ASD 的早期筛查包含两级流程。首先，一级筛查旨在普通儿童群体中识别出疑似 ASD 患儿。这一环节可采用如幼儿孤独症筛查量表（CHAT）、修订版幼儿孤独症筛查量表（M-CHAT）、幼儿孤独症筛查量表 -23（CHAT-23）和社交反应量表（SRS）等评估工具。若一级筛查结果呈阳性，则需进入二级筛查阶段，以进一步确认疑似 ASD 患儿。此时，可采用的评估工具包括儿童孤独症行为量表（ABC）、克氏孤独症筛查量表（CABS）、两岁儿童孤独症筛查量表（STAT）和孤独症谱系商数量表（AQ）等。若二级筛查结果仍为阳性，则需进行早期诊断。在诊断环节，可采用孤独症诊断访谈问卷修订版（ADI-R）、孤独症诊断观察量表（ADOS）和儿童孤独症评定量表（CARS）等诊断量表。一旦确诊，应尽早进行干预和治疗[2]。

---

[1] Faja S, Aylward E, Bernier R, et al. Becoming a face expert: a computerized face-training program for high- functioning individuals with autism spectrum disorders [J]. Dev Neuropsychol, 2008, 33 (1) : 1-24.
[2] 王露, 陈小梅, 冯建新. 儿童孤独症评定量表的发展演变及应用 [J]. 现代特殊教育, 2021, (12) : 74-80.

表 6.9　ASD 一级筛查量表

一级筛查量表	主要内容
幼儿孤独症筛查量表（CHAT）、修订版幼儿孤独症筛查量表（M-CHAT）	1992 年，BARON-COHEN 等人设计出了 CHAT 量表，该量表包含两部分共计 14 个项目。第一部分涉及 9 个是非判别问题，由专业人士询问儿童抚养人，内容涵盖象征性游戏、社交兴趣、运动发展、指向性行为和共同注意力等方面；第二部分包含 5 个项目，需由专业人士观察儿童的行为，并根据目光接触、注意力、假装游戏、原始指向和搭积木等表现进行评估。2001 年，ROBINS 等人对 CHAT 进行了修订，形成了 M-CHAT 量表，增加了 14 个项目，使得第一部分的问题总数达到 23 个，涵盖了眼神交流、声音敏感性、模仿能力、共同注意力、社交回应以及指令性行为等方面。
幼儿孤独症筛查量表-23（CHAT-23）	将 M-CHAT 的第一部分与 CHAT 的第二部分相结合的一种新的中文筛查量表。该量表分为两部分：A 部分为家长自填问卷，包含 23 个是非判定问题；B 部分由专业人士直接观察，包含 4 个项目，即眼神交流、原始指向、假装游戏和无陈述指向。CHAT-23 的创新之处在于将筛查过程分为两步，首先通过 A 部分筛选出可能的阳性病例，然后再由专业人士进行 B 部分的观察。
社交反应量表（SRS）	该量表通过量化社交能力，为儿童的社交状况提供了具体的评估依据。SRS 量表包含五个子量表，分别是社交知觉、社交认知、社交沟通、社交动机以及 ASD 行为方式，总计 65 个项目。

表 6.10　ASD 二级筛查量表

二级筛查量表	主要内容
儿童孤独症行为量表（ABC）	1978 年，KRUG 等学者编制了 ABC 量表，该量表聚焦于 ASD 患者的感知、行为、情绪及语言四个维度，共计 57 个条目，涵盖感觉能力、沟通能力、语言能力、运动能力和社会生活自理能力五个方面。1993 年，杨晓玲等学者对该量表进行了汉化处理，与原版内容保持一致。然而，在建议的筛查分数上，他们提出了将原版的 53 分调整为 31 分，以更好地适应中国 ASD 患儿的筛查需求。
克氏孤独症筛查量表（CABS）	1969 年，CLANCY 等人研发了 CABS 量表，该量表涵盖了 14 个项目，要求抚养人根据孩子过去一个月的表现进行填写。
两岁儿童孤独症筛查量表（STAT）	1997 年，STONE 等人开发了一种名为 STAT 的量表，该量表包含 12 个项目，涵盖了游戏能力、共同注意力、模仿能力和要求能力这四个方面。其主要用途是对 24 至 36 个月的 ASD 患儿进行筛查。

续表

二级筛查量表	主要内容
孤独症谱系商数量表（AQ）	2001年，BARON-COHEN等学者编制了孤独症谱系商数（AQ）量表，该量表分为儿童版（AQ-Child）、青少年版（AQ-Adol）和成人版（AQ-Adult）。AQ量表包含社交技巧、注意转移、细节关注、言语交流和想象力5个子量表，共计50个项目。

表6.11 ASD诊断量表

ASD诊断量表	主要内容
孤独症诊断访谈问卷修订版（ADI-R）	1994年，LORD等人基于孤独症诊断访谈问卷（ADL）修订出了ADI-R量表。该量表在欧美国家被公认为诊断孤独症谱系障碍（ASD）的重要标准之一。ADI-R量表包含56个项目，主要涵盖三个核心领域：社会交往（16项）、语言和沟通（13项）以及刻板重复行为（8项）。此外，量表还包括评估起病年龄的5个项目、非诊断性项目8项以及特殊天赋6项。尽管ADI-R在国外得到了广泛应用，但由于诊断过程需要专业知识和特定技能的专家进行评估，因此在国内尚未得到广泛采用。
孤独症诊断观察量表（ADOS）	1989年，LORD等人在前期编制的ADOS基础上，通过观察儿童在游戏中的行为、语言交流、交往和想象力，进行诊断。ADOS分为四个模块（M1、M2、M3和M4），模块的选择取决于儿童的发育状况和表达能力。其中，M1主要适用于那些没有短语能力但能够交流的儿童；M2适用于那些有短语能力但语言不流畅的儿童；M3适用于语言流畅且能使用玩具进行游戏的儿童；而M4则针对有社交和情感感受的青少年和成人。经过修订与更新后的2006年版ADOS在世界范围内得到了广泛采用。
儿童孤独症评定量表（CARS）及儿童孤独症评定量表第二版（CARS2）诊断量表	1980年，SCHOLER创建了CARS量表，该量表包含15个项目，涵盖了与他人的关系、模仿、情绪、身体动作、适应能力、视觉反应、听觉反应、嗅觉反应、语言交流和智力等多个方面。评估者通过观察、询问以及从病史中收集数据，根据行为的古怪程度、频率、严重程度和持续时间进行评分。2003年，李建华等人以DSM-4为标准，引入了汉化版的CARS量表，并用于诊断ASD儿童。目前，该量表已成为我国常用的ASD诊断工具之一。

续表

ASD 诊断量表	主要内容
	随着研究的深入，2010 年，儿童孤独症评定量表第二版（CARS2）问世。相较于原版，CARS2 增加了高功能版（CARS2-HF）和家长问卷（CARS2-QPC），从而扩展了量表的使用范围，使其成为 ASD 诊断中最常见的辅助性工具。基于 ASD 个体在心理理论、社会观点采择、中心信息整合和抽象推理等方面的研究，高功能版（CARS2-HF）优化核心项目，增加了社交情理解和思维／认知整合技能两个新项目，提高了对高功能孤独症（HFA）和亚斯伯格症（Asperger）的诊断敏感性。该评估工具适用于评估年龄大于 6 岁、智商高于 80 且具有沟通能力的 HFA（高功能孤独症）个体。

三、高功能孤独症干预的原则与常用方法

（一）干预原则

1. 早期干预

鉴于儿童神经系统发育具有可塑性，这一独生理特点使得在儿童时期进行及时的科学干预显得尤为重要。特别是对于那些已经确诊或疑似患有孤独症谱系障碍（ASD）的儿童来说，早期的干预不仅能够改善他们的症状，还有助于提高他们的生活质量和社会适应能力。

2. 多学科干预

世界各国目前已经发展出多种 ASD 干预方法，这些方法涵盖了多个领域和学科。其中，有些方法得到了循证实践的支持，然而，还有许多疗法尚未有确切的证据支持其疗效。因此，在选择和使用干预方法时，必须保持科学和理性的态度，坚持使用经过科学验证有效的方法，以确保干预的有效性和安全性。

3. 以社交为中心全面系统干预

ASD 主要表现为社交互动方面的缺陷，因此干预治疗的核心应聚焦

社交互动能力的提升。然而，儿童作为发展中的个体，感知觉、运动能力、认知能力、语言能力、情绪情感、注意力、行为能力以及生活自理能力等方面都需得到全面均衡的发展。特别是针对由社交缺陷所引发的情绪调节问题和行为管理问题，要给予特别关注。因此，干预教育应覆盖多个领域。

4. 个性化干预

鉴于每个儿童都具有其独特性，且在 ASD 的严重程度和伴随疾病方面存在差异，因此，不可能存在一个适用于所有儿童的干预策略。相反，我们必须针对每个儿童的具体特点，进行全面细致的评估，从而制定出有针对性的个性化干预计划[1]。

（二）常用方法

2015 年 4 月 2 日，基于 2007 年至 2012 年间在孤独症干预手段领域的研究，美国国家标准项目发布了新的评论与分析报告。该报告针对 22 岁以下儿童和青少年的孤独症干预方法进行了分类。其中，行为干预（Behavioral Interventions）；认知行为干预策略包（Cognitive Behavioral Intervention Package）；早期密集行为干预（Comprehensive Behavioral Treatment for Young Children）；语言训练（表达）（Language Training-Production）；示范法（Modeling）；自然情境教学法（Natural Teaching Strategies）；家长培训（Parent Training）；同伴训练法（Peer Training Package）；关键反应训练（Pivotal Response Training）；程序表（Schedules）；脚本法（Scripting）；自我管理法（Self-Management）；社会技能训练（Social Skills Package）以及以故事为基础的干预（Story-based Inter-

---

[1] 邹小兵. 孤独症谱系障碍干预原则与 BSR 模式 [J]. 中国儿童保健杂志,2019,27（01）：1-6.

vention）被视为已建立实证基础的"成熟方法"[1]。其中，与学习和学业能力、语言能力提升相关的干预方法是：

表 6.12　ASD 干预方法

早期密集行为干预	早期密集行为干预是一种基于应用行为分析的教学方法，针对小龄 ASD 儿童进行每周 25 至 40 小时的密集训练。该干预方式着重教授与 ASD 核心障碍紧密相关的重要技能，旨在促进儿童在这些领域的积极发展。它能有效提升孤独症谱系障碍儿童的游戏技能、学业和学习能力、交流能力、认知功能、人际交往、个人责任感以及运动技能。
语言训练（表达）	语言表达训练特指以 ASD 个体产生言语沟通为目标的干预。语言表达训练的目标是教导 ASD 个体学习和使用恰当的言语沟通方式。
示范法	示范法是指通过示范让 ASD 个体习得新技能。示范法能有效提升 ASD 个体的认知能力、学业能力、交流能力、人际交往、个人责任感和游戏技能。
关键反应训练	关键反应训练是一种基于应用行为分析原理的教学方法，其核心目的是教授 ASD 儿童关键性技能。此方法能有效提升 ASD 个体在人际交往、学习和阅读、沟通和游戏技能方面的表现。
自我管理法	自我管理指的是个体通过特定方式，对自身行为是否达到预先设定的标准进行观察、评估和记录的过程。这一过程对于提升 ASD 个体的学业表现、人际交往能力、自我控制能力以及交流能力具有显著作用。
社交技能训练	社交技能训练的目标是助力 ASD 个体在社交技能方面取得进步，使他们能够顺利融入家庭与学校的社交环境，这一训练不仅能提升他们的人际交往能力，还能有效提高沟通、阅读、游戏以及工作实践等方面的技能。
以故事为基础的干预	基于故事的干预策略是由专业治疗师或父母为 ASD 个体量身定制的。这种干预方式通过编写包含特定情境的故事，并使用易于理解的语言描述在该情境下期望的行为模式，从而达到提升 ASD 患者人际交往、自我约束能力、阅读能力的目的。
结构化教学	结构化教学基于 ASD 个体的感知觉特点，在学校和家庭中使用高度结构化的资源配置，并运用大量的视觉辅助，使教育环境和内容更易于被 ASD 个体理解。它能帮助 ASD 儿童习得不同场景下的规则，更好地独立学习，并有效预防问题行为。

---

[1] 吴西愉. 孤独症谱系障碍的有效干预方法 [J]. 中国听力语言康复科学杂志, 2020, 18（01）: 5-10.

四、高功能孤独症共患阅读困难常见特征

大多数高功能孤独症儿童在语音意识方面表现正常。他们通常拥有较强的识字能力，能够相对准确且流畅地阅读文字，能够理解单个词语的含义。ASD 儿童表现出对新异词语的快速习得能力，通常只需一次接触即可，但常常不能进行正确的语义匹配[1]。在前面的章节中，我们已经知道到字词认知是阅读的基础，但仅仅理解词语是远远不够的，还需要对句子和篇章进行理解。在正常发展的儿童群体中，单词阅读与阅读理解之间高度相关。然而，一系列的研究发现，ASD 个体，特别是高功能孤独症和阿斯伯格综合征的患者，展现出一种特定的发展模式：他们在词汇阅读方面表现出较强的技能，但在阅读理解上却遇到了明显的挑战，相较于同龄正常发展的学生，或是语言能力相匹配的控制组学生，ASD 学生的阅读理解能力表现出明显的滞后[2]。

研究发现 ASD 儿童在词义辨识、句子理解、篇章理解等方面常常遇到不同程度的障碍。

1. 词汇能力。研究对比了 5~6 岁高功能孤独症儿童与普通儿童在词汇能力方面的表现。发现两者在词汇广度（即所掌握的词汇数量）和深度（对已习得词汇的理解程度、运用能力以及对词义的理解、创新和提取等方面）都存在明显的差异。具体而言，孤独症儿童的掌握的词汇量相对少，词义理解和创新能力也较弱。这表明在词汇掌握和运用方面，孤独症儿童相较普通儿童存在一定的不足。

---

[1] Bailey H. Rapid word learning in preverbal children with autism.Doctoral dissertation. New York : The City University of New York , 2005.

[2] Nation K, Clarke P, Wright B, et al. Patterns of reading ability in children with autism spectrum disorder. Journal of Autism and Developmental Disorders, 2006, 36: 911-919.

2. 句子理解。国内研究者任登峰通过实验研究发现汉语高功能孤独症儿童对单句的理解优于复句，对难度较高的特殊单句和复杂复句存在理解困难。其句子理解能力显著弱于生理年龄匹配的正常发展儿童，但与语言年龄匹配的正常发展儿童相当[1]。

3. 篇章理解。国外学者研究指出，孤独症儿童在篇章理解上表现出更显著的语义障碍，特别是在补充故事情节空缺时，他们在词汇选择方面呈现不足。要理解文本的内涵，阅读者需超越句子层面，将各句子相互关联，共同构建文本的完整意义。然而，许多 ASD 学生在阅读过程中面临信息整合的困难，难以从各个句子中提取整个段落的核心要义。为了具体了解高功能孤独症个体对篇章的理解能力，研究者分别采用局部水平任务（涵盖 1～3 个句子的语言信息）和全面水平任务（包含 5 个或更多句子的语言信息）进行测试。在局部水平任务中，高功能孤独症个体除了在同形异义词上表现不佳外，还在选择两个句子间的连接句上遇到困难，同时在消除句子歧义方面也显得力不从心。而在全局水平任务中，研究者发现高功能孤独症个体在句子组合和情境推理方面存在明显的障碍。此外，还有研究者通过自然故事情境和开放性问题，对高功能孤独症儿童和语言障碍儿童的篇章理解能力进行了比较，结果发现孤独症儿童在篇章连结和推论方面更容易出现缺陷。

针对孤独症儿童在阅读理解方面的特异性，即局部单词辨认能力较强，但整体阅读理解困难。研究者提出相关解释，认为他们在中央统合能力、心理理论和执行功能等关键认知领域缺陷，这些缺陷导致他们在

---

[1] 任登峰. 汉语高功能孤独症儿童句子理解的实验研究 [D]. 华东师范大学, 2021.

整合篇章信息、全面把握主题内涵以及深入理解故事中人物心理状态和相互关系等方面遇到明显的挑战。具体解读如下：

中央统合是指在正常的认知系统中个体可能存在一种尽可能广泛地统合刺激，尽可能广泛地利用背景信息的固有倾向。根据该理论，孤独症谱系障碍的认知加工方式倾向于局部和片段化。患者往往过度聚焦事物的细微之处，难以将局部信息有效整合成一个完整、有意义的概念。这种加工方式在简单任务中可能表现尚可，但在处理复杂任务时则会遇到显著的困难。

研究者认为孤独症儿童存在心理理论缺失，在推断他人的心理状态与移情上存在困难，导致内部状态语言相对匮乏。在阅读过程中，他们不能准确识别和理解文中人物的思想、情感及动机，从而难以对文中事件进行深入的因果解释和评价。

执行功能是指个体在实现特定目标时，以灵活优化的方式控制多种认知加工过程协同操作的认知神经功能。前额叶皮层损伤导致执行功能障碍，表现为计划、决策、认知灵活性、工作记忆、抑制和动作监控困难。Pennington 等人认为，执行功能障碍是孤独症儿童认知困难的根本原因。孤独症儿童抑制控制能力较差，阅读时很难集中注意力，因此难以把握文章的来龙去脉[1]。

五、高功能孤独症共患阅读困难案例分析

（一）案例背景

小裕（化名），男，9 岁，被诊断为高功能孤独症共患阅读困难。他可以准确地识别大部分字词，甚至可以流畅地背诵作文，进行默写。在

---

[1] 曹漱芹，方俊明. 孤独症谱系障碍语义加工特点与认知神经机制的研究综述 [J]. 中国特殊教育, 2008,（09）: 27-34.

一般句子的理解上，他对单句的理解优于对复句的理解；但在难度较高的特殊单句和复杂复句（假设复句、条件复句）上存在理解困难，继而影响对整体篇章的阅读理解。

（二）观察与评估

小裕在学习上面临的核心问题是对于难度较高的句子（如特殊单句、复杂复句）的理解困难，同时也难以有效地整合段落信息以及把握篇章的主旨。他具有简单信息的加工能力，但是缺乏高级复杂信息的加工统整能力。于是资源教师开始查阅资源中心所有与小裕有关的资料，主要包括：（1）入学基本信息表；（2）学前信息（如果有）；（3）小学——三年级以来的重要考核节点的学业成就资料，如保存在册的看图写话、作文、数学应用题、英语阅读理解题、语文阅读理解题等；（4）入学以来家校沟通档案，如家访情况等，是否有医疗相关记录档案，是否有长时间请假等；（5）其他资料。

1. 教育观察

结合学生资料，进行日常观察，以判断学生的意思困难类型（表 6.13）

表 6.13　个案基本信息分类诊断建议表

疑似困难类型	常见的临床表现	个案与之相关的情况
高功能孤独症	● 无法根据语境选择恰当的词语 ● 句法分析能力不足，缺乏句法分析策略：词序策略、词类策略（实词和虚词）和词义策略。 ● 无法理解比喻句 ● 无法理解复句及其逻辑关系 ● 无法基于字面意义推论文章中的隐含内容	● 他对于完成"中国人（发明、发现）的造纸术，对世界文明的贡献极大。"这类选词题上存在困难。 ● 他所写句子存在主语缺失、词序颠倒、虚词位置错误等问题，所写语句不通也无法完成自我纠正。语文练习册上他写了"乘船着小溪而行"这样的句子。 ● 在理解"满山遍野的花都开了，白的似雪、粉的似霞……"的比喻句时，学生无法理解作者将什么比作了什么。

续表

疑似困难类型	常见的临床表现	个案与之相关的情况
	● 无法从特定故事结构（题目、开头、结尾）中获取信息 ● 无法根据文本展开想象 ● 缺乏篇章结构的敏感度	● 他不理解因果复句和假设复句，在日常表达中也使用不当。当他摔跤后，老师问"为什么摔跤？"他回答："因为我摔跤啦，我要大哭。" ● 他表现出对寓言故事的兴趣，但无法说出寓言的寓意。比如在学完《陶罐与铁罐》一课后，他能够跟着老师说陶罐谦虚大度，铁罐蛮横无理。但当老师问："你想对铁罐说什么？"。学生无法回答。老师问："是不是让铁罐向陶罐学习呀？"他会回答："嗯，是的。" ● 他无法对文章的题目提出问题，无法理解问题后进行解答 ● 按教学进度，学习预测技能后，老师就《总也倒不了的老屋》一课问："你能预测接下来会发生什么吗？"学生无法回答。老师创设情境，小狗来找老屋，但小狗腿断了，问老屋会同意吗？学生会回答："同意。" ● 虽然学习过了总分结构，他还需要在老师的提示下才能划出文章的总起句。

2. 评估项目

经过整理相关的信息之后，资源中心的老师认为小裕需要进行以下几项内容的筛查与评量：

（1）瑞文智力测验：用于排查孩子的智力情况；

（2）阅读能力评估：采用《3-5 年级学习困难学生阅读理解能力评估工具》检查目前的阅读能力水平。

除了上述的标准化 / 非标准化评量之外，资源教师的行为观察也必不可少。

（三）结果与分析

首先是评估中的行为观察情况：个案在视觉空间能力方面表现优异，在绘画、拼图等任务中展现出卓越的空间感知和视觉分辨能力。在记忆、语言、概念等其他认知领域，个案展现出优势与不足并存的状况。具体如下表所示：

表 6.14　个案的认知领域优势及缺陷

优势能力	缺陷
感知觉、粗大动作、简单记忆、语言形式、规则学习、视觉—空间加工	复杂感觉、复杂动作、复杂记忆、复杂语言、概念形成
具体表现： 个案能与周围人进行简单沟通。在机械记忆方面表现出色，能够准确无误地背诵作文内容，能够完成默写任务。在执行订正任务时，个案能严格遵循老师要求，将正确答案准确地记录下来。此外，个案在书写方面同样表现出色，作业本上的字迹工整端正，未出现超出横线或间隔不合理的情况。个案在记忆和书写方面均展现出了较高的能力。	具体表现： 在面临复杂信息加工任务时，个案的表现不理想，包括在技巧性动作、复杂记忆、复杂语言、概念形成以及问题解决等方面。个案在语言表达上倾向于使用相对简单的句子结构，表达过程中有简化信息的偏好。个案在通过理解和思考来记忆信息的能力上有所欠缺，特别是在理解抽象概念方面，个案存在显著困难，例如对成语含义的掌握不足，无法有效识别文章中的成语，以及难以将成语应用于实际情境中。问题解决能力薄弱，在理解问题、分析问题以及寻找解决方案方面的能力存在不足。

其次对于标准化/非标准化评量的解读，如下表所示：

表 6.15　个案评估结果与分析

测试项目	结果与分析
阅读能力评估	阅读理解得分 11，小裕为阅读理解困难亚类。采用《3—5 年级学习困难学生阅读理解能力评估工具》进行评估，该个体在词语理解方面表现尚可，但对于形近字、同音字以及多音字的辨识和区分能力仍有待提升。在句子理解层面，尤其是对于具有独特语言特点的句子（比喻句、反问句等）、复句及复杂长句，其理解能力明显不足。此外，阅读篇章后，个体难以有效提取和整合相关信息，亦缺乏足够的想象力进行拓展。从整体理解的角度来看，个体目前难以精准把握文章的组织结构、主要内容和中心思想，且在推理和整合句子信息以构建文本复杂表征方面存在明显短板。

测试项目	结果与分析
语音意识	语音语调正常,能够掌握拼音规则。
流畅性	对于较熟悉的课本课文,儿童朗读字音准确,语速较快,停顿少。

因此, 对于本次个案的评量, 我们可以看出, 目前孩子最大的学业挑战在于难以完成与语义相关的高难度任务, 这些任务涉及字词、句子和篇章等不同层面。

（四）干预内容及策略示例

1. 干预内容

在个案的整体报告中, 我们了解到他语义能力的落后极大影响了学习效能。我们需要结合上文提到的高功能孤独症儿童干预的原则与方法, 设计了以下几个模块的干预内容。

表 6.16 个案阅读理解能力干预内容

干预模块	具体内容
字词识别	形近字、同音字、多音字的辨析
句子理解	复杂长句的分析,复句中分句的逻辑关系理解,具有独特语言特点的句子(比喻句、反问句等)的理解
段落理解	段落中事实信息的提取
篇章理解	准确把握文章的组织结构、主要内容和中心思想

2. 干预策略

（1）直接教学

直接教学是在课程背景下对个体阅读理解所需要的系列技能和经历步骤进行逐一、系统地讲授, 同时配合教师手稿和提示策略的使用, 从而帮助自闭症儿童提升阅读理解水平的策略。

如在一对一教授复句关联词时, 小裕能理解单句的意思, 但在运用关联词将分句连接在一起上存在困难。因此，教师提供了可视化的教学步骤，如下图所示：先鼓励小裕说出对于单个分句的理解，再为他分析前后分句之间的关系，最后引导他选择正确的关联词并对整句进行理解体会。

表 6.17　可视化学习步骤

目　标	步　骤
1. 掌握分句的具体含义	1. 请你说说每个分句的意思
2. 思考分句之间的关系	2. 请你想一想前后分句之间的关系
3. 能选择恰当的关联词	3. 请你选择正确的关联词把分句连一连

例：（　　）我今天起床太晚，（　　）上学迟到了。

步骤 1：先引导小裕分别说说"我今天起床太晚"和"上学迟到"的意思：起床太晚是指晚于平时起床的时间节点，"太"这个字表示我今天起床的时间要比平时晚很多。上学迟到则表示未能在规定时间到校。

步骤 2：帮助小裕分析理解：上学迟到没有别的理由，是由于起床太晚导致的。起床太晚是我上学迟到的原因，所以两者之间是因果关系。

步骤 3：引导小裕回忆有哪些表示因果关系的关联词，比如"因为……所以""之所以……是因为"，鼓励其将关联词带入原句进行整句理解。

以上直接教学方式在之后的练习中体现出显著的效果。关于借助关联词连接分句，后续教师又将以上类似练习放在小段文本中，引导小裕通过整体阅读来选择正确的关联词，他的正确率提高不少。这表明直接教学在提升自闭症儿童小裕的阅读理解水平上发挥了重要的作用。

（2）使用思维导图

虽然高功能孤独症儿童通常有着正常的智力水平，能够较好地理解词汇的意思，且短时记忆能力相对完整，但在提取和整合故事中的有效信息、将注意力从故事的一个成分转向另一个成分等方面存在缺陷，进而影响到其对篇章内容的整体把握和理解水平。基于孤独症儿童在认知特征上的视觉优势，思维导图逐渐被用于孤独症儿童阅读理解的干预研究中。

如在教授课文《大自然的声音》一课中，因为文字多，期初小裕无法对课文内容进行高效地理解。于是教师将课文以思维导图（图6.2）的形式呈现，分为风、水、动物组成了大自然的声音。再让小裕从这不同的三个方面入手，细细寻找其它的美妙声音。小裕欣然接受了这种学习模式，从而提升了阅读理解能力。

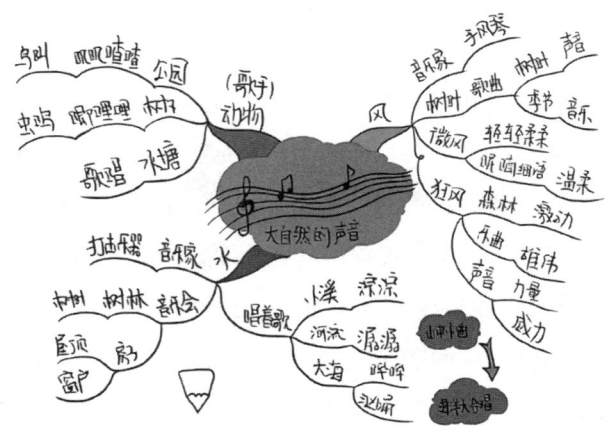

图6.2 《大自然的声音》思维导图

（3）回答预设问题 / 激活先前知识

在教学过程中，教师发现：小裕对于答案完全来自阅读内容的事实性问题作答正确率相对较高，而在需要结合生活常识和以往相关知识进行推理或概括的能力较弱，这说明他在提取并运用先前知识上存在困难。

基于此种情况，在阅读正式语篇之前，教师先让小裕回答与语篇相关的问题来引导唤起长时记忆中能够促进其理解新内容的知识，从而提升阅读理解水平。比如在教授《三衢道中》一诗时，在体会作者写作心情前，问他"如果你在一个春光明媚的日子，去游山玩水，你的心情会是怎样的？"；在教授《清明》一诗前，请他回忆清明时节的天气情况以及人们的风俗习惯。

结果表明，在预设问题的提示和帮助下，小裕的理解水平虽然有所提升，但有时仍不可避免地被唤起与阅读语篇无关的先前经验。教师在此基础上进行了改进，在呈现预设问题时呈现一幅与问题直接相关的图画，帮助孤独症儿童更有效地激活有关信息，从而促进对即将阅读的内容理解。例如，在理解《司马光砸缸》一课中，向小裕呈现一个水缸的卡通图及两个问题："孩子们在那么大的水缸边玩耍，可能会遇到什么危险？如果有一个孩子掉进水缸，身为朋友的你会怎么做？"结果发现，在这样的辅助策略下，小裕的理解能力明显上升，由此证明了该策略运用时图文结合的有效性。

（4）用完形填空引导概括

对于小裕来说，面对一篇长的课文，如何才能理解其中的重点呢？不妨给他一段相对精简的文字，用完型填空的形式，让他到文中提取出一些关键的信息，帮助更好地理解课文。

例：

原文（有删减）：

《给予树》

圣诞节快到了。该选购圣诞礼物了。让我担心的是，家里并不富裕，我只攒了一百美元，却要由五个孩子来分享，他们怎么可能买到很多很好的礼物呢？圣诞节前夕，我给了每个孩子二十美元，提醒每人至少准备四份礼物。接着，我把他们带到一个商场，分头去采购，约定两小时后一起回家。回家途中，孩子们兴高采烈，不断让别人猜测自己买了什么礼物。只有八岁的小女儿金吉娅沉默不语。透过塑料口袋，我发现，她只买了一些棒棒糖——那种五十美分一大把的棒棒糖！我有些生气：她到底用这二十美元做了什么？一回到家，我立即把她叫到我的房间，打算和她好好谈谈。没等我问，金吉娅先开口了："妈妈，我拿着钱到处逛，本来想送给您和哥哥姐姐一些漂亮的礼物。后来，我看到了一棵援助中心的'给予树'。树上有许多卡片，其中一张是一个小女孩写的。她一直盼望圣诞老人送给她一个穿着裙子的洋娃娃。于是，我取下卡片，买了洋娃娃，把它和卡片一起送到了援助中心的礼品区。"金吉娅说话的声音很低，显然在为没能给我们买像样的礼物而难过。"我的钱就……只够买这些棒棒糖了。可是妈妈，我们有这么多人，已经能得到许多礼物了，而那个小女孩却什么都没有。"我紧紧地拥抱着金吉娅。在这个圣诞节，她不但送给我们棒棒糖，还送给我们善良、仁爱、同情和体贴，以及一个陌生女孩如愿以偿的笑脸。

删减后的练习文本：

读一读，想一想，请你选出正确答案的序号填写在横线上。

圣诞节快到了，该选购圣诞礼物了，可是__1__，这让我担心。圣诞节前夕，我给了每个孩子二十美元，提醒每人至少准备__2__。接着，我把他们带到商场，分头采购礼物。回家途中，孩子们兴高采烈，只有__3__沉默不语。透过塑料口袋，我发现她只买了一些__4__。一回到家，我立即把金吉娅叫到我的房间。没等我问，金吉娅先开口告诉了她给另一个女孩买了__5__。我明白了之后，__6__。

　　1. A 家里并不富裕　　　　　　　　　B 家里很富裕

　　2. A 四份礼物　　　　　　　　　　　B 两份礼物

　　3. A 金吉娅　　　　　　　　　　　　B 金吉利

　　4. A 棒棒糖　　　　　　　　　　　　B 玩具小汽车

　　5. A 洋娃娃　　　　　　　　　　　　B 小汽车

　　6. A 紧紧地拥抱了金吉娅　　　　　　B 狠狠地批评了金吉娅

　　在整个过程中，通过让小裕在原文中寻找关键信息，对填空的内容进行反复思考和选择，来提升他对整个篇章的理解水平；同时教师注重运用元认知策略，与学生一起反思学习的过程，巩固学习方法；课后，还让小裕用自己的话说说这篇课文的主要内容，有了完形填空的帮助，小裕表达得相对流畅，对文本的理解能力有了很大进步。

（5）合作学习

　　融合伙伴小 A 与小裕相处融洽，由小 A 对小裕进行一对一的指导，小裕逐渐展现出对朗读的浓厚兴趣和自信。这种进步为后续教师的个性化教学提供了有力支撑。以短篇段落的学习为例，小 A 首先为小裕展示正确的朗读方式，随后鼓励小裕尝试自主朗读。在小裕朗读过程中，小 A 会详细记录其读对和读错的词汇，并在朗读结束后，就相关内容进行提问，以检验小裕对语篇的理解程度。这样的教学方法不仅提升了小裕的学习效率，还为教师的后续教学提供了重要参考。

六、小结

　　经过一段时间的干预训练，在阅读方面，他的阅读速度和理解能力都有了显著提升。因语义理解不足导致的书写错误也明显减少。家长和学校都对小裕的进步表示肯定。

整体而言，在孤独症儿童的教育和干预研究中，对于阅读理解技能进行干预的研究远少于对行为、社交、语言等"热门"领域的关注，文献数量不多。阅读理解能力是个体适应社会生活、提高自理能力的基本技能，对孤独症儿童尤为重要。随着越来越多的孤独症儿童进入普通学校学习，家长和教师对于高功能个体在学业技能方面的表现有了更高的要求和期待。同时，多数孤独症儿童在阅读理解上有缺陷，凸显了干预研究的重要性和紧迫性。目前相关研究相对较少，结果不一致，因此，需要我们加强研究和探索，寻找更为有效的干预方法和技术，为这类儿童提供更好的支持和帮助。

最后，我们应该意识到，孤独症和阅读困难是长期存在的障碍，需要持续的关注和干预。我们需要建立长期、稳定的干预机制，定期评估和调整干预策略，以确保这些儿童能够持续进步和发展。

第三节　听处理障碍共患阅读困难学生的案例

一、听处理障碍的定义

在前面的章节中，我们已经认识到阅读困难的产生可能和听觉信息通道处理能力有关，其中非常重要的概念即中枢听觉信息处理能力，个体如果这个能力受限，就有可能患有听处理障碍。根据美国 ASHA 协会 2005 年达成的专家共识，听处理能力是指中枢听觉神经系统处理以下能力的行为：（1）声源定位及偏侧化；（2）听觉分辨；（3）听觉模式识别；（4）听觉时间因素解析；（5）竞争信号下听取能力；（6）衰退信号下听取能力。如果个体在以上 6 个行为中存在 2 个及以上能力的缺陷，则疑似听处理障碍。Robert Keith 认为（C）APD 的儿童通常伴有以下行为（1994，2000）：

- 聆听能力差

- 通过听觉通道的学习存在困难

- 难以听懂听觉指令

- 短时记忆容量差

- 在噪声环境下难以理解语言

- 经常会问"什么"或者说"啥"

- 误解别人说的话或者漏听了单词或信息

- 难以理解被减弱或者扭曲后的言语声

- 经常要求别人重复所说的话

- 听觉注意力差——没办法集中注意力在听觉任务上或者在一段听觉任务后就感到疲劳

- 容易分心，尤其是在噪声环境中——更容易听到噪声而非其他声音，因此干扰了有用信息的听取

- 对于声音混合、听觉完型任务、音韵察知和语音技巧的听觉整合能力不足

- 对于命令和序列的听觉记忆较差——经常在说后不久就忘记序列中的最后面或最前面的部分

- 对口头声音刺激的反应延迟或缓慢

- 对响的声音承受力低并且对噪声敏感

- 高度敏感，或者比正常阈值更敏感——超敏

- 噪声背景下的言语识别困难

- 对分辨声音信号与背景噪声方面存在不足

- 对快速言语声的理解能力差

- 有拼写、阅读和学业方面的问题

通过上述的内容，我们可以想象到听处理障碍的儿童可能伴有阅读障碍或学业困难。研究表明，学龄儿童中大约有 3-20% 的儿童存在听处理障碍[1]，并且这一比例在学业困难儿童中高达 41%[2]。因此足以引起临床和教学单位的关注。

二、听处理障碍的筛查与诊断

国外关于听处理障碍的筛查与诊断，相关研究与临床应用工具，已经取得了一定的进展。由于国外听处理障碍诊断所采用的语料主要是英语语言，因此在本篇章中关于国外听处理障碍的诊断工具，将不展开描述，我们着重介绍国外的筛查量表和国内的筛查与诊断工具。目前临床中常用的筛查工具以问卷为主，目前国外可以使用的问卷主要包括：

（1）Fisher's 听觉问题检核表（Fisher's Auditory Problems Checklist）。该检核表由听力学家 Fisher 研制[3]。Fisher's 听觉问题检核表包括听觉处理的以下组成部分：关联能力，注意广度，听觉－视觉整合，听觉分辨，定位，长期记忆，动机，识别敏感性，顺序记忆，短期记忆以及语音－语言问题等。Fisher's 听觉问题检核表适用对象为 5-11 岁儿童，旨在从参考来源／观察者那里收集关于（C）APD 风险儿童感知听觉处理问题的信息。

（2）C. H. A. P. S 问卷（Children's Auditory Performance Scale）。该问卷由 Walter J.Smoski 博士团队开发完成。该问卷适合 7 岁以上人群。

[1] Chermak, G.D., & Musiek, F.E., Central Auditory Processing Disorders：New Perspectives. San Diego：Singular Publishing Group, 1997

[2] 卢海丹，张凯莉等，阅读障碍儿童的听处理能力研究，中国听力语言康复科学杂志，2018,16（1）：34-38

[3] Anna K. Strange, Thomas R. Zalewski, etal, Exploring the Usefulness of Fisher's Auditory Problems Checklist as a Screening Tool in Relationship to the Buffalo Model Diagnostic Central Auditory Processing Test Battery, Journal of Educational Audiology, 2009

问卷由以下几个部分组成：有无背景噪声下的取听能力、听觉记忆顺序能力、听觉注意跨度等，问卷一共有 36 个问题组成。

（3）SIFTER 问卷，Screening Instrument For Targeting Educational Risk in Secondary Students（针对教育风险的筛选工具）。该问卷由听力学家 Karen L. Anderson，Ed.S. 编制。该问卷主要用于筛选出那些可能因听力问题而面临教育风险的学生。量表可以由教师根据对这个学生的观察所得到，圈出最能代表他 / 她行为的数字，并在量表的最后，可以补充填写对这个学生的评论，以便更全面的了解学生。问卷一共由 15 道题目组成，分别包括学生的学业成就、注意力、沟通交流能力、课堂参与能力以及学校行为。总体得分低于一个标准差的儿童将纳入高风险组，需要进一步诊断或提供特需服务。

2013 年华东师范大学赵航等人研制了我国小学《3-5 年级听处理筛查问卷》[1]，该问卷共 15 题，包括听觉注意与听觉记忆；竞争信号下与衰退信号下的听觉表现；口语表达能力与社会沟通能力等 5 个因子，涵盖听处理障碍定义 6 个方面的行为表现，具有较好的内部一致性，并初步获得了相关的参考标准。问卷主要内容可以由家长或教师填写，问卷主要用于听处理障碍筛查（详见附件二）。除了该问卷可用于临床的筛查观察之外，华东师范大学相关团队还开发了一款用于诊断的工具，包括双耳分听能力测试、听觉模式识别能力、竞争句测试以及衰减信号听取能力测试等。

三、听处理能力干预的核心策略

从听处理能力的定义中，可以了解中枢听处理障碍是一条或多条听觉神经缺失，从而对正常交流、学习获取或心理健康造成不利影响。如

[1] 赵航,刘巧云,卢海丹,等 . 小学生听处理障碍筛查问卷的编制 [J] . 014.DOI：10.3969/j.issn.1672-4933.2014.04.018

果个体存在中枢听处理障碍，那么首先需要通过良好设计、严格控制的诊断测试，确定该障碍的性质。有了正确的诊断结果，就可以针对障碍制定一系列治疗策略，从而最大程度减少障碍对患者生活造成的不利影响，并重新建立听觉系统。和很多障碍类型的干预不同的是，听处理能力干预介入可能并不是仅仅发生在干预室或个训课上，因为我们的听通道无时无刻不在发生交互。因此，听处理能力干预的核心策略有三个，分别是：

1. 听处理干预存在于广泛活动中

很多情况下，人们误以为听处理能力是一种只能在学校或康复机构中习得的技能。因此可能误导家长认为：技能练习的重复就足以改善儿童的听处理能力。但真实的情况是，听处理在个体一整日活动中都在进行，那么听处理能力也可以通过全天候、多样形式的活动进行提高。所以专业人士可以告知家长、教师或儿童本身，我们可以围绕儿童多样化活动，在儿童能够接纳的范围内进行的一系列提高听处理能力及相关技能的训练，包括听觉分辨、双耳听处理、时间模式识别活动、对目标声信号的注意和警觉性活动等等。

2. 应为儿童创造良好的语音信息环境

除了鼓励儿童在日常活动中参与听处理相关活动之外，家长、老师和其他相关人员应充当有效沟通的榜样。对听处理障碍儿童来说，对语音信息的修整（message modifications）很重要，通常使用的简单策略包括清晰的言语声、可视化视觉线索的增加以及语言表达的准确和直接，这些都能改善听者的声学、语言及相关信号。

3. 对物理环境的改善

实验表明，通过改善室内的声学环境，所有孩子的聆听和技能学习都可以得到提高。一些声学相关的研究报告显示，大约超过 60% 的教室活动涉及听说交流活动。除了每日"在校"聆听活动，学生还要参与大量的课后及家庭训练活动，这些活动同样需要听说交流。因此，聆听环境应避免声学障碍，尤其是像教室等环境。当评估聆听环境时，要同时考虑影响言语感知的声学与非声学因素。声学因素包括是否有背景噪声、背景噪声的强度、类型、室内混响时间和说话者与患者之间的距离。非声学因素包括灯光、视觉信号存在与否、视觉或物理噪声的存在。

四、常见的听处理能力干预方法

上述是关于听处理能力干预的三大核心策略。在具体方法上，可以有如下一些方法：

1. 听觉辨识能力训练：练习辨识不同的声音，如分辨不同音高、音量或音调的声音，以改善听力分析能力。

2. 方向性听力训练：增加儿童定位声源的能力，如从噪声环境中识别讲话声。

3. 听觉记忆训练：通过记忆序列或重复听到的信息（如数字或单词）来提高听力记忆。

4. 听前注意力训练：在听之前给予提示，以增强儿童的预期和注意力，从而提高信息处理能力。

5. 听力理解训练：练习理解和解释听到的信息，如跟随指令或回答关于听到故事的问题。

6. 声音与语义关联训练：将听到的声音与相应的意义（如单词和图片）相结合，以增强语义理解。

7. 音素意识训练：通过识别并操纵语言中的音素（最小的语音单

位），例如通过押韵游戏，来提高音素意识。

8.综合感觉训练：结合视觉、触觉和听觉的游戏和活动来练习听觉整合。

9.辅助技术：必要的时候，可以使用助听设备、个人 FM 系统等技术帮助儿童更好地接收和处理声音信息。

五、听处理障碍共患阅读困难学生常见特征

现有的研究表明，多达 70% 的阅读困难个体存在潜在的听觉处理障碍。阅读困难和听觉处理障碍有很多相同的症状，但它们是不同的障碍，需要不同的治疗方法。阅读困难是一种基于语言的学习障碍，常与阅读缓慢或不准确、拼写差、书写差或混淆相似词语相关。患有发育性阅读障碍的个体在词汇分析通路上存在异常，干扰了他们将书面文字转换为口头语的能力。研究表明，发育性阅读困难可能过于复杂，无法仅通过一个因果因素来解释。在儿童学会阅读之前，通过听觉系统累积了大量的语音信号信息，早期这些信号信息处理的异常，也会潜在影响个体的阅读技能成长，导致他们难以识别不同语音，并且难以自动化加工，将这些语音映射到它们的书面对应物（字母）。

听觉处理障碍是中枢听觉神经系统处理声音的异常。这导致大脑无法准确和有效地处理声音和语言。这可能让人难以区分单词之间的微小声音差异，记住听到的内容，并且在有背景噪声或多人交谈时跟上持续的语音。患有 APD 的儿童倾向于在看似专注时也经常说"什么？"或"嗯？"，请求重复听内容却不涉及阅读或拼写，这是儿童在处理口语语言方面遇到困难的一种明显迹象，下表 6.8 呈现了听处理障碍和阅读困难儿童可能相关的潜在关联行为。一些研究经验告诉我们，忽视听觉处理障碍可能会导致需要长期额外的阅读指导来弥补，尽管许多阅读障碍

的症状与听觉处理障碍重叠，但患有 APD 的儿童倾向于在拼写和学习阅读上挣扎，因为他们听不清楚语音，对声音的感知不一致，导致声音概念模糊、扭曲或与其他声音重叠。所以，患有听觉处理障碍的儿童常常在音位意识方面（即识别组成词的声音部分）有困难，因为他们的大脑中存储的是错误的语言声音。

表 6.8　听处理障碍 & 阅读困难儿童潜伏在关联行为对比表

听处理障碍	阅读困难
处理声音存在困难	听写时可能存在困难
难以识别声音中的细微差异（比如前后鼻音，n 和 l）	语音处理的困难，在识别音节的时候，也可能有困难；容易漏字
难以区分口头上呈现的声音或单词；比如 "ni" 听成 "li"	在语音正字意识上有困难，比如用 /li/，用 /n/ 替换声母任务中，存在困难
可能对口头呈现信息的拼写、理解有困难	对印刷文本中呈现的信息拼读有困难
可能难以理解听到的故事，除非给视觉提示或呈现插图	如果不能大声朗读给阅读困难的儿童听，他们往往不能理解
与听有关的活动，常常会呈现出疲惫状	与阅读有关的活动，常常会呈现出疲惫状
对声音来源定位存在困难	难以遵循书面指示

六、听处理障碍共患阅读困难案例分析

（一）案例背景

小 G，现在是一名三年级的男孩子，在早期读写能力上显著落后。小 G 的老师报告说，他在语文默写、单词听写、阅读等方面，都明显落后于同龄儿童，尤其在近音字上听写。从小学开始，他的学业成绩一直处于班级最后 5% 的水平。老师反应他在听他人讲话时容易分心，常常答非所问。家长也感觉到很苦难，小 G 回家后几乎没有分享过学校里老师口头布置的任务。家长还提到小 G 其实幼儿园的时候学过一段时间的合唱，但是音乐老师后来劝退了小 G。平时在学校里，他好像也很少

和小伙伴们一起玩耍，因为他不擅长表达，显得比较内向。进入三年级之后，感觉听课纪律越来越漫不经心了。所以班主任老师将他推荐到资源中心，想寻求资源中心老师的帮助。

（二）评估与筛查

接到小 G 的个案，资源中心的老师开始浏览和整理所有与小 G 有关的资料，主要包括：1. 入学基本信息表；2. 学前信息（如果有）；3. 小学 1-3 年级以来的重要考核节点的学业成就资料，如保存在册的看图写话、作文、数学计算、英语默写单、语文默写单等；4. 入学以来家校沟通档案，如家访情况等，是否有医疗相关记录档案，是否有长时间请假等；5. 其他资料。

在以上信息中，资源教师通过结合个人专业知识，对小 G 个案的整体情况进行描述，如表 6.19 所示：

表 6.19　小 G 的个案基本信息分类诊断建议表

疑似困难类型	常见的临床表现	个案与之相关的情况
听处理	● 聆听能力差 ● 通过听觉通道的学习存在困难 ● 听觉注意力差——没办法集中注意力在听觉任务上或者在一段听觉任务后就感到疲劳 ● 容易分心，尤其是在背景噪声环境中——更容易听到噪声而非其他声音，因此干扰了有用信息的听取	● 老师有反应他在听他人讲话时容易分心，常常答非所问。 ● 小 G 好像回家从来都没有分享过学校里老师要求的口头布置的任务，比如第二天需要带上一本课外书之类的口头通知。 ● 合唱被劝退。 ● 在学校里，他也很少和小伙伴们一起玩耍，因为他不很擅长表达，显得比较内向
学业困难	阅读困难 数学困难 书写困难	G 的老师报告，他在语文默写、单词听写、阅读等方面，都显著落后于同龄儿童，尤其在近音字的听写上。

针对小 G 的情况，我们采用《小学生 3-5 年级听处理能力问卷筛查》和《3-5 年级学习困难学生阅读理解能力评估工具》，对他进行评量，同时做了瑞文智力测验，具体结果如下：

测验内容	测验结果	结果分析
瑞文智力测验		智力为正常
阅读理解能力评估	阅读理解	字词识别困难学生
听处理能力问卷筛查	37 分	低于 1.5 个标准差, 疑似听处理障碍
听处理能力评估	低通滤波 5 分、双耳分听测验 9、竞争句测验 8 分	各模块均低于标准值 2 个标准差, 为听处理障碍
视知觉能力测验		正常范围

（三）结果与分析

结合小 G 的各项报告，结果分析如下：

学生智力为正常范围，听处理能力评估有 3 个测试项目分值显著低于同龄儿童 2 个标准差，结合听处理筛查问卷可以评定疑似听处理障碍。同时结合个体阅读理解能力评估，发现个体的阅读困难亚型是字词识别困难。由于个体同时具有听处理困难和字词识别困难，结合前人的研究和实践经验，干预方向可以从儿童语音辨识、听觉注意时长，尤其是背景噪声下听觉注意能力需要提高，同时需要提高听觉辨识能力。另外，由于字词识别困难，在听觉辨识任务中，可以结合三年级课标中的核心字词进行语音辨识干预。

（四）干预内容和方法示例

1. 基于核心语音的听觉辨识训练。音位训练项目是提高个体音位知识的一种基本方法。这一干预目的是提高大脑的听觉概念（例如记忆痕迹），大部分情况下只以听觉形式呈现有关内容。训练过程中，需要准备相应的语音卡片，教师需要注意挡口，让学生只从听觉通道察觉和辨识语音。当本个案中的小 G 对汉语基本的声韵组合都能够快速辨识之后，可以进一步开展音位综合训练项目，包括语音替换、语音删除、增加语音长度等训练。

2. 双耳分听强度差训练法是专门针对患者双耳分听处理缺陷的一种方法，遵循基于自下而上的训练原则，是竞争信号言语识别能力的常用干预方法之一。通过让学生参与多种双耳分听任务，在分听任务中通过不同耳间强度的调节与控制，来增强儿童竞争信号下的聆听能力。标准的、正式的双耳分听训练时间是一次 15-30 分钟，一周 3 到 4 次。常用的设备是一个双通道听力计，它可以接受 CD 机或磁带机等外部的声音输入。双耳分听训练可通过头戴式耳机进行，也可通过扬声器在声场中进行，虽然声场训练较头戴式耳机训练更贴近真实情境，但训练维持特定的耳间强度差很重要，所以大多数训练更多使用头戴式耳机进行。

3. 听故事理解并复述内容训练。由于小 G 容易忘记学习过的内容，所以在他的干预训练方案中，采用元认知策略，设计了 20 个故事情节卡片，故事卡片字数从 100-250 逐渐上升。通过听录音的方式，让小 G 回答相应的问题，并复述故事内容。这个活动第一遍完成后，还通过添加不同信噪比的背景噪声，提高小 G 的听故事复述能力。

4. 家庭和教师策略调整。与此同时，我们与家长、主课老师沟通，希望他们能够给小 G 提供更好的聆听环境，包括和小 G 交流的时候，语言要简洁明了，指令清晰。教室中要尽量安排他在比较容易听取老师上课内容的位置上，不增加额外的噪声来源等。

经过两个学期的听觉能力训练，小 G 同学的阅读能力得到明显提高，他与同学们之间的交流也变得更加流畅，课堂中注意力情况明显得到改善。在这里，我们还有必要提示，在实际教学中，还有一些个案可能是合并 ADHD、听处理障碍以及阅读困难的，这些个案的类型就更加复杂，由于本书篇幅限制，我们暂时没有讨论多重共患病的情况。

第四节　视知觉异常共患阅读困难儿童的案例

一、视知觉异常的定义

视知觉是指大脑接收、处理和解释一个人通过眼睛接收到的视觉感觉信息的能力。这是一个目标导向的过程，需要关注和识别环境中的关键视觉特征，将视觉信息与其他感觉系统整合，并解释信息的意义。

视知觉异常是对视觉信息的接收、解释和运用过程中出现的一种心理和认知处理困难。这种异常可能影响个体在学习、记忆、表达和社交等多个领域的能力。

视知觉异常主要表现为视觉空间关系异常、视觉辨别异常、视觉注意异常、视觉记忆异常、图形背景识别异常、视觉完形异常、视动整合能力异常等。

二、视知觉异常的筛查与诊断

目前常用的视知觉筛查与诊断工具如表 6.20 所示：

表 6.20　视知觉筛查和诊断工具

工具名称	适用年龄	主要测试项目
视知觉发展测验（DTVP-3）	4-12 岁 11 个月	包含 5 个分测项目：手眼协调能力、模仿能力、图案－背景测试、视觉完形测试、形状恒常性测试。
视知觉技巧测验（TVPS-4）	5-21 岁的儿童和成人	具体感知领域为：视觉辨别、视觉记忆、空间关系、形状恒常、顺序记忆、视觉图形基础和视觉闭合。
视知觉测试量表（MVPT-4）	4-80 岁以上的儿童和成人	涉及空间关系、视觉辨别、视觉完形以及视觉记忆等多类型项目。

续表

工具名称	适用年龄	主要测试项目
视觉—动作统整发展测验（VMI-6）	2-100 岁的儿童和成人	一种以纸笔抄画为主要形式的几何图形测验，包括基本的粗大运动，精细运动，视觉和视觉精细运动发展。更适合学业。
本顿视觉保持测验（BVRT）	8 岁以上的儿童和成人	每张图卡呈现数秒后，让被试根据记忆默画出该图形，可了解个体的视觉辨别、记忆和整合能力。

三、视知觉干预的原则与常用方法

（一）视知觉干预的原则

视知觉训练的原则是指导训练设计、实施和评估的基本准则。以下是一些常见的视知觉训练原则：

1. 个性化原则：训练应基于个体的具体需要和视觉能力，训练计划应个性化定制。

2. 渐进性原则：训练难度应从简单到复杂逐渐增加，以确保个体能够逐步适应并取得进步。

3. 长期坚持原则：视知觉学习的效果随时间而变化，视知觉改善通常需要长时间的持续训练才能取得效果。

4. 多样化原则：视知觉训练应包括多种方法，包括使用不同的视觉刺激（如字母视标、随机点立体图、Gabor 斑块等）和训练方式（如单眼和双眼训练）。这些方法主要依赖于初级视皮层的可塑性和大脑神经元的激活以全面提高视觉能力[1]。

5. 趣味性原则：训练活动应设计得有趣，提高参与度和积极性。

这些原则旨在确保视知觉训练的有效性、安全性和患者参与度。

---

[1] 马加尧,吴建峰,王力涵.视知觉学习的刺激类型,训练方式及作用机制研究进展.山东医药.2022.

（二）视知觉干预常用的方法

视知觉异常训练的方法通常旨在改善和恢复儿童的视觉处理能力，包括视觉注意力、视觉记忆、视觉空间能力、物体识别、面部识别等。以下是一些常见的视知觉异常训练方法：

1. 视觉搜索训练：通过在复杂的视觉场景中寻找特定目标物来提高儿童的视觉搜索能力，可以使用电脑软件或专门设计的游戏进行这种训练。

2. 视觉追踪训练：要求儿童跟踪移动的物体，以提高视觉跟踪能力，可以使用移动的灯光、小球或其他物体进行这种训练。

3. 视觉记忆训练：要求儿童记住一系列的视觉信息，并在之后回忆这些信息，可以使用记忆卡片游戏或数字记忆任务进行这种训练。

4. 视觉空间能力训练：通过解决空间定位和方向判断问题来提高儿童的视觉空间能力，可以使用迷宫游戏、三维拼图或地图阅读任务进行这种训练。

5. 视觉注意力训练：通过在有干扰的视觉环境中专注于特定任务，提高患者的视觉注意力。

在进行视知觉异常训练时，应该根据学生的具体情况和需求，选择合适的训练方法，并在专业人员的指导下进行。训练应该是系统的、有计划的，并且需要定期评估训练效果，以便及时调整训练方案。

四、视知觉异常与阅读困难共病常见特征

在阅读方面，视知觉异常可能会导致诸如阅读速度慢、理解困难、识别字符或单词上的错误（如增字、漏字、跳行或前后颠倒）等问题。视知觉异常的儿童可能在阅读时看到的文字是堆在一起，容易串行、漏字，或者在数学中难以理解应用题等。

阅读障碍的儿童在视觉辨认、视觉记忆等方面的缺陷可能会影响他

们的阅读成就。谢文玲、黄秀霜（1997）的研究发现，阅读障碍儿童与正常儿童在视觉辨认和视觉记忆上有显著差异；阅读障碍儿童的视觉辨认、视觉记忆与阅读成就有显著的相关；视觉辨认和视觉记忆对阅读障碍儿童的阅读成就具有预测力。刘翔平等研究发现视觉辨别和字形长时记忆等加工能力上的落后是阅读困难儿童的记字认知缺陷之一[1]。视知觉异常与阅读困难相关的表现如表 6.21 所示：

表 6.21 视知觉异常与学习有关的表现

视知觉异常表现	与阅读学习有关的表现
空间关系知觉异常	分不清"田"字格的左右、上下方位； 写出的字部件分散、间距不一；
视觉辨别能力异常	分辨形状的异同有困难； 阅读、书写时经常读错字、写错字。
视觉注意力异常	做作业不专心，写作业速度慢，看书坚持时间不长； 上课注意力不集中，经常东张西望； 阅读、书写时出现跳行、漏字等问题。
视觉记忆能力异常	一次难以记住所有新学的生字； 书写时会想很久，书写效率低； 写字时看一眼写一笔，做作业的时间较长； 阅读书写时停顿次数过多。
视动整合异常	抄写速度慢； 写字潦草； 涂色或写字时常超出框。
视觉完形能力异常	观察事物往往只看到局部，看不到整体； 阅读速度慢，不能把握全部内容； 书写时总做不到看一眼就把字写完整； 写汉字时经常多一笔或少一笔。

五、视知觉异常共病阅读困难案例分析

视知觉异常的学生在日常生活中比较难以发现，一般是入学以后在

---

[1] 刘翔平，侯典牧 . 阅读障碍儿童汉字认知特点研究 . 心理发展与教育 . 2004（02）

学业上表现困难才被发觉，表现症状比较复杂。以下是一个视知觉异常共患阅读困难学生的干预案例。

（一）案例背景

　　三年级的一节语文课上，同学们都在认真地抄写词语，涵涵一边摇头晃脑，一边抄写单词，嘴巴还不时发出声音。只见他写的字歪歪扭扭，越过作业本边界，汉字左右部件分开，偏旁书写错误、大小不一（见图 6.3）。同时在抄写词语时，速度很慢，别人都抄写完了，他才写了三分之一。

　　与此同时，涵涵在完成作文书写任务时，看一个字写一个字，同时作文本中的汉字也大小不一，经常超出方格。

对涵涵的书写作业进行分析，发现他在空间布局和间架结构上存在问题，如字的部件大小不均衡、部件散开或者拥挤、部件位置不当、字间距不当等（见图 6.3）。

图6.2　涵涵的书写作业

（二）评估与筛查

针对涵涵的情况，我们建议他去医院做学习能力筛查，医院给涵涵做了视知觉能力测试、视动整合能力测试、写字能力表现评估。针对他语文学业困难的情况，我们用《3-5 年级学习困难学生阅读理解能力评估工具》给他做了阅读能力测试，同时做了瑞文智力测试，具体结果如下图所示。

1. 视知觉能力测试

如图 6.4 所示，该生在视觉辨别、视觉记忆两个方面稍弱，图形背景、空间关系、视觉完形三个方面较弱。整体视知觉能力稍差。

测试结果：

原始分	23	
标准得分	91	
百分位	27	
相当年龄	不作参考 6-4	
可信区间	77.62	到	104.38
评价	稍差	

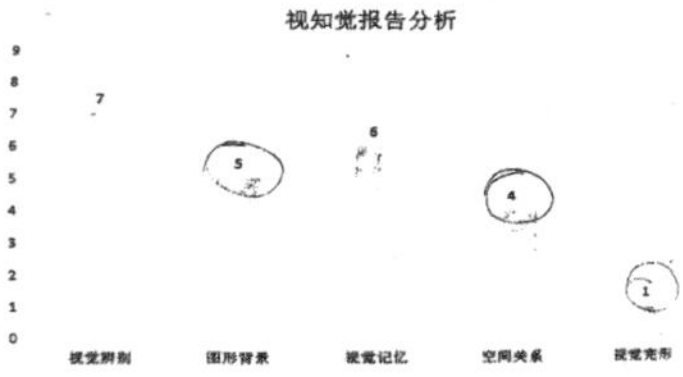

视知觉报告分析

图 6.4　视知觉测试报告

2. 视动整合能力测试

如表 6.22 所示，该生在视动觉整合方面属于中等偏下水平。

表 6.22　视动整合测试报告

	视觉动作整合	视知觉	运动协调
原始分	14	/	/
标准得分	81	/	/
百分位	10	/	/
量表分	6	/	/
相当年龄	5：2	/	/
评价	中等偏下	/	/

3. 写字能力表现评估

图 6.5 所示，该生写字的工整性、正确性、速度、提笔工学能力属于轻度障碍。

分数结果：

向度	原始分数	平均值	结果
工整性	31	3.9	轻度障碍
正确性	16	3.2	轻度障碍
速度	21	4.0	轻度障碍
握笔工学	13	3.5	轻度障碍
方向性	4	2.0	正常
总分	88	3.5	轻度障碍

分数说明：

类别	说明
平均值	原始分数越高代表写字能力越差，各题填答 3 分者[即填答有些符合（出现频率40%~60%）]，代表儿童已符合该问题的情况。以常模平均数来看，则是以 3.185 为筛检儿童写字困难的切截分数

写字困难类型：轻度障碍

握笔姿势：　动态三点握姿

主要问题：　正确性 / 视觉辨别 / 操作速度

其他：

治疗师建议：专项训练

图 6.5　写字能力表现评估

4. 阅读能力测试

该生阅读能力测试，结果显示，该生阅读理解是 11 分，听力理解是 7 分，经过阅读成分理论模型计算结果可知，该生属于阅读理解困难亚类型。

如图 6.6 所示，该生在词语理解、句子理解、事实理解、推论理解、整体理解方面均显著低于平均值，其中词语理解差距最明显。

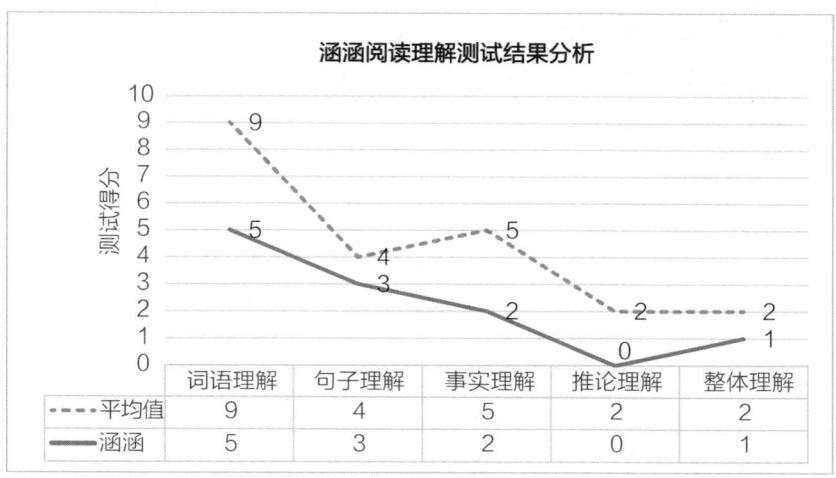

图 6.6　3-5 年级学习困难学生阅读理解能力评估

5. 瑞文智力测试

瑞文测试结果原始分是 23，对照常模量表可知该生智力水平属于中下。

（三）结果与分析

基于以上医院和学校教育评估，结果分析如表 6.23 所示：

表 6.23　评估结果分析

测试项目	结果与分析
1. 视知觉能力测试	视觉辨别、视觉记忆方面稍弱,图形背景、空间关系、视觉完形三个方面较弱。整体视知觉能力稍差。
2. 视动整合测试	视动觉整合方面属于中等偏下水平。
3. 写字能力表现评估	写字的工整性、正确性、速度、提笔工学能力属于轻度障碍。
4.《3-5 年级学习困难学生阅读理解能力评估工具》	词语理解、句子理解、事实理解、推论理解、整体理解方面均显著低于平均值,其中词语理解差距最明显。
5. 瑞文智力测试	瑞文测试结果显示智力属于中下水平。

该生由于视知觉能力较弱，视动整合能力较差导致他写字速度较慢，看一个字写一个字。抄写字词时，字形大小控制不好，经常超出方格。字的间架结构上存在问题，如字的部件大小不均衡、部件散开或者拥挤、部件位置不当、字间距不当等。该生还存在阅读理解困难的问题，尤其是词语理解的水平明显低于平均值。该生瑞文测试结果显示智力为中下水平，低于教师平时的观察评估，可能是因为瑞文测试的主要形式是图形辨识，这个过程对视觉加工能力要求较高，该生的视知觉整合问题也一定程度上影响了测试分数。

（四）干预内容与方法

《义务教育语文课程标准（2022 版）》对 3-4 年级的识字与写字教学有明确要求，"写字姿势正确，养成良好的书写习惯。能用硬笔熟练地书写正楷字，做到规范、端正、整洁"。《标准》同时也要求对词语理解的要求，"能联系上下文，理解词句的意思，体会课文中关键词的意思，体会课文中关键词句表达情意的作用。能借助字典、词典和生活积累，理解生词的意义。"根据学生的评估结果，经过家长、老师、教育专家的研讨后，制定了一个学期的训练计划。训练内容主要分两部分，一是书写能力训练，二是词语理解能力训练。

1. 书写能力训练

（1）灵活调整书写材料，提高书写有效性

① 视知觉加工辅助：可调整学生所使用的书写材料，给学生呈现的作业或测试材料字体、间距要放大。

② 动作技能加工辅助：由于涵涵在写字时无法很好地握笔，因此在使用的教具上，可提供加粗的铅笔，有利于涵涵的抓握。

③ 语言加工辅助：由于语言组织困难导致的书写速度慢，在教学时

可准备相应内容的语言提示卡，帮助涵涵更好地进行书写。

（2）设计趣味性视觉加工游戏，提高学生视觉加工能力

①视空间加工训练：空间连线、立方体等游戏（见图6.7）。

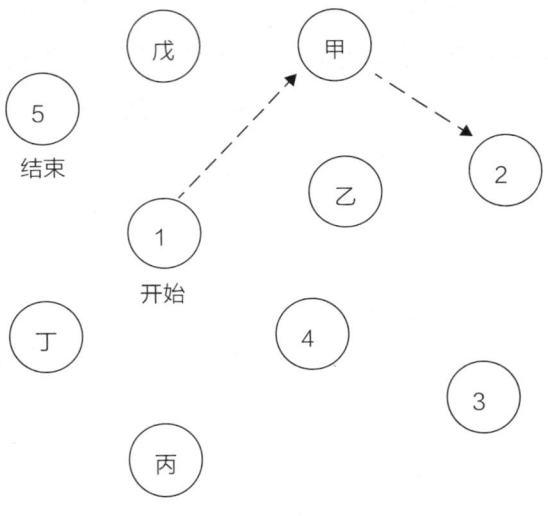

图 6.7　空间连线游戏

②视觉辨别游戏：人物搜索、找相同、找不同等游戏（见图6.8）。

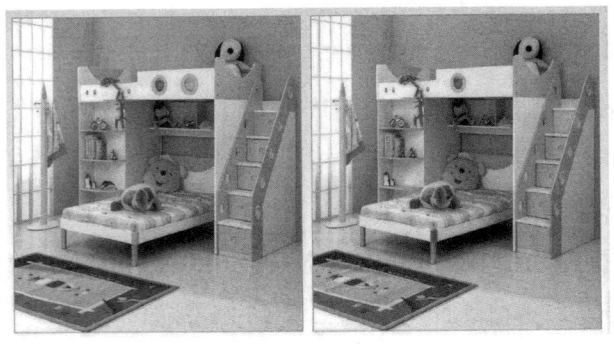

图 6.8　找不同游戏

③视觉记忆训练：记忆翻牌、拼图等游戏（见图 6.9）。

图 6.9　记忆翻牌游戏

④视觉完形游戏：图形匹配、轮廓匹配等游戏（见图 6.10）。

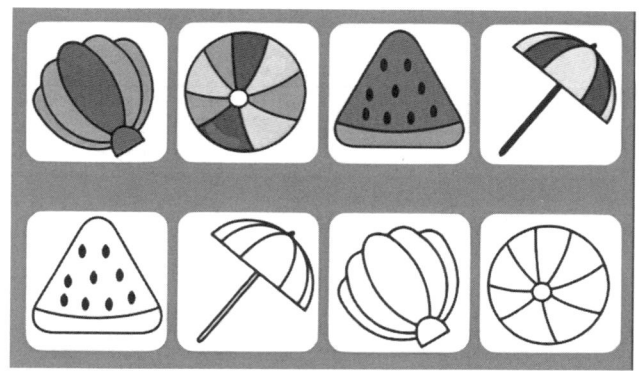

图 6.10　轮廓匹配游戏

（3）动作协调技能训练

为了培养涵涵的书写能力，对涵涵进行书写前的热身活动，同时进行手部粗大动作和精细动作的训练。

①书写前热身活动：在书写前可让学生通过书写热身操提高其肩部、腕部及手部的稳定性。

②手部粗大动作游戏：通过丢沙包、拍球等游戏锻炼手部大肌肉群。

③手部精细动作游戏：通过拼图、编织等游戏来锻炼手部小肌肉群。

2. 词语理解能力干预

除视知觉加工及动作技能加工能力较弱外，涵涵还存在阅读理解困难，对词语、句子、篇章不能进行有效地加工和整合。词语理解是阅读理解的基础，为了提高涵涵的阅读理解能力，我们首先开展了词语理解训练，用小组教学方式进行词语理解的干预训练。

（1）干预内容

训练内容全部选自部编《语文》教材三年级课后词语表，我们设计了三年级词语理解难度教师调查，我们从调查结果中选择64个理解容易出错的词语作为训练内容，制定了为期16周的训练计划。

表6.24　词语理解训练计划

周次	训练重点词语	周次	训练重点词语
第一周	荒野 满载 气焰 井然	第九周	饱胀 吹拂 懦弱 通情达理
第二周	平展 穿戴 雾蒙蒙 成群结队	第十周	粘胶 聚拢 莫非 反推力
第三周	苍翠 留意 哪怕 演奏	第十一周	破裂 创举 镇静 匀称
第四周	沉思 合拢 勇敢 规则	第十二周	别致 威武 形式 阻力
第五周	趣味 招引 加紧 交错	第十三周	呈现 莲蓬 谦虚 争奇斗艳
第六周	激动 精神 无穷 明朗	第十四周	比划 圆润 何必 灼伤
第七周	墙壁 堆积 海滨 一本正经	第十五周	展示 辨认 沿途 丁零
第八周	合奏 沉重 阵地 激烈	第十六周	诱人 倒映 变幻 价值
第九周	饱胀 吹拂 懦弱 通情达理		

（2）干预方法

①提供大字课本：由于涵涵的视觉整合能力较弱，提供适合儿童的大字课本可以减少视觉干扰，提高文字的辨识度。大字课本可以根据不同孩子的阅读能力提供不同字体间距大小的材料，通过使用大字课本，能够有效地降低阅读难度，提升阅读效率，帮助阅读困难的孩子克服障碍，享受阅读的乐趣，并在学习上取得进步。他的阅读文本都放大字体（18 号字体，行距 1.5 倍），如表 6.25 所示。

表 6.25　大字词语材料

（小四字体，行距 1.5 倍）	（二号字体，行距 1.5 倍）
三年级上册（32）	三年级上册（32）
荒野 满载 气焰 井然 雾蒙蒙 平展 穿戴 成群结队	荒野 满载 气焰 井然 雾蒙蒙 平展 穿戴 成群结对
苍翠 留意 哪怕 演奏 沉思 合拢 勇敢 规则	苍翠 留意 哪怕 演奏 沉思 合拢 勇敢 规则
趣味 招引 加紧 交错 激动 精神 无穷 明朗	趣味 招引 加紧 交错 激动 精神 无穷 明朗
墙壁 一本正经 堆积 海滨 合奏 沉重 阵地 激烈	墙壁 一本正经 堆积 海滨 合奏 沉重 阵地 激烈

②语境教学法：将词语放入具体的句子或短文中，让学生在语境中理解词义。例如，对于词语"规则"，可以放在句子"我们要遵守游戏规则，玩剪刀石头布，我们要知道剪刀可以剪布，石头可以砸剪刀，布可以包石头的规则。"让学生在玩的过程中体验什么是规则，从而理解"规则"的意思。

③直观教学法：利用图片、实物、动作等直观手段，帮助学生理解词义。例如，对于词语"海滨"，展示一张海边玩沙的图片，让学生直观地感受"海滨"的意思。

④联想记忆法：通过引导学生将生词与已知的词汇、图像、故事等联系起来，形成记忆链。例如，对于词语"激动"，引导学生联想成"心里有个小兔子在跳"，从而帮助学生记住这个词的意思。

⑤上下文线索法：通过阅读材料中的上下文线索来推断词语的含义，提高学生的阅读理解能力。例子：在阅读文章时遇到不熟悉的词语"井然"。通过阅读前后句子，我们了解到"同学们井然有序地进入了操场。"在这里，上下文提供了线索，我们可以推断"井然"的意思是整整齐齐，次序分明的意思。

⑥情景模拟法：创设一定的情景，让学生在模拟情景中运用词语，从而加深对词语的理解。例如在学习"比划"这个词时，教师可以创设一个场景让学生用动作表达自己想要的东西，让学生在模拟情景中理解"比划"，从而加深对"比划"的理解。

六、总结

经过一个学期的书写能力和词语理解训练，涵涵的书写能力和阅读理解能力都得到了提升。

1. 书写能力提升

据老师和家长反映，涵涵现在做作业速度比以前快了，写字比以前端正了，对汉字的结构掌握更加准确，如笔画顺序、部首比例、字的间距等，使得字形更加符合标准书写规范（见图6.11）。

图6.11　涵涵书写作业

2. 阅读理解能力提升

（1）词汇量的增加：涵涵以前只知道"快乐"的意思，但现在他能理解并正确使用"愉快""欢乐"等同义词，以及"悲伤""忧郁"等反义词

（2）成语的理解：学生能够理解并正确使用成语，如"龟兔赛跑""守株待兔"等，并在口语或写作中恰当地运用。

（3）猜词能力的增强：例如在学习一篇新课文时，涵涵能够通过上下文线索猜测出不熟悉词语的大致意思。

3. 自信心增强，学习积极性提高

过去涵涵在课堂上很少主动发言，害怕回答错误。现在，他敢于在课堂上分享自己的想法，即使回答不正确，也能够积极听取老师的指导和同学的反馈。以前，面对难题或新的学习内容，涵涵往往会选择逃避。现在他会主动迎接挑战，不畏困难，直到解决问题。

七、反思

涵涵的干预案例给我们带来很多反思和启发。一是视知觉异常共患阅读困难学生的筛查需要多方人员参与，要结合家长、教师的日常观察和专业人员评估，才能尽可能全面地了解学生。二是视知觉异常共患阅读困难干预时，要把学生视知觉加工异常的因素考虑进去。

从涵涵的进步中，可以看到，教育的目标不仅仅是提高学生的成绩，更重要的是激发学习兴趣，培养他们的自信心和自主学习能力。同时，作为教育者，我们应该更多地关注学生的个性化需求，提供适合的学习方法和环境，帮助他们实现自我成长和自我超越。我们期待涵涵会有更大的进步。

附录1：

表 3.14　3-5 年级学生阅读理解 Z 分数参照表

原始分数	Z 分数			原始分数	Z 分数		
	三年级	四年级	五年级		三年级	四年级	五年级
5	−2.649	——	——	21	−0.018	−0.428	−1.081
6	−2.485	−3.157	−4.180	22	0.146	−0.246	−0.874
7	−2.320	−2.975	——	23	0.311	−0.065	−0.667
8	−2.156	−2.793		24	0.475	0.117	−0.461
9	−1.991	−2.611	−3.560	25	0.640	0.299	−0.254
10	−1.827	−2.429		26	0.804	0.481	−0.048
11	−1.662	−2.247	−3.147	27	0.969	0.663	0.159
12	−1.498	−2.065	−2.940	28	1.133	0.845	0.366
13	−1.334	−1.884	——	29	1.297	1.027	0.572
14	−1.169	−1.702	−2.527	30	1.462	1.209	0.779
15	−1.005	−1.520	−2.321	31	1.626	1.391	0.986
16	−0.840	−1.338	−2.114	32	1.791	1.573	1.192
17	−0.676	−1.156	−1.907	33	1.955	——	1.399
18	−0.511	−0.974	−1.701	34		1.936	1.606
19	−0.347	−0.792	−1.494	35	——	——	1.812
20	−0.182	−0.610	−1.287				

表 3.15　3-5 年级学生听力理解 Z 分数参照表

原始分数	Z 分数			原始分数	Z 分数		
	三年级	四年级	五年级		三年级	四年级	五年级
4	−3.118	——	——	17	0.041	−0.512	−1.249
5	−2.875	−3.728	——	18	0.284	−0.244	−0.951

原始分数	Z 分数			原始分数	Z 分数		
	三年级	四年级	五年级		三年级	四年级	五年级
6	——	-3.460	——	19	0.527	0.024	-0.653
7	-2.389	-3.192	——	20	0.770	0.292	-0.356
8	-2.146	-2.924	-3.928	21	1.013	0.560	-0.058
9	-1.903	-2.656	——	22	1.256	0.829	0.240
10	-1.660	-2.388	-3.333	23	1.499	1.097	0.537
11	-1.417	-2.120	-3.035	24	1.742	1.365	0.835
12	-1.174	-1.852	-2.738	25	1.985	1.633	1.133
13	-0.931	-1.584	-2.440	26		1.901	1.431
14	-0.688	-1.316	-2.142	27	——	2.169	1.728
15	-0.445	-1.048	-1.844	28			2.026
16	-0.202	-0.780	-1.547	29	——	2.705	——

表 3.16 3-5 年级学生阅读理解百分等级参照表

原始分数	百分等级			原始分数	百分等级		
	三年级	四年级	五年级		三年级	四年级	五年级
5	0.29	——	——	21	46.24	26.69	11.80
6	0.72	0.29	0.29	22	50.72	32.26	14.60
7	1.16	1.03	——	23	55.92	39.15	20.50
8	2.02	1.76		24	62.28	48.09	26.40
9	3.47	2.20	0.59	25	69.08	56.30	33.48
10	5.78	3.08	——	26	75.14	65.10	42.48
11	8.24	4.40	0.88	27	81.50	73.31	50.59
12	10.26	6.01	1.62	28	88.29	79.91	59.44
13	12.43	7.18	——	29	93.21	87.98	69.17
14	14.45	8.21	2.51	30	96.10	93.84	78.17

续表

原始分数	百分等级			原始分数	百分等级		
	三年级	四年级	五年级		三年级	四年级	五年级
15	17.20	9.68	3.54	31	98.12	95.89	84.96
16	21.24	10.70	5.01	32	99.57	98.24	91.74
17	25.87	12.17	6.34	33	100.00	——	97.35
18	29.62	15.10	7.37	34	——	100.00	99.26
19	33.96	18.48	8.85	35	——	——	100.00
20	40.32	21.85	10.62				

表 3.17　3-5 年级学生听力理解百分等级参照表

原始分数	百分等级			原始分数	百分等级		
	三年级	四年级	五年级		三年级	四年级	五年级
4	0.43	——	——	17	47.40	25.51	10.91
5	1.01	0.29	——	18	57.51	34.90	16.81
6	——	0.59	——	19	67.49	46.04	24.78
7	1.45	0.88	——	20	77.60	57.92	33.78
8	2.31	1.47	0.29	21	86.13	70.09	44.40
9	4.19	2.05	——	22	91.47	80.50	54.42
10	6.79	2.64	0.59	23	94.36	88.56	64.90
11	10.12	3.81	0.88	24	96.97	94.87	77.43
12	14.02	5.28	1.33	25	99.28	97.80	88.94
13	18.06	7.18	2.21	26	——	98.97	96.31
14	22.98	10.26	3.39	27	——	99.71	99.26
15	30.49	14.52	5.01	28	——	——	100.00
16	38.58	19.06	7.52	29	——	100.00	——

附录2：听处理筛查问卷

1. 您的小孩在听他人讲话时容易分心

    A. 完全符合   B. 有点符合   C. 不能确定

    D. 有点不符合   E. 完全不符合

2. 您的小孩学习时注意力非常集中

    A. 完全符合   B. 有点符合   C. 不能确定

    D. 有点不符合   E. 完全不符合

3. 您的小孩会忘记老师口头布置的任务

    A. 完全符合   B. 有点符合   C. 不能确定

    D. 有点不符合   E. 完全不符合

4. 您的小孩难以在嘈杂的地方（如马路上、游乐场里）与他人交谈

    A. 完全符合   B. 有点符合   C. 不能确定

    D. 有点不符合   E. 完全不符合

5. 您的小孩难以在看电视时与他人交谈

    A. 完全符合   B. 有点符合   C. 不能确定

    D. 有点不符合   E. 完全不符合

6. 您的小孩难以听清语速较快的指令

    A. 完全符合   B. 有点符合   C. 不能确定

    D. 有点不符合   E. 完全不符合

7. 您的小孩难以听清电话里的声音

    A. 完全符合   B. 有点符合   C. 不能确定

    D. 有点不符合   E. 完全不符合

8. 您的小孩会为听不清老师的问题而苦恼

　　A. 完全符合　　　　　B. 有点符合　　　　　C. 不能确定

　　D. 有点不符合　　　　E. 完全不符合

9. 您的小孩会混淆两个发音相近的字

　　A. 完全符合　　　　　B. 有点符合　　　　　C. 不能确定

　　D. 有点不符合　　　　E. 完全不符合

10. 您的小孩普通话很标准

　　A. 完全符合　　　　　B. 有点符合　　　　　C. 不能确定

　　D. 有点不符合　　　　E. 完全不符合

11. 您的小孩善于口头表达

　　A. 完全符合　　　　　B. 有点符合　　　　　C. 不能确定

　　D. 有点不符合　　　　E. 完全不符合

12. 您的小孩和同学之间的交流很好，常和同学一起聊天

　　A. 完全符合　　　　　B. 有点符合　　　　　C. 不能确定

　　D. 有点不符合　　　　E. 完全不符合

13. 您的小孩喜欢模仿他人或明星说话，并且惟妙惟肖

　　A. 完全符合　　　　　B. 有点符合　　　　　C. 不能确定

　　D. 有点不符合　　　　E. 完全不符合

14. 您的小孩在唱歌方面有特长

　　A. 完全符合　　　　　B. 有点符合　　　　　C. 不能确定

　　D. 有点不符合　　　　E. 完全不符合

15. 您的小孩在跳舞或演奏乐器方面有特长

　　A. 完全符合　　　　　B. 有点符合　　　　　C. 不能确定

　　D. 有点不符合　　　　E. 完全不符合

后 记

本书从酝酿至付梓，经历了近三年的打磨。

这是一段艰辛的旅程，也是一段令人难忘的合作经历。开展阅读困难学生的研究源自于 2021 年静安区教育局发布了《全域支持每一个学生的个性化需求 -- 静安区融合教育行动纲领（2021-2025）》的通知，组建了融合教育服务与指导联盟，采用多领域深度研究和全链式推进的方法促进区域深度融合。作为联盟的领衔人之一，我和我的小伙伴们以课题研究的方式开始了我们的探索，课题《基于阅读成分理论模型提升 3-5 年级学习困难学生阅读理解能力的研究》2022 年被立项为上海市教育科学研究项目。

孟子说过：天时不如地利，地利不如人和。本书得以出版，凝聚了许多人的智慧和辛勤付出。首先要感谢的是华东师范大学康复科学系的卢海丹博士，一位充满活力又认真严谨的高校教师，从课题的立项到课程的实施都离不开她的精心指导。因为"阅读"，我们拥有很多共同的观点、志向，也让我们结下了深厚的友谊。其次要感谢课题组的小伙伴们，他们是静安区特教指导中心的段弘艳和刘杰，田家炳小学的张晴，南阳学校的陈晶君，还有田家炳小学的郭昕耘、沈晓萍，共康小学的盛红燕、邢云和王晨菲，正因为有了他们的耕耘和研究，才有了今天这本书所展现出的成果。最后，要感谢我的爱人，从普通学校语文教师和普通学校管理者的角度全程参与我们的课题讨论，并对书稿进行了梳理，晚饭后的研讨时光最是令人难忘！当然，由于能力、经验有限，我们的研究和实践还是局部的，谨以此书与同行们分享经验，更希望得到良师益友们的点拨与指正。

　　衷心感谢上海市教师教育学院（上海市教委教研室）邱轶老师长期的关心与指导，并亲自为本书作序，视为对我最大的奖励！衷心感谢上海市教育基金会领导的关心与帮助，感谢你们对特殊教育的厚爱！衷心感谢静安区教育局、教育学院领导们的关怀与指导，为我的研究营造了良好学术氛围并提供了无私的帮助！衷心感谢静安区田家炳小学、静安区共康小学、静安区景凤路小学、静安区彭浦新村第一小学等学校领导和老师们的热情参与，没有你们的支持，就没有这本书最后所呈现出的精彩！

　　非常庆幸，在前行的道路上有你们同行！

2024 年 5 月 3 日